涵芬学人随笔

小言詹詹

詹福瑞 著

商務印書館
The Commercial Press

图书在版编目(CIP)数据

小言詹詹/詹福瑞著. —北京:商务印书馆,2022
(涵芬学人随笔)
ISBN 978-7-100-21304-2

Ⅰ.①小… Ⅱ.①詹… Ⅲ.①社会科学—文集 Ⅳ.①C53

中国版本图书馆 CIP 数据核字(2022)第 107631 号

权利保留,侵权必究。

小言詹詹
詹福瑞 著

商 务 印 书 馆 出 版
(北京王府井大街36号 邮政编码100710)
商 务 印 书 馆 发 行
北京市白帆印务有限公司印刷
ISBN 978-7-100-21304-2

2022年8月第1版	开本 880×1230 1/32
2022年8月北京第1次印刷	印张 10½
定价:58.00元	

弁　言

　　小言詹詹者，边边角角、零言散语也。十余年间，或得之于讲课，或得之于座谈，或得之于研讨，或得之于新书发布，或得之于新稿初读，或得之于读书随记。虽可成文，无甚分量，如同鸡肋，食之无味，弃之可惜。有的得幸发表，有的则藏之箧中；今幸赖商务印书馆不弃，得以付之枣梨。愚人千虑，或有一得吧。

　　为方便阅读，分为三辑。

　　一类为关于文化、文学的短论。参加会议，总不能作曹营徐庶，一言不发。发言者踊跃，举办者无奈，有了时间限制，十到二十分钟，渐成规矩，于是有了短论。我参加此类会议，都要认真准备，有的草成文稿，当堂朗读；有的宿构心中，即席发言。比较起来，效果以后者为佳。但留下来因而有机会进入此集的，则多是成文字者。

　　第二类关于文学史的短文，多是读书笔记。无论读书，还是做专题研究，我夙好做笔记。有感而发，不求完整，不求四平八稳。这些笔记多数用于讲课，不曾刊布；有的择其要者用于专著，此次亦选择数篇，以见其原貌。因原型是笔记，讲文学史现象中，或可见我的观念和方法。

　　介绍前辈师尊的人格学问、同辈师友的治学成果，为学生新书作序，是为第三辑。此类小文，如能折射出三代学者的某些风貌，文沾了人的光，或可缓作覆瓮之纸了。

2021 年 2 月 22 日

目录

第一辑　一曲之见
面对传统文化热 / 2
关键在于发现价值关联 / 11
清理与创新 / 14
国学即经典之学 / 20
中华文学的开放性 / 26
回归文学研究 / 29
确立正式　创新研究 / 32
古代文学研究的困惑 / 35
中国古代文学研究的现状与前瞻 / 39
古代文学研究的学术个性 / 43
中国文学史的兴起 / 48
两部海外中国文学史 / 53
中国文学自觉诸说 / 62
唐诗之路的学理内涵 / 71

第二辑　得一察焉
先秦文学的历史高度 / 76
解读《诗经》的民间立场 / 78
屈原虚实之争 / 84

史家褒贬二司马 / 89
经学的神圣化与学术文化的凋敝 / 93
外儒内道的经师马融 / 99
失去"道规"的朝纲 / 102
儒学理政的危机 / 107
孔门反孔 / 110
从硕学鸿儒到士人清流 / 114
魏晋风度说 / 118
生命意识觉醒的士人 / 122
追求适性的士人 / 126
魏晋士人的纵酒 / 130
髑髅之乐 / 135
阮籍的反游仙诗 / 139
向死而生的挽歌辞 / 142
怎样读《文心雕龙》 / 146
文章学的"神思"论 / 153
"风骨"的理论内涵 / 156
文变则通,通则久 / 159
文采自然说 / 162
文章之"势" / 165
声律的自觉 / 168
唐诗选本的价值 / 171
李白笔下的奴才 / 175

诗人与镜子 / 179
庄子梦蝶与李白梦游 / 184
苍凉的孤旅之悲 / 188
出身与书写的立场 / 192

第三辑 启予者文

写在《任继愈文集》出版之际 / 196
西南联大与"五四"传统
　　——任继愈先生《自由与包容：西南联大人和事》序 / 201
著者不朽 / 207
一代学人的良知
　　——在纪念詹锳先生百年诞辰学术研讨会上的发言 / 212
《李白全集校注汇释集评》的编撰及成就 / 218
张立斋《文心雕龙》研究著作两种序 / 223
《中国国家图书馆馆史》跋 / 227
文学地理学的启示 / 232
研究的文化
　　——写在《林继中文集》出版之际 / 236
默默耕耘的学者 / 241
浙右文丛，中华瑰宝
　　——写在《衢州文献集成》出版之时 / 245
为文献之邦正名 / 249

真得温柔敦厚之道
　　——刘崇德《南郭诗钞》序 / 255
多民族特点与世界眼光 / 258
得其诗心哉
　　——杨庆存《诗词品鉴》序 / 261
实证与理论兼长
　　——许建平《明清文学论稿》序 / 265
目录之学，学之根本
　　——徐永明《清代浙江集部总目》序 / 270
高蹈遗世者的初始性格
　　——《魏晋南北朝隐逸文学研究》序 / 274
元代诗学的价值
　　——查洪德《元代诗学通论》序 / 279
《玉台新咏校正》的整理
　　——张蕾《〈玉台新咏校正〉整理与研究》序 / 283
汉宋楚辞注本对经典价值的揭示
　　——孙光《汉宋文化与楚辞研究的转型》序 / 287
气与文论
　　——赵树功《气与中国文学理论体系建构》序 / 290
《国语》的性质
　　——李佳《国语研究》序 / 293
辨名正体，梳理源流
　　——崔瑞萍《秦汉序体文学研究》序 / 295

文学史的两个传统
　　——任慧《先唐时期文学史书写研究》序 / 298
钩稽考索，梳理查慎行诗歌批评
　　——王新芳《查慎行诗歌批评研究》序 / 302
魏晋南北朝奏议文研究新著
　　——仇海平《秦汉魏晋南北朝奏议文史》序 / 306
瞧瞧这群文化动物
　　——李冰《瞧，这群文化动物》序 / 309
写了半世的书
　　——《李白生命意识研究》后记 / 312
中国《文心雕龙》学会三十年 / 316

第一辑 一曲之见

面对传统文化热

进入 21 世纪以来的中国传统文化热，是中国文化界突然面对的现实，也是应该引起学术界关注的文化现象。

对于传统文化热，要有所分析。在研究传统文化的学术界，本无所谓热与不热的问题。儒学的复兴，是 20 世纪以来的事情，而且这一话题更多的是来自海外的汉学界。而国学的讨论，诸如国学的内涵、是否立为一级学科等等，也属于学术界内部正常的学术讨论。即使是高校近些年所成立的国学院、国学研究所等，也只是少数院校的事情，并非一哄而上。而在学术界之外，人们援以为例的海外大量设立的孔子学院，其教学内容主要是汉语，其实与传统文化没有多大关系。还有，在国内各地打着传统文化招牌开展的花样繁多的活动，大到一些政府举办的各种大典、盛典，小到城市某一个角落的《易经》文化研究所，多是打着传统文化的招牌唱经济戏，与传统文化的传播是两张皮，严格说来，也与传统文化关系不大。这些理所当然不在讨论的范围。近些年来，真正可成为"热"的是主流媒体对传播传统文化的高调介入，如以中央电视台《百家讲坛》为代表的讲述传统文化的风潮，文化界兴起的诸如读经、祭孔以及儒学大会等振兴传统文化的活动，2004 年《南方周末》有围绕儿童读经的讨论，"2004 文化高峰论坛"发表有《甲申文化宣言》……这些足可以看到传统文化的高调回归以及围绕传统文化的热议。另外还有社会一般民众对传统文化话题的关注，也是不容忽视的动力。

传统文化本来是冷门，治传统文化者经常接受的教导也是坐冷板凳。所谓冷门，所谓冷板凳，都在告诉人们，按常理说，传统文化应该很少有人关注。从很少有人关注到突然暴热，似乎有点反常。经过"文化大革命"的人，很容易会想到"评法批儒"，热是热了一阵子，却与真正的传统文化没有实质关系。当然，近些年的传统文化热，与"文化大革命"时的"热"，完全不是一回事，究其所以，应该是事出有因。

首先，经济富足了而思文化，似为历史常轨。经过四十年的改革开放，中国已经成为一个经济总量占世界第二位的经济大国，随之而来的，如何繁荣文化就摆在国人的面前。而在中国所有的文化资源中，传统文化所占的比重最大。和百年的现当代文化相比，数千年的古代文化毕竟时间长、积累厚重，是建设文化强国的重要资源。此外，传统文化热，还有另外的现实考虑。近些年，随着社会的快速转型，由计划经济转为市场经济，社会出现并积累了诸多值得忧虑的问题。其中就有比较突出的社会道德问题。如经营者的损人利己问题，企业家的为富不仁问题，社会上的见死不救问题，家庭中弃老遗小问题，等等。总之，社会道德水平存在问题。在市场经济条件下，计划经济时期所提倡的旧道德既缺少情理，而且时过境迁也失去了其号召力。如 20 世纪 50—60 年代所提倡的大公无私、公而忘私，现在就很少有人谈了；毫不利己、专门利人也失去了时效。于是有人想到了传统文化。本来救老扶幼、济困扶贫、非义不取等，就是中华民族的优秀传统，因此有人试图用振兴传统文化来解决现代社会所面临的道德滑坡问题，这也是在情理之中的。《甲申文化宣言》即云："我们确信，中华文化注重人格、注重伦理、注重利他、注重和谐的东方品格和释放着和平信息的人文精神，对于思考和消解当今世界个人至上、物欲至上、恶性竞争、掠夺性开发以及种种令人忧虑的现象，对于追求人类的安宁与幸福，必将提供重要的思想启示。"（《文化月刊》2004 年第 10 期）

而在学者中，也有两种认识促进了传统文化的兴起。有的学者认为，风水轮流转，文化也有"三十年河东，三十年河西"，"东方不亮西方亮"，21 世纪该轮着中国文化了。季羡林《东方文化与西方文化》："从人类几千年的历史上来看，东西方文化的相互关系是'三十年河西，三十年河东'……从 21 世纪开始，河东将取代河西，东方文化将逐渐主宰世界。"（《三十年河东，三十年河西》，华艺出版社 2008 年版）而在中国文化中，马克思主义是西方文化，该亮的自然只有中国的传统文化了。第二种学者本来是激进的革命文化拥护者，但是近年来反思"五四"以来的中国文化，突然转了向，由文化的革命者变为文化的改良者，认为"五四"运动全面否定传统文化走过了头，是文化的激进主义，应该重新研究传统文化并确认它在中国的地位和价值。

传统文化的回归，如果不是爆炒爆热的话（此为另外一个话题），它之回归中国人的生活，是再自然不过的事情。因为文化本来就如一条源远流长的河流，其滔滔河水中，既有来自源头的水，也有流经各阶段的水，文化不是断裂的，而是有其连续性的。一个民族文化发展的过程，就是在继承其民族的传统文化的基础之上再发展新的文化。但是，这里边就有一个如何继承和发展的老话题。虽然是老生常谈的旧话题，今天讨论起来仍不轻松。因为我们同前人一样，必然要涉及对传统文化的评价，以及如何对待传统文化的问题。

文化既有其连续性，亦有其阶段性。作为阶段性的文化，必然决定于其所在的社会制度和与其相适应的主流文化。中国的传统文化至少经历过上古、中古、近古和现代等几个阶段。就社会制度而言，也经历过奴隶制社会和封建社会。其文化内涵自然带有那个时代的文化特征。而在我国，封建社会长达数千年，因此封建文化占据着传统文化的主要内容。封建文化就其组成而言，当然包括了帝王文化、士大夫文化和平民文化等几个部分，但是其文化的主体则是帝王文化和士大夫文化。这样的文化，不乏精华。如儒家的大济天下功业情怀，重视高尚人格的内修精神，道家反对人性异化，追求自然人性、精神自由的思想，等等，都是中华民族智慧的结晶。不过，应该对其文化实质有一个总体的观照，那就是从本质上看，这一时期的主流文化是为封建专制制度服务的。

如果做认真而细致的分析，我们今天一些人所提倡的"四书五经"，实则是充分代表了封建专制思想的权力话语。今天我们常常谈到的一些传统文化的话题，也往往含蕴着很深刻的封建专制内涵。如今人论及的"天人合一"思想，其本义并非要人类尊重自然，与自然和谐相处，而是论证君权的合法性和合理性。"君臣、父子、夫妇之义，皆取诸阴阳之道。""王道之三纲，可求于天。"（董仲舒《春秋繁露·基义》）人世的一切皆是仿天而来，社会伦理亦然。君权神授，皇帝号称"天子"，因此皇帝的统治是神圣的合理的，一般的平民不能挑战他的权威。当然，"天人合一"思想中也有制约皇权的内容，皇帝和大臣要循道而行，循道则治，不循道则乱。故帝王之道是立教化而正万民，正万民方能正四方，正四方才能风调雨顺。西汉时董仲舒向汉武帝献"天人三策"，集中讲的就是这个问题。但是总体上还是为了维护皇帝的统治。儒家所提倡的中庸之道，亦承接了"天人合一"思想而来，"不偏之谓中，不易之谓庸"（朱熹《四书章句集注》引程颐语），"中庸者，不偏不倚，无过不及"（朱熹《四书章句集注》），强调的是臣子的修养，本质上是引导臣子不偏激，不越位，做一个温良恭俭让的顺民，做一个谁也不得罪的和事佬。对于君王来说这自然是再好不过的性格，然而也正是这种臣子的性格，使封建专制有了万代铁筑的基业，再怎么腐朽、衰败，也能维系其统治。这就是徐炳旭所批评的"惰性"及鲁迅所批评的"卑怯"。所以鲁迅说："这些现象，实在可以使中国人败亡。"（鲁迅《华盖集·通讯》）其言虽出于民族危亡的特殊年代，但仍可以说明此说对于中国人健全人格形成的负面影响。其实古代所讲的忠孝节义、仁义礼智信，也都是建立在封建伦理基础之上，并且服务于封建等级统治的。认识不到这一点，就盲目地倡导它，往往是祭起封建专制思想的还魂幡，很容易带人进入歧路。如古人所讲的"忠"，并非普适天下的诚信，"为人谋而不忠乎？"（《论语·学而》）孔子讲的那个"人"，不是所有的人，而是专指臣子所侍奉的主人。至于孝，当然对当今促进家庭邻里和睦方面有着积极的意义。但是古人说的孝也并非只是孝敬父母那么简单，还包含了"君教臣死，臣不敢不死；父教子亡，子不得不亡"的纲常规定。所以今人教儿童读《弟子规》，读《孝经》，究竟要培养什么样的接班人，又能培养出什么样的接班人，岂不可疑？"节"自然可以反映古代士人重气节的好传统，但是，其中死于君、死于亲的愚忠愚孝，就不值得提倡。而"义"者，宜也，也是指按照封建的礼节行事，如管子所说，无违君臣父子夫妇之道。所以，离开"三纲五常"去讲仁义礼智信，去讲忠孝节义，不仅于其义不得要领，而且很容易把封建的糟粕当作精华兜售出去。

"五四"时期的打倒孔家店运动，全盘否定传统文化，自有其偏激之处。如鲁迅就明确表态，要青年人少看甚或不看中国书。然而我们不能不看到，正是如胡适、陈独秀、鲁迅这些来自封建社会内部的知识分子，看到传统文化对中国发展的阻碍，才奋起批判，清除它的不良影响的。鲁迅写了《狂人日记》，狂人翻遍了中国书，从字缝里看到的只是两个字："吃人"。其实这是对封建文化的强烈控诉，控诉它对人性的泯灭。这就点到了封建文化的死穴。传统文化，从总体上看，是强调集权，而缺少民主思想；重视社会群体意识，忽视人的个性；惯于服从，很少异端，这些都是学习传统文化时不能不察的。

基于以上所说的原因，我们今天继承传统文化，就应有鉴别，有选择，有传承，有批判，不能囫囵吞枣、有用无用整个吞咽下去。这才是可取的态度和策略。

对待传统文化，首先要做的工作是清理。所谓清理包含二义。传承传统文化，其主要工作之一即是整理这些传世的文献，对其进行辑佚、标点、校注，以供研究、传播之用。古籍整理的首要目的是为了使这些文献得以保存并流传下去，因此，无论什么样的文献，都应在整理的范围之内。当然，整理的另外目的是为了使用，或供研究者的进一步研究，或供读者阅读。因此，也会因社会所需而分出整理的先后，那些传世的经典自然应该优先整理。清理的第二义是对传统文化的思想内容和审美价值做出甄别，要确切解释其原始涵义，并且作出价值判断。即分析这些作品，哪些属于中华文明的成果，凝聚了中华民族的智慧，具有超越时代、族群和意识形态的思想和审美价值；哪些则带有明显的封建专制属性，在中华民族的发展历程中发挥的不是促进而是阻滞作用。尤其是对《论语》《庄子》《孟子》等影响深远的经典，更应该做深入细致的分析。既要看到它们对中华民族文化的奠基作用，看到这些经典在建立社会秩序、促进人的自我完善等方面所做的贡献；同时还要指出这些经典所具有的局限，它们的落后性，特别是它们与现代社会的法制建设、民主化进程的不相适应之处。进入新时期以来，学术界研究传统文化，摒弃了过去功利化的研究倾向，使研究摆脱政治的影响趋于独立，这无疑是一大进步。但是一种倾向又掩盖了另一种倾向，那就是产生了严重脱离现实、脱离人生的纯技术化操作倾向。对研究的对象不做任何价值评判，看似公允，实则丢掉了人文社会科学工作者的社会责任。现在的学术研究，其目的越来越多元，不含任何思想价值判断的研究也有其存在的空间，而且也不必非要所有的研究都关乎社会人生，正所谓研究本身即是目的。但是这样的研究是否值得提倡，就费人三思了。假如这样的研究逐渐占据人文社会科学研究的主流，那么就令人忧虑。再假设在我们的研究中，把假恶丑当成了美德，把专制当成了民主，把戕灭人性视为济世良药，那就更是与整理传播传统文化的目的南辕北辙了。

传统文化一般都是精华和糟粕杂糅的，这就要求研究和整理者要做好剥离和阐释工作。要把有价值的思想内涵从作品中剥离出来，并进一步加以阐释。传统文化的内容要比我们想象的复杂得多。既然是经典，当然是有价值的成分多，但是也包含许多无价值或不再适应当今社会的内容。有的作品，从总体上看，多是缺少价值的，但也会有少许的有价值的内容。所以我们既不能毫无分析地全盘接受之，也不能泼脏水把孩子也泼了出去。要善于做精华与糟粕的剥离工作。在传统文化的整理和研究中，内容阐释颇为重要。阐释不是照搬原义，而是在尊重文本内容的基础之上，再做解释与阐发，甚至改造。中国古代注释经典，就有这样的传统，即根据自己的理解与现实的需要来重新阐释经典。比如，魏晋时期郭象根据当时士人生存的需要，整合儒道两家思想，重新阐释《庄子》，创造了"自性""独化"说。其后代许多士人所理解的《庄子》，就是郭象改造过的《庄子》。历代经师对儒家经典的注释，也是如此，故古代有"六经注我"之说。其实，当代学术界对"天人合一"等理念的研究，就做了大量的重新阐释，剥离掉其论证君权天授的内核，来论证人与自然的关系，这就赋予了古典以新义。当然必须讲清楚，哪些是传统文化中固有之义，哪些是传统文化给予我们的启示，更不能为了新义而有意掩饰其原义中所含有的维护封建政权统治的内容。

作为中华民族的子孙，我们应当庆幸中华民族文化的一脉永传。中华文化是中华民族赖以存在于世界民族之林的血脉根基。然而，这份遗产，既有可能成为我们的瑰宝，也有可能成为我们的包袱，关键在于我们如何对待和处理它。对于我们民族的文化遗产，我们的持正态度应该是既要敬重珍视，同时也要慎重分析消化。如此，才有可能使其既代代相传，又成为我们建设新文化的宝贵遗产，成为培养国民健全人格的有益营养。

关键在于发现价值关联

所谓传统，即意味着曾经存在于过去而又延续到现在的事物。传统文化亦当作如是解。传统文化是生成于过去，但是又流传到今天的文化。我们习惯于称其为文化遗产。

这种文化遗产，又是如何存在于当代的呢？应该可以分为两种形态，一种是活性的存在，一种则是标本的形态。所谓标本，即意味着它已经是死去的文化，对于当代人来说，只起到展陈的作用，告诉观众，某某时代曾经存在过这样的文化样态，如此而已。但活性的文化则不然，它仍有生命，甚至有极为旺盛的生命力，融入到人们的社会生活，影响着人们的精神与行为。

传统文化在当代的两种存在形态，决定于它与当代的价值关联。凡与当代的关注发生关联的传统文化即有可能成为活性的文化，而与当代关注未能发生关联的就有可能成为博物馆里的标本文化。譬如在中国古代最为重要的两个文体诏和奏，就因为它们是我国封建制度特定的产物，今天已经远离了我们的生活，因此而成为两种文体标本，即死的文化。又如在中国历代影响甚大的汉大赋，以描写帝王的宫苑、游猎生活为主，是属于歌功颂德的文学。20世纪30年代的文学史就对其价值提出质疑，1949年后，有相当长的一个时期，它已经成为标本文化。但是近些年，汉大赋地位又有回升，赋体又复活为一种今体，这恐怕是因为汉大赋与当今社会润色鸿业的需要发生了价值关联的结果。同理，中国的传统文化能否产生世界性影响，也决定于中国传统文化与世界其他国家与民族的价值关联。只有那些在其他国家和民族看来有意义的中国文化，才有可能被接受。

但是这种关联并非自然形成，而是需要人们的发现。而且标本文化与活性文化也并非一成不变，时常要有转换，转换的原因即在于价值关联。马克斯·韦伯说："我们称那些按现象的文化意义来分析生活现象的学科为'文化科学'。一种文化现象构型的意义以及这种意义的根据无论如何不能根据一种分析性规律（Gesetzesbegriffen）体系来推导并明白地表达，不管这种分析性规律体系是多么完善，因为文化事件的意义预先就含有一种对这些事件的价值取向。文化概念是一个价值概念。因为并且只有当我们把经验现实与价值观念联系起来时，它在我们看来才成为'文化'。它包括那些且只是包含那些因为这种价值关联而在我们看来变成有意义的那部分现实。只有一小部分现存的具体现实被我们受价值制约的兴趣改变颜色，并且也只有它才是对我们有意义的。它之所以有意义是因为它揭示了对我们来说很重要的一些联系，而它们之所以重要又是因为与我们的价值有关联。"（马克斯·韦伯著，朱红文等译《社会科学方法论》，中国人民大学出版社1992年版）因此，如何通过研究，发现传统文化与当代的价值关联，激活对于今天有意义的部分，就成为学者阐释传统文化的前提性工作。

从这个意义上来看传统文化的当代阐释，研究者对传统文化的把握能力，如坚实的文献学基础，对于传统文化的深入理解，对此项工作固然十分重要；但是，研究者对当代社会的认识，尤其是对当代社会关注问题的具体了解和深入研究，对当代人生存困境和精神困境的同情之关怀，也很重要，甚至在某种意义上决定了研究者能否发现问题，能否既准确而又深刻地发掘、阐释传统文化。中国传统文化的世界传播也是如此，只了解自己的文化，不了解传播地所在国家和民族的文化，闭门造车，盲目推出，无论如何都是一厢情愿而已，甫一出口，也可能就成为他国文化博物馆里的标本了。而这当然不是传播者的初衷。

清理与创新

文化既有其稳定性,又有其流变性。如果不是无可抗拒的外力破坏,一个民族的文化总是旧的文化加入新的文化,生生不息的。当然,新的文化并非全部来自创造,有相当一部分来自对既有文化的清理与阐释。因此中国古代对待前代的文化,有很好的传统,就是重视清理与阐释工作,使其转换为当代文化。

在汉代以前,至少有两次对传世文献的清理工作,一次是孔子私人对"六经"的整理,一次则是官方对传世文献的全面清理。

据《史记》记载,最早私人大规模清理流传于世典籍的应是孔子:"追迹三代之礼,序《书传》……故《书传》《礼记》自孔氏。""古者《诗》三千余篇,及至孔子,去其重,取可施于礼义,上采契、后稷,中述殷周之盛,至幽、厉之缺,始于衽席……三百五篇孔子皆弦歌之,以求合韶、武、雅、颂之音。礼乐自此可得而述,以备王道,成六艺。""孔子晚而喜《易》,序《彖》《系》《象》《说卦》《文言》。""乃因史记作《春秋》,上至隐公,下讫哀公十四年。""孔子在位听讼,文辞有可与人共者,弗独有也。至于为《春秋》,笔则笔,削则削,子夏之徒不能赞一辞。弟子受《春秋》,孔子曰:'后世知丘者以《春秋》,而罪丘者亦以《春秋》。'"孔子是否全面整理过六经,怎样整理六经,学界向来就有争论,但是他全面整理过《诗》和《春秋》,阐释过《书》与《易》，应该没有问题。

继孔子之后，更大规模、全面清理传世典籍的工作，是西汉末年刘向、刘歆父子奉命清理存世文献。河平三年（公元前26），成帝命陈农搜集全国各地遗书，诏光禄大夫刘向领校宫中藏书，"刘向校经传、诸子、诗赋；步兵校尉任宏校兵书；太史令尹咸校数术；侍医李柱国校方技"（《汉书·艺文志》）。对于存世的典籍，收集不同抄本在一起，一人持底本，一人读复本，逐字逐句核对。同时，刘向还对存世的单篇零简等文献，进行了汇集整理。刘向校书于秘阁，长达19年。每一种书经过校勘、整理、缮写出定本后，"向辄条其篇目，撮其指义，录而奏之"，刘向撰写的叙录，介绍书的名目、主要内容、作者生平、校勘经过等，一同奏上。这些叙录结集为《别录》20卷。刘向死后，汉哀帝命向子中垒校尉刘歆继承父业，继续校理图书，他根据《别录》，编写出首部国家藏书的分类目录《七略》7卷。七略包括：辑略、六艺略、诸子略、诗赋略、兵书略、术数略、方技略。辑略是目录的总说明，其余六略共著录图书603家，13219卷。

从孔子和刘向、刘歆父子校理古代文献的实践看，对旧有文化的清理，主要有如下几个层面：

首先是整理。整理既意味着摸清传世文献的底数，同时也是使无序的文献变为有序的工作。开创此项工作的当是汉代的刘向、刘歆父子。我们今天所能看到的汉前传统文献，已经不完全是其旧有的面貌，而是汉人整理过的面貌。先秦已经定型的典籍，刘向组织进行了精审的校勘，这种校勘并不是简单的文字校勘，实则是对文献全面的清理厘定工作，如清人孙德谦《刘向校雠学纂微》一书所归纳的,分别是"备众本""订脱误""删复重""条篇目""定书名""谨编次""析内外""待刊改""分部类""辨异同""通学术""叙源流""究得失""撮指意""撰序录""述疑似""准经义""征史传""辟旧说""增佚文""考师承""纪图卷""存别义"等。如《晏子》一书,校定后的《晏子》是八篇二百一十五章,然而在校定前,却是三十篇八百三十八章,《晏子叙录》云:"所校中书《晏子》十一篇,臣向谨与长社尉臣参校雠,太史书五篇、臣向书一篇、臣参书十三篇,凡中外书三十篇,为八百三十八章,除复重二十二篇六百三十八章,定著八篇二百一十五章。"没有定型的散篇文献,归类而成新的文献,最典型的莫过《战国策》。"中书余卷,错乱相糅莒","臣向因国别者,略以时次之,分别不以序者以相补,除复重,得三十三篇","其事继春秋以后,讫楚汉之起,二百四十五年间之事,皆定以杀青,书可缮写"(《战国策序录》)。这就已经不是简单的整理,而是据所存文献的重新编撰。与其说它是旧书,不如说是新书更为确切,因为从篇章的确定,到书名的敲定,都是整理者所为。所以,对传统文化这样的清理,实则就是新文化的创造。

如果说刘向编撰传统文献,还限定在基于历史本来面貌的文献还原上,而孔子对"六经"的整理,就带有鲜明的重新阐释旧有文化的目的。孔子曰:"后世知丘者以《春秋》,而罪丘者亦以《春秋》。"可见他对此书的重视。孔子之于《春秋》,在各国史料的基础上,以鲁国史料为基础编撰的可能性更大,《春秋》应该是新书,而非旧籍。孔子说:"吾自卫返鲁，雅颂各得其所。"说明孔子确实整理过《诗经》。上博楚简《孔子诗论》的发现，进一步证明，孔子不仅整理过《诗》，而且就其诗篇作过具体的阐释。如果其整理过篇什，其诗的分类和篇章排序，确有"可施于礼义"的考虑；即使没有整理过篇什，只是整理过音乐，而在其时，音乐更具有"礼"的规定、"礼"的内涵。无论如何，孔子整理《诗经》，都是对诗的重新理解与阐释，"诗三百，一言以蔽之曰：思无邪。"这就是孔子整理《诗经》得出的结论，也是他为阅读理解《诗经》，所划出的思想情感的界域。由此，诗由观史的普通历史文献，转换为涵蕴经学义理的教化文献，因此可以说是从旧的文化中生发出来的新的文化。

对旧的文化的清理，中国古代还有一种十分重要的形式，就是对旧籍的注释。我在《论经典》书中列举了郭象注《庄子》的事例。《汉书·艺文志》著录了《庄子》五十二篇。郭象在向秀注《庄子》基础上完成的《庄子注》，删去了"一曲之士""妄窜奇说"的篇章，厘定为《庄子》三十三篇，此本被后世称为《庄子》定本。然而也就是这个注本，出于魏晋士人安身立命的需要，对《庄子》的重要思想作了有意识的"误读"，改造了庄子的思想。汤一介先生说："庄周是一位对现实社会采取激烈批判态度的思想家，郭象则是为现实社会的合理性作论证的思想家。一种哲学思想在一个时期可以用来否定现实社会，而在另一时期又可以用来肯定现实社会，庄周的《庄子》和郭象的《庄子注》大概就起着这样不同的作用。"（汤一介《郭象》，东大图书公司1999年版）说得很有道理。魏晋时期的士人，处于极为恶劣的政治环境之中。曹魏和司马氏两个政治集团的权力之争惨烈至极,因为这场斗争而殒命的名士几近大半。如《晋书·阮籍传》所说,"属魏晋之际,天下多故,名士少有全者"。在这个时期,士人如何自全,是摆在他们面前的重大问题。投入这场厮杀的士人,如以何晏为代表的名士,自然少有全者;而似嵇康那样与权力绝交、过着民间的隐居生活的人,也因不与政权合作而被杀身。所以就有人走上了第三条道路,既进入司马氏政权做官,又逍遥浮世,如阮籍和向秀。为适应士人的这种特定时期的特殊思想需要,郭象的《庄子注》应运而生。经过郭象的改造,《庄子》不再远离人间,远离士人,而是变成了这样的书:既能够维护君主权力,同时又不损害士人利益;既能给予士人享受荣华的理由,又能给士人的精神以回旋空间。正因为如此,此后《庄子》才会被士人广泛接受。而晋代以后士人所接受的《庄子》,已经不完全是庄周的原始的《庄子》,即那个反仁义,反人文化,尚原始自然、追求绝对自由的《庄子》,而是加入了郭象阐释而改造过的《庄子》。这个《庄子》打着自然的幌子,却承认社会差别,承认名教,认为此差别与名教亦是自然。在此之上,建立起士人的自由,即在差别和名教之内的自由。"物物而不物于物",既生活在世间,又不萦心禄位,超遥于行迹之外。郭象的《庄子注》,具有鲜明的经典累积特征,它是在原来文本的文意基础之上,做了增量和部分变性的发挥。因此,可以说郭象是借《庄子》,完成了他对自然这一重要哲学命题的阐释,深化了魏晋玄学,经郭象注释的《庄子》,已经不完全是传统的《庄子》,而是杂糅了郭象思想的新《庄子》。

总之,传统文化既是民族文化的根基,又是衍生新文化的树干。中国古代文化创造，有一个十分重要的现象，就是文化的创造并非毫无依凭，常常是借旧籍而生新义，一些重要的思想、重要的学派，是在清理旧的文化中产生创造的。魏晋玄学如此，宋代理学亦如此。同郭象一样，魏晋玄学的另一代表人物王弼以《老子注》《老子指略》和《周易注》《周易略例》，建立了他以无为本的玄学思想体系。同样，宋代理学家朱熹的理学思想，在很大程度上也是通过注解"四书"而构建起来的。所以，对待传统文化，我们可以借鉴古人的经验，做好清理、阐释等工作，激浊扬清，使其成为当代文化的组成部分。

国学即经典之学

国学的提出是在 19 世纪末 20 世纪初西学东渐之际。1902 年秋，流亡海外的梁启超写信给黄遵宪，提议在日本创办《国学报》，"以保国粹为主义"，使用了"国学"一名。由于黄遵宪主张先作国学史，梁启超办《国学报》的设想未能实行。但几个月后，梁启超撰《论中国学术思想变迁之大势》，数次提及"国学"。1904 年，邓实在上海的《政艺通报》发表《国学保存论》，讨论保存"国学"的重要意义。次年，邓实、黄节等人在上海成立了"国学保存会"，其宗旨是"研究国学，保存国粹"，发行《政艺通报》《国粹学报》。章太炎则于 1906 年 9 月在东京发起"国学讲习会"，随后又成立了国学振起社。1921 年北京大学研究所设国学门，1925 年清华大学成立国学研究院，梁启超、陈寅恪、王国维和赵元任并称"四大导师"。此外，中央大学也有国学研究机构。进入 21 世纪以来，兴起国学热，诸多大学相继成立了国学教学、研究机构，如中国人民大学国学院、南京大学国学研究所、清华大学国学院、北京大学国学院等。国家级的国学院也由国务院参事室牵头开始在鸟巢附近规划兴建。

国学已经很热，但是国学这个概念，至今仍众说纷纭，莫衷一是。陈独秀甚至认为"就是再审订一百年，也未必能得到明确的观念"（《国学》，《前锋》1923 年 7 月）。钱穆亦云："'国学'一名，前既无承，将来亦恐不立。特为一时代的名词，何者应列国学，何者则否，实难判别。"（《国学概论弁

言》,《钱穆先生全集》,九州出版社2011年版)

最有影响的意见有两种,其一,国学就是中国固有之学。国粹派邓实在1906年《国学讲习记》中说:"国学者何?一国所有之学也。"(《国粹学报》第19期)章太炎国学振起社的"广告"云:"本社为振起国学、发扬国光而设,间月发行讲义,全年六册,其内容共分六种:(一)诸子学;(二)文史学;(三)制度学;(四)内典学;(五)宋明理学;(六)中国历史。"吴宓《清华大学开办研究院之旨趣与经过》认为:"兹所谓国学者,乃指中国学术文化之全体而言。"(《清华大学史料选编》第一卷)胡适《国学季刊发刊宣言》则认为:"中国的一切过去的文化历史,都是我们的'国故';研究这一切过去的历史文化的学问,就是'国故学',省称为国学。"(《胡适全集》,安徽教育出版社2003年版)现代一般人对"国学"的理解,大多由此而来。第二种意见认为,国学就是儒学,或曰"四书五经"之学。

我认为这两种意见都有问题。依据第一种定义,国学就是国故,今称传统文化,是以先秦经典为元典,涵盖了两汉以降的经学、老庄之学、佛学、历史、文学等完整的文化体系,即经、史、子、集四部。这样的国学定义,失之于过泛,而且与提倡国学的宗旨不吻合。依据第二种意见,又失之于过于狭窄,因为"四书五经"虽然是中华文化中最为重要的组成部分,却不能涵盖中华文化中的其他重要部分,如诸子之学。我认为国学,就是中国固有之学中的经典之学。

我这样概括国学的定义,既是出自对两次国学之兴背景的考虑,同时也考虑到了倡导国学的初衷。19世纪末20世纪初提出国学之时，正是八国联军攻入北京，迫使清政府签订《辛丑条约》之际。西方列强的坚船利炮轰开了封建帝国的大门，民族危机的加深，也促使知识分子面向发达的西方寻找治国之策，此时西学大规模涌进。面对这样的局势，一批坚持国粹的文化改良主义学者，形成了"中学为体，西学为用"的观念。强调传统文化重要性，视其为立国之本，所以，章太炎在《民报》第七号所载的《国学讲习会序》中说："夫国学者，国家所成立之源泉也。吾闻处竞争之世，徒恃国学固不足以立国矣，而吾未闻国学不兴而能立者也。"邓实亦言："有地而人生其上，因以成国焉，有其国者有其学。学也者，学其一国之学以为国用，而自治其一国也。"这些文化改良主义者，虽然坚持文化的自强自立，但是章太炎看到，"徒恃国学固不足以立国"，已经承认国学有其不足。但是放弃固有的文化，也会失去一个民族立国的根基。所以，在当时，国粹的概念颇为流行。国粹就是传统文化的精华，并非所有的传统文化。国粹派提倡保存国粹，认为国粹是立国之本，保存了国粹就能保国家、救民族。故此，他们从民族、历史、语言、文字和地域的有机联系出发，界定"国粹"，发掘中国文化之独特价值。国粹派虽然提倡国粹，维护传统，但并未因此失去对传统文化的反省意识。他们区分中国文化为"国学"和"君学"，认为"国学"中蕴含有丰富的爱国主义传统和民族主义、民主自由的内容；"君学"是统治者用来宣传封建迷信、功名利禄和纲常名教，实行专制统治的工具。所以他们对"君学"持激烈的批评态度。他们还通过提高自汉代以来就一直受压抑排斥的先秦诸子百家的地位，以破除人们对儒学的尊崇和对孔子的迷信。

21世纪国学复兴的背景,与19世纪末20世纪初国学提出时的背景相比,情况更复杂。从学术的角度考察,欧美文化的全面进入,引起一些人的担心,在学界就有"失语"的争论,有的学者甚至惊呼,中国正逐渐失去民族的学术话语,因此提倡国学是为了对抗西学。与此相反,一些学者提倡国学是出于文化的自信。在经济高速发展的环境中,国人有了文化上的民族自信。最有代表性的是季羡林先生的观点,认为文化的发展是"三十年河东,三十年河西",21世纪必然是东方文化占主导地位的世纪。因此中国作为文化大国,不仅经济要走出去,文化也要走出去。当然也有学者是从现实的需要来倡导国学。改革开放以来,随着社会经济的发展,也出现了一些令人忧虑的社会问题,如道德的沦丧、社会的失衡、自然的破坏等,迫使人们从传统文化中寻找解救之道。

从19世纪末20世纪初国学的提出,到21世纪初的国学热,尽管我们的国势有了很大不同,但是要解决的问题比较接近。这两个时期,都处于社会的转型时期,为了促使中国加快现代化的步伐,大量引进西学进入中国。但是带来的问题,就是如何对待固有文化的问题。两个不同时期欧美文化的进入,都是中国发展的需要。但同时也说明,完全用中国传统文化,不能很好解决中国的现代化问题。就连对文化持比较保守态度的章太炎都看到,"徒恃国学固不足以立国",所以,引进欧美文化,救助中国固有文化的不足,也就势在必行。

因此,从国学兴起的背景来看,提倡国学,并非要继承或恢复传统文化的全部,因为历史已经证明,这样做行不通,因此也是不可取的。所以，对待传统文化的态度就要有所取舍。还是那句老话，黜退糟粕，取其精华。因此，我们所提倡的国学，不应是中华固有的全部文化，而是传统文化的精华，即经典。正如此，我说国学就是中华文化的经典之学。

当代的国学机构主要设在大学，国学的任务有二：国学研究和国学教育。

国学研究，是当代国学的重要任务。就研究而言，国学的内容不限于经典，必须是所有的传统文化，四部典籍都在研究的范围之内。但是，国学研究中，最重要的研究，则是国学经典的形成及其价值体系的研究。因为经典就是传世的具有普适性价值的文化遗产，那么，哪些属于传统文化中具有普适性价值的内容？它又是如何积淀起来的？这是国学研究中最具价值的研究。

国学经典价值体系的研究，直接关系到中华民族基本价值观的梳理与建构。中华民族在其发展过程中，积淀了深厚的历史文化，并通过传世的经典，构筑了极其丰富并有其世界意义的价值观。整理、发掘、阐释传统的价值观，一直是历朝历代研究者的重点。当然，由于不同时期的价值关联不同，关注角度也有所不同，但是一些最基本价值的内涵，会得到历代的确认。如儒道两家以道为解释万物根本的思想；儒家以礼为节、以仁为本的伦理价值观（孔子的"仁者爱人"，孟子的"仁政""民贵君轻"）；道家尚自然无为的社会治理观及其人性论；士人文章所表现出的独善与兼济情怀；等等。而以儒家思想为主导，道家及诸子思想为补充的价值体系结构，也已经基本得到认可。

国学经典形成的研究，则是对中华民族基本价值观形成的文化土壤的发掘。研究经典形成的条件，既要考察初始文献产生的政治、经济、文化土壤，还要考察经典在传播过程中，不同时期的变化以及变化的原因，这些都是题中应有之义。不仅如此，还应进一步研究西学经典中所有、国学经典中所无的思想，并且分析其原因。对经典形成而展开的研究，不仅有助于经典的研究，也可助益今天的文化发展政策和环境的构建。

　　而国学教育的基本内容，就是国学经典的教育，这一点是没有疑义的。要通过国学教育，使受教育者了解和掌握国学的基本典籍、基本知识，尤其是要把握经典解决人与社会、人与自然、人与自我的关系中有价值的思想和方法，传承中华优秀的传统文化，成为一个有中国气质的人。

中华文学的开放性

文化不能自证其特殊性和价值。无论古今,也无论中外,一个民族的文化特性,从来就不是在自闭的场域中呈现出来的,只有在不同民族文化的比较中,民族文化的特殊性、个别性才会显现出来。所以,今天我们讨论中华文学的民族性,必须站在世界文学大的场域中,才能进行和展开。而中华文学的价值,也同样如此,只有置于世界文学中,方可得到判断。所以,作为精神产品,文学从一生成,就是全人类的,而非仅仅是本民族的。除非它是原始的未开化的民族。由此,我们也认识到,文学就其属性而言,它是开放的,而非封闭的。这一属性在中华文学身上得到充分体现。

中华文学的开放性,首先表现在它的民族多样性。中华民族是多民族组成的大家庭。中华文学,自民族文化的角度看,无疑以汉民族创造的作品为大宗。在文学史上,以汉语言创造的文学作品,无论经典的数量还是可成传统的部分,都十分突出。文学史不同于原生态的文学历史。文学史是在原生态文学历史的基础上建构起来的。文学史关注的对象,主要是经过历史沉淀而得到历代认可的文学经典以及能够成为传统的文学作品、文学现象。就此而言,汉民族文学在中华文学史上,无疑占有显著的地位。

但是,中华文学从来就不是单一的汉民族文学,它所反映的文化也从来就不是汉民族单一的文化,而是多民族文化的聚合体。即使是汉民族文化与文学,也从来有其开放融合性,没有僵固的排他性。这首先表现在历朝历代的文学经典中，都有非汉族的作家作品。最著名的当属清代伟大作家曹雪芹。其次，在汉民族文化与文学传统中，吸收融入了其他民族的文化与文学。如中华文学在唐宋以前，抒情言志的诗文比较发达，成统治之势。自元代之后，叙事文学如戏曲、小说逐渐发展成为文学大宗。究其原因，不能不说与少数民族以叙事为主的文学传统相关。

中华文学不仅是中华民族多民族文学的融合，而且还吸收包容了域外的文学与文化。早在20世纪20年代，胡适写《白话文学史》，就注意到了佛经翻译文学。的确，佛教这一来自异域的文化，极其深刻地影响了中华民族的文学与文化。佛教最初传入中国，确实在不同朝代受到过拒斥甚至迫害，南北朝有佛教与中国文化异同的辩论，不仅如此，在北朝和唐代都有灭佛的行为。但总体看，对于这一外来的文化，人们采取的是开放包容的态度，并使之成为中华文化的重要传统之一。佛教对中华文学的作用，首先是影响了士人的人生观和世界观，如苏轼的旷达；其次是影响到了文学，如王维的山水诗、明清小说中的因果报应观念。

中华文学的开放性，还表现为士人的雅文学与民间的俗文学的共生共长。关于士人的雅文学与民间的俗文学孰是文学主流的问题，早在胡适的《白话文学史》中，就提了出来。胡适文学史的基本观点很明确，即认为，士人的古文学，是僵死的文学，而俗文学才是生生不息、充满活力的文学。他甚至极为偏激地认为，中国数千年的文学史就是俗文学的历史。胡适的《白话文学史》自出版以来，影响甚大，使此后的文学史，都重视民间的俗文学。到了20世纪50年代，又有文学发展动力的讨论，占有强势地位的意见认为，民间文学是文学发展的根本动力。不过，从传世的文学文献来看，不能不承认，就数量和影响而言，士人的雅文学在中华文学中仍占主流地位。

但所谓的"主流"，乃是相对而言。而且，就是主流的士人文学，所包含的也并非纯粹的士人的审美趣味。这是因为，士大夫从来对民间的俗文学就采取矛盾的双重态度和标准。考察官私书目，似乎士人只承认诗文等文体为正统的文章，戏曲小说难登大雅之堂，士人对来自民间的俗文学采取了拒斥的态度。官方也对其施以打压的政策，清代官方禁毁图书，小说、戏曲是其大宗。但是，俗文学自先秦以降，直到清代，不仅顽强地存在于民间，生长于社会底层，而且不无魅力地向士人招手，对士大夫形成极大的诱惑力，以至于统治者都禁不住其诱惑，以采风为名，把其引进庙堂，召进宫廷。《诗经》中的十五国风，汉魏乃至南北朝的乐府，都是如此。所以俗文学从一开始就对雅文学形成渗透和影响，在某些时期甚至形成挤压，宋词、元曲就是这样。而到了元代以后，士人竟然可以光明正大地创作戏曲了。小说稍迟，但是士人或明或暗地参与小说创作，则是明清小说生成的常态，《三国演义》《水浒传》《西游记》都是经过士人之手而成经典的。至于《红楼梦》，写自士人之手，最早传播于士人阶层，而后才渐渐到了民间大众。所以，表面上看，雅文学是拒斥俗文学的，而实际的情况则是雅文学对俗文学或暗送秋波，或敞开怀抱，依旧是开放的姿势。

回归文学研究

改革开放四十年，中国古代文学研究同各学科一样取得了巨大成就，甚至可以称之为百年来中国古代文学研究最活跃、最有成绩的时期。

总结这四十年取得的成就，我认为最重要的还不是物质性成果，如出了多少著作，发表了多少论文，在哪些方面获得突破或推进，而是精神、观念层面的成果，即中国古代文学研究摒弃了为政治服务的观念和要求，回到真正的科学意义的研究，找到了研究的常态。这是最值得我们这一代人骄傲、庆幸并应该坚持的成果。

文学自古以来就离不开政治，文学研究亦然。所以我一直反对试图脱离社会、不顾人生的文学研究，但这和为政治服务不是一回事。文学为政治服务是 20 世纪 40—70 年代特定历史时期所产生的一种文学现象。它强调文学从属于政治，要为政治服务，文学成为政治斗争的工具，文学研究亦然。这种理论及政策到 80 年代结束。1980 年 1 月 16 日，邓小平在中央召集的干部会议上讲到文艺工作者的责任时，他代表党中央明确指出："我们坚持'双百'方针和'三不主义'，不继续提文艺从属于政治这样的口号，因为这个口号容易成为对文艺横加干涉的理论根据，长期的实践证明它对文艺的发展利少害多。"从此结束了文学为政治服务的历史，文学及其研究进入到一个新的时代。

首先，厘清了何为宣传、何为表态、何为研究的界限。

政治宣传与表态，不需要科学的论证，更无须客观持平的科学态度，而古代文学研究则不然，它的目的是追寻文学的真实轨迹，勾勒其发展演进脉络，发现规律，以此为依据解释中国古代所发生的文学现象。古代文学研究虽然不同于自然科学和社会科学，但其性质仍是科学研究，必须遵循科学研究所秉持的追求真理、实事求是的客观态度。在研究为政治服务的时期，宣传、表态与研究的性质不分，使文学研究沦为宣传与斗争的工具，损害了文学研究的科学性、客观性。事实也证明，在文学研究为政治服务思想指导下产生的所谓成果，很少有其生命力，时过境迁，许多作品再无价值。厘清了政治宣传与研究界限的意义，在于确立了古代文学研究的应有的地位、任务和方法，为古代文学研究铺平了一条长远发展的大道。

其次，形成了政治有纪律、学术无禁区的制度规矩，使古代文学研究无论从研究对象到研究方法，都更加自由，更加宽松，更加开放。在为政治服务的时期里，研究什么，不研究什么，秉持什么样的方法论，都有严格的限定，设置了诸多禁区，比如研究明清禁毁小说，甚至宫体诗，都受到限制。改革开放，最先打破的就是研究对象的禁区，然后是研究方法，这大大拓展了中国古代文学的研究领域。所以，对旧时碰都不敢碰的《金瓶梅》有了深入的研究，而且在中国文学史上确立了其小说经典的地位。而西方研究方法的引进，虽然有的成功，有的不成功，但打开了研究者的思想观念，开阔了研究者的视野，正因为如此，我们才建立了中国的叙事学、诗学和古典学，等等。

最后，不再实行政治第一的评价标准，确立了以学术为核心的多元评价机制。在文学从属于政治的时期，对文章评价的标准事实上只有一个：政治。政治第一，实则就是唯一。只要政治需要，其他都可罔顾。然而，就古代文学研究而言，其评价体系是由诸多因素与条件组成的，涉及文献与理论等多个方面。就文献而言，存在是否提供了新的文献资源、收集的文献是否可靠、占有文献是否全面、梳理文献是否可信等问题，所以并非政治正确就一定具有很高的水平，政治标准不能取代一切。

以学术为核心的多元评价机制的确立，使文学研究有了科学系统的评价机制。淘汰低水平的学术研究，鼓励出高水平的成果，激励学术创新，为四十年学术繁荣发挥了重要作用。

以学术为核心的评价机制，也为文学研究人员营造了比较安全的研究环境。文学研究场境没有了大批判的刀光剑影，也没有了牢狱之灾的阴云密布，学者们可以就文学发表个人的见解，讨论、争论甚至激辩，都在学术的范围内展开，这既保护了研究者的合法权益，也激发了研究者的创造力。

四十年弹指一挥间，四十年古代文学研究走过的却是一条艰难的拨乱反正的路，作为一个亲历者，我们不会忘记走过的每一个沟沟坎坎，也会知道什么是古代文学研究的正路坦途并为之而坚持。

确立正式　创新研究

新中国成立后七十年的魏晋南北朝文学研究，是在两个传统、三大文化背景下进行的。其一是先秦到清代数千年形成的义理、考据、辞章传统；其二是 20 世纪前半个世纪引进欧洲科学研究观念后所形成的现代的文学研究路径。20 世纪 50 年代以后，马克思主义被确立为文学研究的指导思想，辩证唯物主义和历史唯物主义成为古代文学研究的方法论。七十年的魏晋南北朝文学研究实际上是在这三者交融的背景下开展的。

回顾七十年的魏晋南北朝文学研究，其成就主要体现在三个方面：

一、建构了系统而又完善的知识体系。一个学科是否建立起系统、完善的知识体系，是这一学科是否成熟的标志。魏晋南北朝文学研究经过一个世纪，尤其是 1949 年以后七十年的历程，已经形成系统、完善的知识体系。这一体系由文献、文学史与专题研究组成。它既继承了古代义理、考据、辞章的传统，同时接受并发展了现代文学研究的学科观念与学术内涵。

首先，魏晋南北朝的文学文献得到了基本整理，总集、别集经过搜集整理，此一时期的诗文文本基本已经完备。总集有逯钦立搜集整理的《先秦两汉魏晋南北朝诗》，《文选》《玉台新咏》的校勘整理成果尤其丰硕。别集方面，三曹（曹操、曹丕、曹植）、阮籍、嵇康、王弼、陆机、陆云、陶渊明、鲍照、谢灵运、谢朓、沈约、三萧（萧统、萧纲、萧绎）、庾信等重要作家别集都经过了整理，由此构成了知识体系中的文献基础。

其次，经过中国科学院文学研究所编写《中国文学史》，游国恩等主编《中国文学史》，袁行霈主编《中国文学史》，袁世硕主编《中国文学史》，章培恒、骆玉明编撰《中国文学史》，徐公持著《魏晋文学史》，曹道衡、沈玉成著《南北朝文学史》以及相关的专题研究，清晰地勾勒出此一时期文学的发展脉络和基本面貌。

再次，在专题研究方面，建安风骨、魏晋玄学与文学、士族文学研究、诗体与文体研究、乐府诗、山水诗、田园诗、宫体诗、《文心雕龙》与《诗品》研究也都取得很大成就，其基本结论由于具有可信性和权威性，也已经成为此一时期文学研究知识体系内容。

这三个方面中，文献是知识体系中的基础，文学史是脉络，专题研究则是其基本内容。作为知识体系，以上三个方面的内容成为后人学习与研究魏晋南北朝文学不可越过的知识谱系。

二、形成了科学、规范的现代研究范式。这一时期文学研究的范式，分为文献整理和文学史、专题研究两种类型。文献整理，诗文的搜集与文本的整理，基本延循了传统目录、版本、训诂之学的路子，证明传统的治学方法在文献整理方面仍然有效，并且依然是主要的研究方法。同时因为现代信息技术在文献收集整理方面的介入，也使文献收集整理面临方法与手段的革新。

文学史与专题研究，百年来形成了史论结合的成熟范式，这一范式在新中国成立后的七十年间得到了进一步强化。史的考述，其目的在于还原此一时期文学发展的本来面貌，其方法也是历史的研究方法，以考证史实为主，如曹道衡关于北朝文学史实的考证。论的部分则在于文本分析，通过文本分析揭示文学的精神价值和审美价值，通过文学现象分析概括进而总结文学发展的规律。

近十年来，此一时期的文学研究出现了新的研究路径——传播史的研究，如李剑锋的陶渊明接受史研究，刘跃进的编年史研究，胡大雷的总集编撰研究以及年轻学者写本时代的传抄研究等，但是从其研究范式看，仍在史的研究范畴之内。

三、取得了一大批代表本时期学术水平的成果。前辈学者沈玉成、曹道衡的魏晋南北朝诗文研究，袁行霈的陶渊明研究，罗宗强的魏晋南北朝文学思想研究，当代一线学者葛晓音、王钟陵的魏晋南北朝诗歌史研究，傅刚、刘跃进的《文选》《玉台新咏》研究，钱志熙的魏晋诗文研究，程章灿的魏晋南北朝赋研究，都是七十年魏晋南北朝文学研究的代表作。

魏晋南北朝文学将来的研究，可能会走两条道路。其一，沿着传统的研究范式，可做的工作还有很多。在文献整理方面，与唐代文学研究相比，此一时期的文献整理还有一些重要工作亟待完成，如诗文的全面整理，出土文献的整理与研究。专题研究方面，生命主题的研究虽然有钱志熙《唐前生命观和文学生命主题》、徐国荣《中古文士生命观及其文学表达》（1998年南京大学博士论文），但仍有进一步研究的空间。文学史的研究模式已经有正史、断代史、文体史、编年史、思想史、批评史，是否可写一部诗歌艺术史，此一设想，我早在十年前就有，可惜一直未能实施。其二，是否还可以开创出新的研究范式？新的范式的出现，需要有新的文学史观、新的文学方法的出现，我们对此充满期待。

古代文学研究的困惑

参加《文学评论》六十周年纪念会，很有感慨。在中国，学术研究一直很受重视，但它并不是独立自足的，而往往是和我们时代的文化、政治结合在一起。想要自己关起门来做一种象牙塔里的研究，是不可能的。古代文学研究从建国以来，一直跟着时代走，跟着潮流走，想改变也难。在这种情况下，作为一个学者应该怎么来做，是现在需要思考的问题。

文学研究本身就是关系到人生、关系到社会的学问，它不可能离开社会，也不可能离开政治，不可能离开人，所以当代所有的古代文学研究必然是和当代的文化结合在一起的，这是必然的。而且作为古代文学研究者，虽然我们研究的是前人的文化，可是我们站的立场应该是现代的立场，我们研究的价值观也应当是当代的价值观，而不是古代的价值观。正是因为这样，我们所有的研究还是要关注民生，关注社会现实，而不是做一种完全独立自足的东西。这个观点我也在不同的场合讲到过。

这就涉及一个问题，既然所有的古代文学研究都必然是当下立场、当下价值观的研究，那么我们的研究怎么做才叫自由，怎么做才叫独立？我个人认为，所谓的独立，所谓的自由，就是作为一个学者，作为知识分子本身的立场，这一点是我们自己可以选择的。我们虽然离不开时代，离不开这个潮流，可是自己选择一种什么样的立场，什么样的价值观，这是学者个人的自由，也是我们作为学者的一个底线。可是在现在的研究中，恰恰有很多学者丧失了自己的立场，没有自己的价值观。我觉得这是需要我们关注的一个问题。

古代文学研究界目前所面临的形势，我个人是这样看的：总体来看发展很正常，没有过多的热点，也没有过多的炒作，相对来说比较平稳，但也比较平寂。虽然传统文化现在很受重视，但就古代文学研究本身来说，我觉得还是没有完全被卷入，学者仍旧在自己研究的领域，按照自己的研究思路继续往前走，所以没有热点和炒作的问题。可是有几种倾向需要我们注意：

第一个问题，包括我在内，现在由于受到哲学社会科学研究课题的导向，这些年开始倾向于做大而全的东西。现在重大课题立项基本上都是某某文献的整理和研究，像董乃斌先生做的"叙事学研究"这类理论的研究很稀少，现在都是做文献。而做文献并不是做新发现的文献，而是淘老文献，把很多老文献汇到一起，影印出来。把文献影印出来一大套放在那里，当然会为我们研究少见、稀见文献提供便利，但是究竟对古代文学研究有多大促进，这是一个需要注意的问题。而且照此趋势下去，有可能忽视对古代文学的理论性研究，这种倾向是需要我们警惕的。我最近拜读了董乃斌先生寄来的书，还有葛晓音老师关于唐前诗歌体式的著作，非常钦佩。他们的论著不但学理性、理论性很强，而且以文献作为支撑。我感觉确实是在推进古代文学研究，尤其是古代文学研究内部的一些问题，而不是一些外在的问题。比如说诗歌体式研究。我们过去一直认为中国古代诗歌是以抒情为主，而董乃斌先生抓住了中国古代诗歌里面另外一种叙事性的书写方式，有很强的理论性和学理性。说实在的，我比较乐见的还是这样的研究。

第二个问题，我们现在都在讲中国古代文学并不是纯文学，是文史哲不分的杂文学。按照过去的说法，经学也算文学，子学、史学也算文学，彼此是不分的。所以现在我们面临着一个很大问题：文学研究究竟怎么研究？我记得袁行霈先生提倡中国古代文学研究要回归文学本体，陶文鹏老师也到处讲要回归到文学，这是针对泛文化的研究提出来的。可是既然我们一再讲古代文学就是文史哲不分的文学，那我们的研究究竟怎么做才叫回归文学本体？这就是一个很难回答的问题。我们在对古代文学，即所谓的文史哲都在其中的"泛文学"做研究时，还做不做文学性的研究？文学性的研究还是不是我们古代文学研究中的核心问题？这些年，其实真正对古代文学做文学性研究的课题和论文，我个人认为不是很多，而且做得仍然不是很充分。我感到困惑的第二个问题就是：既然古代文学中文史哲不分，所有哲学的、历史的都可以算作文学，那"文学性"还算不算我们研究的核心问题？

第三个问题，现在的古代文学研究中，做文献越来越容易。随着信息手段的现代化，我们获取文献的能力越来越强。过去所谓的珍稀文献，我们现在都很容易得到，前辈学者可能看不到的东西，我们都能够看到，这确实给我们现在的研究带来了很大的便利。但是这里也遇到了另一个问题，即是否还要训练学生做传统的学问。近几年来我在看博士论文的过程中，遇到一个很大的问题：我怀疑有的研究生不读整部书，不读一部完整的集子。再一个呢，读白文的能力也越来越差。我过去每年都看三十多篇博士论文，去年因眼疾只看了二十多篇，可以这样说，没有一本的引文文献在标点上挑不出错来。那么我们传统的训练在现在的技术下还需不需要？

还有另一个问题，就是我们还是否需要做经典的研究。现在还有个倾向，大家都去研究一些中小的作家。这些作家没有被研究过，每个研究都是开创性的，填补空白的。那经典的这些作者还需不需要研究？从近年课题及博士论文选题来看，像李白、杜甫、《文心雕龙》、《文选》的选题都还有，但是越来越少。其实并不是这些经典作家就不能研究了，比如我最近承蒙跃进兄关爱，发表在《文学遗产》上的论文《唐宋时期李白诗歌的经典化》，研究李白经典化，涉及李白"天才诗人"的问题。我们一直在讲李白是天才诗人，但为什么说他是天才诗人，天才在哪儿，我翻了翻文章，很少有人在这个问题上做深入的研究。可见有很多问题看似研究过了，但实际上还需进一步研究。而且我认为，研究经典作家，才能解决文学上重大的、根本性的问题。而靠研究不入流的作家，很难解决文学史上的一些重大问题。

当下的古代文学研究，整体上看确实处于平稳而扎实的向前推进过程中，出现了很多有价值的成果。但是有上面所说的三个问题，我个人认为需要引起关注。

中国古代文学研究的现状与前瞻

这个题目出得很大，非我所能为，以下所谈可谓一曲之见，提出来与学界朋友共同讨论。总体看，古代文学研究无大波澜，无重大事件，也无重大突破，一切皆在平稳进行中。近些年来，传统文化受到重视，文化界一片骚然，而古代文学界动静不大。这也是古代文学界改革开放以来形成的沉稳心态。以下分别讨论之：

一、现状：新的视角与方法

大批文献的整理与揭示，仍是近年来最为重要的工作，而且呈现出工程越来越大的趋势。大的工程旧有《全唐诗》《全唐文》整理，《全宋诗》《全明诗》的搜集与整理等，但是更多的成果则是在历代作家别集的整理。近些年来的古籍整理上了诸多大项目，如《全明清戏曲》《全清词》《民国诗话》以及历代《诗经》文献、《庄子》文献、《楚辞》文献、儒藏、子海、子藏等。地方文献也比较热，如"湖湘文库""燕赵文库""绍兴全书"等，有的已经见书，大批地方文献项目还在立项。政府有热情，肯投入，但质量似乎参差不齐。

文学史的形态更加多样化。传统的以作家、作品为主体的文学史，比照我国的史学传统，可称之为正史。正史观终于有了变化，表现在突破了单一且不符合中国文学史发展实际的汉民族文学史，中国社科院编写了包括所有民族在内的中华文学史，反映了文学史的全貌。正史之外，还出现了文体文学史、编年文学史等。样式的丰富多元，体现了文学史观的转变与进步。

近些年，文体研究仍是重要领域，研究成果颇为显目，因此也有越来越多的学者投入其中。具有代表性的就是中山大学吴承学及其团队的文体研究。中国古代文学是杂文学，有大量的应用文体，可涉领域极广；而且在古代，文体极为重要，是文章学之根本，不仅研究范围宽，研究的程度亦可极为深入，相信还有更多的学者进入这一领域。

地域及家族文学研究，是新的增长点，成果也可观。如李浩的关中士族研究，梅新林的浙东学派研究。

中国古代文学的传播与接受研究，已经不是新的研究途径和方法。近些年的研究成果覆盖的范围越发广泛，如刘毓庆的《诗经》传播研究，王长华的《诗经》接受研究，李剑锋的陶渊明历代接受研究，王红霞的李白接受研究，都有一定影响。

近来还有经典还原研究，主要是杨义先生所做的工作，先后研究发布的成果有先秦诸子的还原，《论语》的还原等。此一研究已经引起关注，当然也存在争论，这也是正常的。我认为关键是研究观念和方法，还原经典的编撰，还原经典传播的现场，如礼的约制与士人的生命体验，都是极为新鲜的话题。

二、问题：传统的必要

近些年的文献整理最为抢眼，但问题也多，文献整理与揭示不尽如人意。搜集综合文献的项目越来越多，其原因是搜集的手段越来越先进，搜集的速度越来越快，搜集的能力越来越强。量大，但投入的精力未必大。与之相比，揭示新文献的成果比较少。如清人的文集很多尚未得到整理和揭示。文献搜集比较困难是个原因，但我看更主要的还是整理者的能力不够，比如版本的辨别，文字的识读。还有，文集的校勘、注释成果越来越少,整理的水平堪忧。我在研究中用过一些近些年来整理过的本子,发现问题不少。人民文学出版社的周炫隆副总编曾和我说,现在古籍整理的稿子硬伤很多,水平整体不高。其原因就是整理者的基本功不够,缺少古籍整理应有的版本鉴定、文字训诂、注释中涉及的典章制度的掌握等。

古代文学百年的传统是以经典作家、作品研究为主,但是近些年来经典研究疲软,缺少突破性的、令人耳目一新的成果。例如屈原、刘勰、李白、杜甫、苏轼的研究,不仅研究者少,而且论著文章水平一般者多。相反,二三流甚至不入流作家作品的研究越发多起来,大有掩盖经典之势。过去没人关注、没人研究,拾起来就填补空白,但于文学史的建树何补,要画一个大大的问号。文学史的重大问题、关键问题,非经典作家研究不能有所突破、有所推进,而不入流的东西,是没有这个价值和意义的。

史的研究强于文学研究,也是个问题。中国古代文学研究由历史与文学两个部分组成,从实际成果看,历史的梳理与还原是研究的主体,作为语言艺术的文学研究事实上业已边缘化。能够留得下来的成果恐怕只有文体研究,除前面提到的吴承学,还有葛晓音等学者的诗体研究。

三、前瞻:坚守与开放

前瞻往往是不可靠的,只能说一些基本的原则。

基础研究永远是生长点,如文献的整理与揭示。我一直有一种偏见,认为宋代以前的文学史比较可靠,明代次之,清代只好是大致如此,并不十分可信,就是因为清代文献没有得到彻底清理,更谈不上整理。基础文献未能完全揭示,文学史不能建立在文学现象的全面观照之上,所以我说它大致如此。可见基础研究的重要性和长久性。

古代文学学科有了百年的历史,表面看来许多问题都已经得到解决,有了定论,其实并非完全如此。比如中国古代文学的定义、属性、范畴、研究方法等,仍需要继续讨论,有的还要回到原点。现在的文学观念来自欧洲,来自亚里士多德,对其概念与内涵,中国古代文学史、古代文学研究并未完全遵守,现在又提出全面质疑。但现在对中国古代文学的概念与内涵很少有人做理论上的研究。所以有学者主张回到原点,重新探讨。另外,文学史研究的目的,一般认为是还原历史,揭示其本来面目。不过似乎文学研究不应停留在此处,因为仅仅停留在历史还原,还是历史研究的任务,即历史研究,而文学研究还应进一步追问:还原历史的目的是什么?答案是文学,包括文学的审美性,文学发展的轨迹等。我以为此方为文学研究,而且文学性的研究,永远是古代文学的研究核心,是其持续的创新之处。鉴于以上问题,我们应该建立中国的文学学。

还有一个我比较关注的问题。由于强调民族性、民族话语权,一些学者就主张完全回到古代的学术话语,回到"五四"和新文化运动以前的文学观,对此我明确表示反对。我认为"五四"之后,我们才建立了真正意义上的古代文学研究,离开或倒转这一进程,中国古代文学研究只能走进死胡同。强调民族性、民族话语权没错,但是民族性、民族话语权只有在世界视野内才能得到昭显。中华文学的前途在于他的开放而非闭关锁国。

2015 年 5 月 7 日于上海交通大学

古代文学研究的学术个性

20世纪80年代以来，古代文学研究无论在文献整理、文学史编撰和专题研究方面都取得了丰硕的成果，在一些方面或超过了前辈，或堪可比肩，这是毋庸置疑的，对此我们应该充满自信。不过为了推动古代文学研究的不断进展，我们还应该寻找不足，寻找与前辈学者的差距，以求古代文学研究更上一层楼。那么，与前辈学者相比，我们这一代古代文学研究者还有哪些差距需要弥补？换句话说，还有哪些方面需要向前辈学者学习呢？我个人认为，很重要的一点就是学术个性的追求与形成。学术个性是学者在学术研究过程中从学术观念、学术思维、研究方法以及成果结论等方面表现出来的学术品格与学术特性。学术个性不仅是学术创新的重要标志之一，也是一个成熟而有成就的学者的重要标志之一。所以，在当代古代文学学者中提倡自觉的追求研究的学术个性，对于推动学术进步具有重要的意义。

学术研究的目的在于问实求真，因此真正的学术研究，其成果必然是独特而富有创见的。由此可见，追求学术研究的学术个性是学术研究品质的本质体现。古代文学研究属于人文学科，不同于自然科学。自然科学研究的结论只有一个，不可重复；文学多有仁者见仁、智者见智的现象。譬如对古代小说、戏剧中人物的评价，对古代诗文义旨的理解，结论未必只有一个，故有"一千个读者有一千个哈姆雷特"之说，有元好问"诗家总爱西昆好，独恨无人作郑笺"之叹。因此，越是富有创见的古代文学研究，就越是独特的，富有学术个性的。近些年来，对于古代文学研究一些陈陈相因、低水平重复、缺少原创性成果的现象，学者多有不满，一直在呼吁学术创新。而追求古代文学研究的学术个性与我们当下一再强调的学术创新在本质上是一致的，可以说二者互为表里：没有学术创新，就谈不上什么学术个性；而追求学术个性，就必须要创新，因此也必然强化古代文学研究中的创新意识，带动整个学科的进步。提倡古代文学学术研究的个性，不仅仅是为了充分体现学术研究的本质属性，进一步推动学术创新；还是为了激醒学术自觉，培养和造就一批成熟的优秀学者。对于学者而言，学术个性的形成，是学者成熟的重要标志，而且从实际情况看，形成了学术个性的学者，也多是有较大学术成就、为学术进步做出贡献的学者。

学术个性是由多方面因素作用而综合形成的。有客观因素，有主观因素。就客观因素而言，研究个性要受研究对象和目的的影响。从文体说，有的学者习惯于研究诗文，有的专注于小说与戏剧；就文学现象而言，有的从事作家研究，有的从事地域、家族文学研究，有的从事流派研究，有的从事文学理论研究，等等。而具体的研究目的亦有不同，有的为了文献整理，或厘清作家生平；有的想要揭示文学史规律，或描述一个时期的文学轨迹等。对象与目的的不同，自然会影响到研究结果的特点，大体而言，从事文献和作家生平研究的，其成果多偏于实证；而从事作品研究和文学史规律研究的则偏于阐释。而就主观因素而言，学术个性不仅表现其研究结论为个人的独特发现和创造，还表现为其鲜明的学术观念，独特的研究路数，以及研究方法、论述语言的鲜明个性。在主客观因素里边，学者的主观因素起着决定性的作用。学术观念直接指导着学者对研究对象的取舍、对研究对象的价值判断以及研究路数和方法的择取，在研究过程中发挥着根本的作用。而研究路数和方法，则最能够反映学者的思维特点，处理问题的方式，因此也最容易形成个人的特征。因此有学术个性的学者，其贡献不仅在于发现并揭示新的文学现象，或为一文学现象提供新的解释等，还在于他或提出或坚守某一社会观念和文学理念，开创了新的研究方法，为古代文学研究提供了新的范式。比如著名的文史研究家王国维和陈寅恪，二人皆中西兼通，受西方的哲学、史学和文学观念影响来研究中国古代文学，并且形成了鲜明的学术个性。表现在成果方面，王国维无论在词学、小说还是戏剧研究方面，都取得了显著成就。他以叔本华的悲剧观研究《红楼梦》，创《红楼梦》悲剧说；借鉴西方的主客观哲学观念研究词学，创词学境界说，均具有建立起中国现代学术研究范式的开创性意义。而其学术观念，则断然与同时代有不同者，即主张摒弃学术研究的功利观念，提倡学术即为目的的研究："故欲学术之发达，必视学术为目的，而不视学术为手段而后可。""学术之发达，存于其独立而已。"（王国维《论近年之学术界》，姚淦铭等编《王国维文集》，中国文史出版社1997年版）其对文学的认识也是如此，服膺游戏之说，"文学者，游戏的事业也"（《文学小言》，同上书），主张文学亦应远离"利禄之途"，虽然明显看出是受到了西方学术观念的影响，却也是王国维个人对中国学术、中国文学独立的思考。这种学术观念直接影响到他的文学研究，使其文学研究贯穿了唯美求真的精神气质。而王国维的研究方法，既继承了乾嘉学派的考据方法，又吸收了现代史学的研究方法，提出学术研究的二重证据说，即所谓的"纸上材料外，更得地下之新材料……此二重证据法，惟在今日始得为之"（《古史新证》，同上书），同时又开创了中西比较的研究方法，此两种研究方法，都一直影响到了当代。

与王国维同时代的陈寅恪，同王国维一样出入于文史之间，其于中国古代文学研究的成就，亦十分显著，《元白诗笺证稿》《论〈再生缘〉》《柳如是别传》均为古代文学研究典范之作。而在学术观念方面，他所提出的独立之学术精神，坚守了学术研究应有的立场，具有深远的意义。而"一时代之学术，必有其新材料与新问题。取用此材料，以研求问题，则为此时代学术之新潮流。治学之士，得预于此潮流者，谓之预流（借用佛教初果之名）。其未得预者，谓之未入流，此古今学术史之通义"（陈寅恪《陈垣〈敦煌劫余录〉序》，《金明馆丛稿二编》，生活・读书・新知三联书店 2001 年版），则指出了学术研究的正途。在研究方法上，其有着重大影响的"诗史互证"，则打通了文史的壁垒，既为历史研究开发出新的材料，使历史学家通过生动的诗文材料对古人之思想感情有一真正的"同情之了解"；同时也使古代诗歌研究，注解更确凿，诠释更符合历史语境。

进入到 20 世纪 50 年代以后，学术观念渐趋一统，学术服务论成为主流的学术观念。实事求是地说，这在一定程度上抑制了学术个性的形成。但是我们也应看到，在这一时期的古代文学研究中，亦不乏有学术个性的学者，譬如研究李白的两位著名学者林庚先生和裴斐先生。关于李白所处的时代,林庚提出著名的"盛唐之音"说,并论证李白的诗歌充满了这一时代的"乐观情绪"和"少年的解放精神"(林庚《诗人李白》,上海古籍出版社 2000 年版)。而裴斐则提出异议,认为李白所处的时代,是唐朝由盛世走向黑暗的时代,李白的诗则以人生如梦和怀才不遇两个主题无情地揭露了那个黑暗的社会(裴斐《谈李白的诗歌》,《光明日报》1955 年 11 月 13 日 "文学遗产"专栏)。师生二人研究李白观点不同,结论迥异,但都为李白研究做出了重要贡献。这里特别指出的是二人鲜明的学术个性。林庚先生的研究充满了诗性的感悟和激情,而裴斐先生的研究则充满了思辨的智慧,这两种风格基本贯穿了二人研究的始终。

学术个性的形成,有自觉与不自觉之分。有的是学者有意识追求的结果,有的则是长期积累无意识形成的。但是,对于今天古代文学研究尚缺乏鲜明学术个性的现状而言,我认为应该强调研究者学术个性的自觉,亦即强调:作为优秀的学者,我们不要依赖于习惯的研究对象给我们的学术成果带来的某些特点,而应该在学术观念和研究路数、方法等方面,自觉追求其独特性。对待社会和人生,应有自己独立的认识;对待学术,对待文学,也应有自己深入的思考,一旦形成自己的认识,就勇于坚持,并贯彻到自己的学术研究中去。同时要以开放的心态吸纳古今中外各种研究方法,积极探索适合自己的研究路数和方法,力争为古代文学研究创造提供新的研究路数,建立新的范式。

中国文学史的兴起

中国文学史自 19 世纪末 20 世纪初出现,至今长盛不衰,其原因何在?盖因为它是教材,是现代文学教育的产物,有学校,就有教材;有文学教育,就不能没有文学史。

1897 年,窦警凡编《历朝文学史》,还是其私塾课徒的教本。但是以后的中国文学史,则是在现代大学教育理念下,在中文系所开设的一门课程,其演进轨迹清晰可见。1902 年《钦定京师大学堂章程》所定学科门类共有政治、文学、格致、农业、工艺、商务、医术七科。文学之下列经学、史学、理学、诸子学、掌故学、词章学和外国语言文字学七目,详见璩鑫圭、唐良炎编,上海教育出版社 2007 年出版的《中国近代教育史资料汇编·学制演变》。文学实则就是大的人文学科。1902 年《钦定高等学堂章程》,定省会所设学堂为高等学堂,其大学分科亦为政治、文学、格致、农业、工艺、商务、医术七门。到了 1904 年,《奏定大学堂章程》分学科为八门,经学不再列入文学之中,独立为一个学科,理学合并为经学之一门,文学科基本独立。

此时文学科中的"中国文学门"主课包括"文学研究法""说文学""音韵学""历代文章流别""古人论文要言""周秦至今文章名家""周秦传记杂史周秦诸子"等课程。章程云:"周秦至今文章名家之文集浩如烟海,古来最著名者大约一百余家,有专集者览其专集,无专集者取诸总集。为教员者,就此名家百余人,每家标举其文之专长及其人有关文章之事实，编成讲义，为学生说之，则文章之流别利病以足了然。"（《中国近代教育史资料汇编·学制演变》，上海教育出版社2007年版）又于"历代文章流别"下注云："日本有《中国文学史》，可仿其意自行编纂讲授。"所以"历代文章流别"和"周秦至今文章名家"，实则就是中国文学史的胚胎，而且从一开始就确定了以著名作家作品为讲授主体的内容框架。因此才有了林传甲1904年在京师大学堂于"历代文章源流"科目下讲习所得的《中国文学史》。

1913年1月，教育部公布的大学章程中规定，大学文科分为哲学、文学、历史学和地理学四门，文学门中，设立了"国文学类""梵文学类""英文学类""法文学类""德文学类""俄文学类""意大利文学类""言语学类"八类。其中，除了"言语学类"外，都设有"中国文学史"课程。（《中国近代教育史资料汇编·学制演变》）自此，文学史的编撰因此而适应各个大学学科教学的需要如雨后春笋般应运而生。如董乃斌先生所言："追究这类文学史著作的来源，多与课堂讲义有关，有的就是讲义的改写，有的就是讲义本身。"（陈飞主编《中国文学专史书目提要·序》，大象出版社2004年版）林传甲的《中国文学史》是他1904年在京师大学堂的国文讲义。其自序说："大学堂章程曰：日本有《中国文学史》，可仿其意，自行编撰讲授。按：日本早稻田大学讲义，尚有中国文学史一帙。我中国文学，为国民教育之根本。昔京师大学堂，未列文学于教科，今公共科亦缺此课。传甲于优级师范生分类后，始讲历代文章源流，实为公共科之补习课也。"（林传甲《中国文学史》，武林谋新室1910年版）黄人的《中国文学史》也是他受聘为东吴大学文学教授时，于1904年到1909年所撰。而胡适著名的《白话文学史》最初也是讲义，这在他《白话文学史·自序》中有过明白的交待，基本情况如下。1921年，教育部办第三届国语讲习所，要胡适去讲国语文学史，他在八个星期内编了十五篇八万字的讲义，有石印本；1922年暑假中胡适又在南开大学讲过一次，有油印的删改本；同年又在教育部第四届国语讲习所讲一次，是以南开讲稿作底子，另印一种油印本。1927年，北京文化学社以这个本子为底本，排印出版了《国语文学史》；1928年，应上海新月书店之约，胡适对《国语文学史》作了大的修改，出版了《白话文学史》上卷。张之纯1915年所编《中国文学史》，为本科用师范学校新教科书。其"编辑大意"说："本书遵照部定师范学校课程编纂，以供师范学校学生之用。""部定师范学校课程，本科师范生修业第三、第四年国文科兼授中国文学史。"（张之纯《中国文学史》，商务印书馆1915年版）王梦曾在教育部审定的中学校用共和国教科书《中国文学史》之"编辑大意"中亦云："本书恪遵部定中学章程编纂，以供中学校学生之用。""部定中学章程，中学第四学年国文科兼授中国文学史。"（王梦曾《中国文学史》，商务印书馆1914年版）1912年《教育部公布中学校令施行规则》中规定的中学校学习科目中有"国文"科："国文首宜授以近世文，渐及于近古文，并文字源流，文法要略，及文学史之大概。"（《中国近代教育史资料汇编·学制演变》）同年《教育部公布师范学校规程》中，本科第一部之学科中设有"国文"科，规定如中学章程。由此可见，是学校教学促生了文学史。

不仅如此，大学教学的需要，激发了教师编写文学史的热情，仅仅是20世纪的20—30年代，就有上百部文学史问世。1949年后，中国文学史更是受到高度重视，成为中文学科的基础，同时也是必修课程。讲授中国文学史，在中文系所有课程中所占的课时量最多。而文学史教材的编写也受到教育主管部门和教学人员的高度重视。据游国恩讲："1954年，高教部先是指定几个高校的中文系和文学研究所分段草拟大纲，到第二年，再由分段负责古典部分的各个学校，先后邀请部分高校及其他方面的专家聚集起来讨论，取得了初步一致的意见，1956年的7月和11月，高教部又先后召集过两次讨论会，这样历经反复，大纲才从草案变成定稿，正式成为编写中国文学史教科书的依据和各综合大学中文系文学史课的参考。"（游国恩《对于编写中国文学史的几点意见》，《光明日报》1957年1月6日）而集体编写、全国性的文学史大讨论，成为1949年后教育界和文学界一种十分独特的现象。1958年，人民文学出版社出版了北京大学中文系文学专门化1955级集体编写的《中国文学史》；1959年，中华书局出版了复旦大学中文系古典文学组集体编写的《中国文学史》；1962年，人民文学出版社出版了中国科学院文学研究所编的《中国文学史》；1963年人民文学出版社出版了游国恩、王起、萧涤非、季镇淮、费振刚主编的《中国文学史》；1999年，高等教育出版社出版了袁行霈主编，聂石樵、李炳海、袁行霈、罗宗强、莫砺锋、黄天骥、黄霖、袁世硕、孙静为分卷主编，由30位作者组成庞大编写队伍的《中国文学史》；2018年又由高等教育出版社出版了袁世硕主编的马克思主义理论研究和建设工程重点教材《中国文学史》。一位日本学者讥讽：社会主义国家就会编文学史，其实中国的文学史最早来自日本。

从最初的一人编写文学史教材，到 20 世纪 50 年代以后的集体编写，再到现在的统编教材，是为中国文学史编写总的趋势。这样的编写模式自有其优胜之处，即集中国内古代文学研究的力量，充分发挥古代文学几个阶段优秀学者的优势，使其能够体现当代研究的最新成果，代表当代古代文学研究的最高水平。几部集体编写的文学史，数十年长盛不衰，用于高校的教学，可以证明这一点。但是统编的弊端，也日渐显现。最明显的问题是各段的水平不平衡、文字风格不统一，此现象甚至表现在不同的章节。但是隐形的也是最为深刻的影响是限制了学术个性的发挥，以致凡集体编写的文学史皆面目相似，缺少学术个性。作为教材，文学史的功能主要在于传授知识，这是我们的一般认识。但是作为大学的教材，还应有其另外的作用，即对学生学术个性的培养，因为它关系到对学生创造力的培育。而此一功能显然被我们忽略了。就此而言，我颇为赞赏章培恒和骆玉明二位先生撰写的《中国文学史》。

两部海外中国文学史

讨论两部海外的中国文学史——《剑桥中国文学史》和《哥伦比亚中国文学史》,很重要。因为这个话题是在下面的背景下提出的——中国文学史,是我们研究中国古代文学、教授中国古代文学的一个很重要的载体。

从 1904 年林传甲开始撰写《中国文学史》,南有黄人,北有林传甲,中国文学史的编纂到现在已经一百多年。1921 年胡适写《白话文学史》,可以说基本上确定了中国古代文学史撰写的模式。那时他们还主要以进化论作为文学史观。新中国成立以后,整个文学史观有了一个很大的变化,开始以辩证唯物主义,尤其是历史唯物主义作为文学史的主导思想。至 1957 年、1958 年以后,撰写文学史已经成为一种风气,出现了几部文学史,最终有两部作为"权威"的文学史流传下来:一个是中国科学院主编的《中国文学史》,一个是游国恩先生领衔主编的《中国文学史》。这两部文学史成为高校使用的基本教材。改革开放以后,也出现了几部很有影响的文学史。一部是袁行霈先生主编、高等教育出版社出版的《中国文学史》,这可以说是近四十年来最有影响的一部文学史,许多高校都是以这部文学史作为教材的。另一部就是复旦大学章培恒、骆玉明二位先生合力撰写的文学史。在我看来,这部文学史的总体框架、结构和传统的文学史没有太大出入,但是文学史观有了比较明显的变化,那就是以人性作为整个文学史观的核心。这本文学史面世以后,并没有推广开来作为大学教材使用,所以其影响主要在学术界,而不是在学生群体。最近这几年又有袁世硕先生主编的《中国古代文学史》,这部文学史现在已经被确定为高校应该使用的教材。所以现在在大学通行的两部文学史,就是袁行霈和袁世硕二位先生主编的中国文学史。我认为,这两部文学史的总体框架、结构和文学史观没有什么太大变化。仔细看,其文学史观是统一的,其框架结构也基本相似——即基本以作家作品作为主要的描写对象和叙述对象,只是在介绍具体作家作品时有一些细微的变化。这就是中国文学史在国内的一个大体情况。

最近这些年,有两部海外的中国文学史,即《剑桥中国文学史》和《哥伦比亚中国文学史》被翻译成中文。《剑桥中国文学史》面世后,我们曾在北京开过一个小型的研讨会,当时讨论的范围不是很大,对这部文学史大家还是肯定得多,当然也有一些不同的看法。后来我也看到了陈文新先生所写的关于这部文学史的文章,也零零散散地看到了一些评价。我认为,这两部文学史是很重要的中国文学史。它的重要意义就在于它是国外两个权威机构组织编写的文学史。据我了解,目前袁行霈、袁世硕先生的《中国文学史》,章培恒与骆玉明先生的《中国文学史》,以及中国科学院文学研究所编写的《中国文学史》、游国恩先生领衔主编的《中国文学史》,都没有翻译到国外去。所以,这两部海外的中国文学史,就是国外的读者、学者所接触到的中国文学史。外国人如何看待中国古代文学,这两部文学史对此一定会产生很重要的影响。在某种意义上来说,它们在国外的影响要超过我们国内所有的文学史,所以我们不能低估这两部文学史的影响,尤其是在国外的影响。

甚至国外很多普通读者了解中国古代文学，很可能就是通过这两部文学史。另外，它们的文学史观、框架结构、对作家作品的评价，对中国内地研究、撰写中国文学史，会产生什么样的启发和影响，这一点也需要我们认真地进行梳理。它必将会对我们今后如何撰写文学史、如何评价中国古代文学，带来很大的影响。

然而目前我们对这两部文学史的反应并没有预期的那么热烈，甚至说还比较平淡。当然，我们私下讨论时，也会涉及相关问题，比如回顾改革开放40年、回顾新中国成立70年的中国古代文学研究，必然要回顾文学史，这时候就会涉及这两部海外的文学史。正因为如此，我觉得有必要就这个问题展开进一步的讨论，这样我们才能对这两部文学史的影响，包括国外与国内的影响做出评估。同时，也要认真思考它的文学史观、框架结构、对具体作家作品的评价、对一个时代的文学现象的评价以及其叙述策略，有哪些是值得我们借鉴的；有哪些是对中国文学史的重大突破，或者是一些细节上的突破；还有哪些对中国古代文学的理解、对中国古代文学的评价与我们中国人的理解有些出入，甚至是错误的。我觉得以上都需要进行一些清理。

我们从这两部文学史中受到的最主要的启发，首先是这两部书叙述所采取的立场，对现在传统的中国文学史，还是有很大突破的。它们将作家、文本放在一个整体的传播过程中来展现，而不是简单地给读者一个定论性的东西。从这两部文学史中，我们看到，一个作家、一个作品在历代的传播过程中实际上是流动的，而不是一成不变的。这就是两部文学史给我们提供的一个文学史观。其实这和我的观点比较接近。我认为在文学发展的过程中，所有的作家作品都有一个经典化的过程。文学史不但要告诉读者这就是经典，还要告诉读者它们是怎样成为经典的。我们关注经典，不是说只关注它成为经典以后如何，而是在整个经典化过程中，经历了哪些，有哪些变化。这一点其实在我们的文学史中是被忽略了的。应该说，这两部文学史确实为我们提供了一种新的叙述策略，或者一种立场，它是以一种后代建构的形式来叙述文学发展的。

我很关注经典与经典化的问题。后现代一般都是去经典的，认为经典是权力建构的结果，所有对作家作品的评价都是流动的，是不断变化的，而不是统一的、一成不变的。这个对我们撰写文学史有启发，但同时也需要我们来进一步分析。据我考察，中国的经典确实有一个不断变化的过程。有的前代是经典，后来不再成为经典，比如对孟郊的评价，就是这样。有的原来并不是经典，后来成为经典。它是有变化的。但是一般来说，经典都是经过几个朝代的评价与确认而沉淀为经典的。成为经典以后，它就有了相对稳定的地位，会延续很长时间，对它的整个价值的评价，也比较稳定。历代虽然有一些变化，但总体看不会有根本性的颠覆。我们考察中国古代对一些作家、作品的评价，比如李白，尽管宋代对他的评价有分歧，总体来说褒的少，贬的多，但李白的经典价值、经典地位的确定实际上也是在宋代。到明清以后，变化比较少，基本稳定。但可以肯定地说，对任何作家作品的认识，都不是死水一潭，毫无变化的。所以，这种去经典化的立场对我们有启发。我们在写文学史时，是否不要只是把一成不变的知识教给学生，而应该对何时、如何形成了与现代相近的判断有个交代。这可能要有一个动态的观点。

再一个就是叙述性。叙述性看起来是一个技术性的东西，比如应选择哪个时间为节点，但其实叙述性也是带有结构性的，就是你怎么来架构整个文学史。这些方面也对我们有很重要的启发。像《哥伦比亚中国文学史》的"基础"编，对整个中国文学产生的背景、中国文学性质等的论述，比如把"经"单独提出来，不作为一种文体表达，都可以看出其对整个文学史的一种突破。

还要关心编写者背后的立场，这也是很重要的。了解这些汉学家在写文学史时，尤其是《哥伦比亚中国文学史》，是站在一种什么样的立场来写的，这有助于我们理解文学史的叙述和价值判断。我们看到的可能都是一些表面现象，背后还有一些真正的原因，需要我们进一步了解。这样的一种立场，给整个文学史带来的是一种新的面貌，或者是一种新的挑战；这样的一种立场，对中国文学史的书写哪些是合适、可行的，哪些是不合适、不适用的，这可能也需要我们进一步了解。比如说，因为出身工人，就重视民间文学这样一种立场；还有从一手文献出发，重文献、重敦煌文学，我认为这些对我们研究文学史应该是有启发的，也是很重要的。

当然这两部文学史也有问题，有的甚至是一些常识性的问题。这可能和汉学家对中国有些文学现象不够熟悉有关。因为汉学家的研究也是集中在某一个方面的，比如某个作家、某一朝代，可能会有一些知识性的、常识性的忽略或错误的情况。当然也有一些关系到整个文学史观的立场性的问题。比如说，柯马丁对我们早期的书写、对我们经典的形成所持的一种立场。其实他这种立场还是受古典学的影响。我们在北大会议上讨论中国早期文本的形成，就有过分歧和争论。这些我认为都是较为根本性的，可能还需要进一步交流研讨。

关于文学史，现在有两种态度或认识。一种态度是看不起文学史，认为学者做专题研究就行了，不用写文学史，文学史不过是给学生写的，是教材。所以还是有相当一部分学者，发誓一辈子不写文学史，对文学史不是很看重。但实际上文学史在整个的中国文学教育中，有着十分重要的地位，是中文专业学生的必修课。所有的中文专业学生都得从这儿进入，所有的非中文学科的人，也要先从文学史进入来了解中国古代文学。所以，这是开展文学教育、文学研究很重要的载体，我们不应忽视它。

第二种认识认为，文学史应该重写。重写文学史有人已经呼唤很多年了，左东岭先生就提出一切都要回到原点的观点，这很重要。并不是所有在文学史中成为知识和常识的东西就一定没有问题，所以文学史也应该回到原点，重新思考。现在一些认为是常识性的问题，比如说什么是文学，就是个问题。现在通常把文学史分为中国古代文学与中国现代文学，其实中国现代文学和中国古代文学并不是一个概念，这个概念不在于现代和古代之分，而在于中国现代文学是在现代文学观的背景下直接产生的，就是我们所说的"四分法"。中国现当代的作家，无论写小说、散文、诗歌、戏剧，都是直接在这种观念下进行生产的。而中国古代文学没有这样一种概念，没有来自于西方的诸如形象、想象虚构之类的文学的概念。我们现在所说的中国古代文学和中国现代文学不是一个概念，我认为它们是两个概念，是两回事情。

那么，怎么来看中国古代文学呢？这直接关系到文学史怎么写。如果按照传统的观念来看，文学实际上就是文章，中国古代文学的学问就是文章学。古代文学不重虚构，讲虚构是后来的事，最早时诗文是主体，而诗文不讲虚构。中国古代也讲想象，但想象不是虚构，而是联想，这种联想是类比性的知识性的一种联想。因此衡量中国古代文人的一个标准，就看你有没有才学，看你写诗作文，看你读了多少书，掌握了多少典故。所以六朝文人一聚会经常就拼典故，你记住多少我记住多少，然后论数量得赏品。中国古代类书为什么那么发达？这和以诗赋取士的考试制度有关系，也和古人以诗文作为写作对象有关系。中国古代并无所谓的专业作家，多是仕宦之人。仕宦之人为何写诗文，而且写得那么好？因为衡量官员的重要标准之一，是才学。当今文学史对骈文的评价不是很高，但历代文人都重视骈文，刘勰的《文心雕龙》就是用骈文写的。在唐代，应用文体也用骈文写作，比如李商隐的应用文体多是骈文。虽然有古文运动，但是时文还是离不开骈文。为什么？骈文可以显示一个人的才学。这显然与西方的文学大不相同，是我们中国古代文学史的一种特殊现象。

我认为中国古代文学基本上是士人文学，当然在士人文学之外，还有民间文学。民间文学和西方的文学比较接近。街谈巷语，来自于这种民间的"小说"，尤其是讲史，后来就发展为小说，这样的作品才讲虚构，它确实和西方的观念是一样的。所以我们的传统是来自士人文学与民间文学这两个文学传统,这就直接关系到文学史怎么写。如果把士人文学看成是一种文章,海外的这两部文学史讲文章的做法,我认为对我们就很有启发。我们的文学史不讲文章做法,而是按照西方的文学观,诗讲情景,小说讲虚构。其实我们看一看,比如说《五经正义》中,经书的注疏里边很大一部分是文章学,讲的是文章的做法。讲诗也是讲起承转合,这些应该不应该进入文学史?我觉得两部文学史对我们的启发是很大的。还有,刚才我们讨论比较多的赋的问题。两部文学史都涉及赋的问题,其实我们把赋分到诗也好,分到散文也好,都完全是来自西方的文学观念——四分法。赋就是赋。它虽然是古诗之流,但不是诗,也不是散文,它就是一种特殊的文体,西方没有这种文体,只有我们才有这种文体。这就是中国文学本身的一种特性。那在文学史里我们怎么来写它?我认为,这些都是很有启发的。所以说,这里面就涉及从头来看我们中国文学尤其是中国古代文学的问题,直接涉及文学史书写的立场,这是其一。

　　第二个问题,作家作品以什么为标准进入到文学史?可以说现在的文学史完全是凭经验来选择的。我看了看,从胡适到现在,哪些作家进入文学史,哪些没有进入,为什么,都没有任何说法。还有给作家多少篇幅,也完全是一种个人的判断。但这种判断依据是什么?所以作家入史有哪些原因,我觉得也是应该讨论的问题。我认为应有两个标准:一个是作家在某一个时期是重要的文人,有很大影响,他的创作反映了一种文学现象,是一种重要的文学现象,应该入史。另外一个标准是经典,是经典作家,是经典作品,所以要入史。可是在我们的文学史里,很少讨论入史的标准这个问题。还有对作家的评价,比如我们现在对陆机的评价，和陆机在当时的文学史的地位是不相称的。按照当时的说法，陆机为"太康之英"，他在六朝应该是第一位的。如果按照西方的这两部文学史观，流动地看一个作家的话，在六朝文学里，应该给陆机最多的篇幅。而我们现在的文学史，对他的评价不高，给的篇幅也不多，把他"太康之英"的地位给拉下来了。所以我认为这对我们也很有启发。

还有最后一个问题，就是关于书写的策略，包括文学史的整个结构和立场，这些当然也是需要讨论的问题。比如说，我们是以作家作品为主、兼顾文学流派来考虑、撰写我们的文学史，还是像《哥伦比亚中国文学史》那样按照文体来分类叙述？也是需要讨论的。我们的文学史一看就是老面貌，有的学者，无论谁写的文学史，他都不看，因为大同小异，没有什么区别，无非是评价多一点少一点，无非是这个内容稍微丰富一点，那个少一点，大致都差不多。从这一点来说，我们编那么多文学史干什么，有必要吗？所以我觉得，现在的文学史确实面临一个从原点开始突破的问题。西方的这两部文学史，《剑桥中国文学史》出版的时间最近，《哥伦比亚中国文学史》已经距离现在快二十年了，我们现在才有所反应。虽然如此，希望它们能给我们的文学史带来冲击，带来新的变化。这也是我一直的期望。我们一方面要找出它的不足，它和我们的差别，另外更主要的是，要思考它对我们的文学史究竟有多少启发。

中国文学自觉诸说

魏晋文学自觉的观点，最早是鲁迅1927年在广州夏季学术演讲会上所作的报告《魏晋风度及文章与药及酒之关系》中提出的："丕著有《典论》，现已失散无全本，那里面说：'诗赋欲丽。'""他说诗赋不必寓教训，反对当时那些寓训勉于诗赋的见解，用近代文学的眼光看来，曹丕的一个时代可说是'文学的自觉时代'，或如近代所说是为艺术而艺术（Art for Art's Sake）的一派。"（《而已集》）

不过，最早提出魏晋文学自觉的，不是鲁迅，而是日本学者铃木虎雄。他1920年发表于《艺文》杂志的文章《魏晋南北朝时代的文学论》说："通观自孔子以来至汉末，基本上没有离开道德论的文学观，并且在这一段时间内进而形成只以对道德思想的鼓吹为手段来看文学的存在价值的倾向。如果照此自然发展，那么到魏代以后，并不一定能够产生从文学自身看其存在价值的思想。因此，我认为，魏的时代是中国文学的自觉时代。""曹丕著有《典论》一书……评论之道即自此而盛……《典论》中最为可贵的是其认为文学具有无穷的生命……其所为'经国'，恐非对道德的直接宣扬，而可以说是以文学为经纶国事之根基。"（此文收入1925年弘文书房出版的《中国诗论史》第二章）

鲁迅的魏晋文学自觉说，是否受了铃木的影响，尚需进一步寻找线索和证据。但是，很显然，在中国提出此说的，鲁迅是第一人，而且此说一出，对后来的魏晋文学研究影响甚大。罗根泽《中国文学批评史》（1934—1943）说："中国古代文学概念的突变时期在魏晋"，"至建安，甫乃以情纬文，以文披质，才造成文学的自觉时代。"刘大杰《魏晋思想论》（1939）："他对于文学的对象，有离开六艺而注重纯文学的倾向，脱尽了儒学的桎梏……已经有艺术至上主义倾向。"郑振铎《郑振铎古典文学思想论集》："其能就文论文，不混入应用主义，纯以文艺批评家论点来批评文学作品，评论当世名家，当始于建安时代的魏氏。"1963年出版的游国恩等主编《中国文学史》："建安时期，文士地位有了提高，文学的意义也得到了更高的评价，加之汉末以来，品评人物的风气盛行，由人而及文，促进了文学批评风气的出现，表现了文学的自觉精神。曹丕提出的'文以气为主'，代表了建安文学抒情化、个性化的共同倾向。所有这些也都标志着这一时期文学发展中的重大变化。"

总结以上各家之说，20世纪20—60年代，提出魏晋为文学自觉时期，理由有四：1. 不以教化来看文学价值；2. 不把文学作为经学的附庸；3. 从文学自身看其存在价值；4. 文学的抒情化、个性化倾向。

1981年，李泽厚《美的历程》提出，魏晋时期是人的自觉时期，而文的自觉是人的自觉的形式："如果说，人的自觉的主题是封建前期的文艺新内容，那么，文的自觉则是它的新形式。两者的密切适应和结合，形成这一历史时期各种艺术形式的准则。以曹丕为最早标志，他们确乎是魏晋新风。""文章不朽当然也就是人的不朽，它又正是前述人的主题的具体体现。"《美的历程》在20世纪80年代影响很大，文的觉醒即人的觉醒的形式说，也有很大影响。李文初的三篇讨论魏晋文学觉醒的文章《从人的觉醒到"文学的自觉"》（《文艺理论研究》1997年第4期）、《再论我国"文学自觉的时代"》（《学术研究》1997年第11期）、《三论我国"文学的自觉时代"》（《文艺理论研究》1999年第12期），基本上就是建立在李泽厚观点基础上的。1999年8月出版的袁行霈主编《中国文学史》对魏晋文学自觉说做了总结，提出三个标志：1. 文学从广义的学术中分化出来，成为独立门类；2. 对各种体裁有了比较细致的划分，更重要的是对体制风格的认识；3. 对文学的审美特性有了自觉的追求。20世纪80年代以后的魏晋文学自觉说，于文学从学术独立出来这一理由之外，又补充了文体自觉和审美自觉。同时试图为这一时期的文学自觉找到更深层的原因，用人的自觉来解释文的自觉出现的内在动力。应该说，20世纪80年代以来的魏晋文学自觉说，比起60年代前的理论，更加清晰，理由也更加充分了。

20世纪80年代以后，一些学者对"魏晋文学自觉说"提出了质疑。1981年，龚克昌发表《论汉赋》，认为应该把"文学的自觉时期"上推到司马相如的时代："鲁迅先生曾经说过，魏文帝曹丕的时代，是'文学的自觉时代'。鲁迅先生的根据是曹丕说诗赋不必寓教训，反对当时那些寓训勉于诗赋的见解，也就是近代所说的为艺术而艺术。根据鲁迅先生这个标准，或用我们今天所说的所谓自觉地进行艺术创作的标准，我都以为，这个'文学的自觉时代'至少可以再提前三百五十年，即提前到汉武帝时代的司马相如身上。因为如果根据鲁迅先生的标准，我们可以引用汉人或今人所常讥讽的汉赋是'劝百而讽一'、'曲终而奏雅'、'没其讽喻之义'等这些话来作证,这些话正认为汉赋庶几摒弃了'寓训勉于诗赋'。如果用我们今天的标准,我们从前面引用的相如的两段话,就不难看出,相如已很明确地认识到自己是在进行艺术创作,并已能提出比较明确的创作理论,已懂得搜捕创作的对象,已能够运用形象思维进行艺术概括,已懂得选取适当的词语和音韵来表现自己的艺术理想。"(《文史哲》1981年第1期)其《汉赋——文学自觉时代的起点》进一步申说:"'文学的自觉时代'可以提前到汉武帝时期,理由是:一、文学艺术的基本特点已得到充分的表现,如作家已能较自觉地运用形象思维,进一步发展了浪漫主义表现手法,并以空前积极的态度追求文学艺术的形式美。二、已提出比较系统的文学艺术创作主张,从而步入了自觉、主动创作的崭新阶段。"(《文史哲》1988年第5期)张少康赞同汉代文学自觉的观点,其《论文学的独立和自觉非自魏晋始》说:"鲁迅这个说法是没有经过严格的科学论证的","实际上文学的独立和自觉不是从魏晋才开始,而是要更早得多,我们综合上述各种与此直接相关的情况来看,文学的独立和自觉是从战国后期《楚辞》的创作开始初露端倪,经过了一个较长的逐步发展过程,到西汉中期就已经很明确了。这个过程的完成,我以为可以刘向校书而在《别录》中将诗赋专列一类作为标志。"(《北京大学学报》1996年第2期)张文从四个方面论述独立与自觉的标志。一、文学观念的发展演进。文学之士,以注释经书、研究学术为主;文章之士,则以词章写作为主。"西汉时文章和学术的分离,为文学的独立和自觉奠定了文学观念发展的基础。"表现在图书分类上,刘向《别录》分为：经传、诸子、诗赋、兵法、术数、方技。刘歆《七略》分为：辑略、六艺略、诸子略、诗赋略、六书略、术数略、方技略。"认识到了文学（尤其是诗赋）有其不同于其他学术和文章的特点。"二、专业文人创作队伍的出现和专业文人队伍的形成。"西汉时期不仅文章和学术相分离，而且有了不少专门以文章写作为主的文人，特别是辞赋的创作有了很大的发展……到枚乘、司马相如等就非常清楚是以文章（主要是辞赋）著名的了，而后又有刘向、扬雄等一大批人。唐代姚思廉在《梁书·文学传》中曾非常精辟地指出：'昔司马迁、班固并为司马相如传，相如不预汉廷大事，盖取其文章尤著也。固又为贾、邹、枚、路传，亦取其能文传焉。'""班固在《两都赋序》里所说的'言语侍从之臣'，实际上就是当时专业队伍。"三、多种文学体裁的发展和成熟。"汉代的文章概念如上所说比较宽广，其中所包括的各种文体形式，有相当一部分是非文学的一般应用文章，但诗赋仍是最主要的形式。刘勰在《文心雕龙》中自《明诗》至《书记》二十篇文体记中，共论述了三十四种文体……大部分是在汉代发展成熟的。"四、汉代文学理论批评发展的新特点表明文学已经独立和自觉。"关于文学创作中的主体和客体关系，也就是心物关系，提出了著名的'物感'说；关于文学创作中的艺术构思问题，司马相如提出了'赋心'说；关于文学创作的表现方法，诗歌方面总结为'赋比兴'说，散文方面总结为'实录'方法……我们可以说魏晋以后文学理论批评中许多问题，都可以在汉代找到它的历史发展轨迹。"

我 20 世纪 90 年代发表的几篇文章《文士、经生的文士化与文学的自觉》(《河北学刊》1998年第4期)、《"文""文章"与"丽"》(《文艺理论研究》1999年第5期)、《从汉代人对屈原的批评看汉代文学的自觉》(《文艺理论研究》2000年第5期),也论述了文学自觉始于汉代的观点。

李炳海把文学自觉上溯到战国,其文《从上古文学到中古文学的转型》认为文学自觉有其艰巨性和长期性,有其由低到高的推进过程,"即由初步自觉,到比较自觉,再到完全自觉"。"那么,中国古代文学的自觉究竟是从什么时期开始的呢?我认为它和辞赋的生成是一致的,具体来说是战国后期到西汉前期。""辞赋的出现标志着中国古代纯文学阶段的开始和文人群体的生成,辞赋作家的创作又经历了从屈原到宋玉的转变。如果说屈原的作品还没有完全和政治脱钩,还处于半自觉状态,那么,宋玉等赋家已经把文学创作当成人生娱乐的重要方式,在作品中表现出明显的唯美倾向。""人们通常所说的文学自觉无非是以下几个标志:人的生命意识的觉醒,个体价值得到普遍关注,文学理论的建构,文学独立地位的确认。从这几个方面来衡量,把辞赋生成期定为文学自觉的初始阶段是合乎历史实际的。从宋玉到枚乘,再到司马相如、扬雄,他们都表现出强烈的生命意识,追求个体人生价值的实现,张扬文学的独立性,创作中的唯美崇尚,是他们的普遍倾向。"(《陕西师大学报》2005年第1期)而这些说法,早在其《辞赋研究的视角转换》(《东北师大学报》2000年第4期)中就已提出。

二说之外,还有春秋文学自觉说和南朝宋齐自觉说。傅道彬《春秋时代的"文言"变革与文学繁荣》:"春秋时代完成了先秦时期旧体文言到新体文言的历史转变,与商周以来的古体文言相比,春秋时期的'新文言'呈现出表现方法自由灵活,修辞手段广泛应用,语言鲜活生动,形式多变,骈散结合,语助词普遍使用等特征。新体文言的成熟使得中国文学的发展有了新的格局与气象:各种文体逐渐完备,文学创作出现繁荣局面,'建言修辞'成为时代风尚,独立的文人阶层趋向形成,文学理论表现出体系性成熟。春秋时代的'文言'变革与文学繁荣标志着这一时期的中国文学已经进入全面成熟和自觉的历史时期。"(《中国社会科学》2007年第6期)。刘跃进《门阀士族与永明文学》"导论"认为,到了宋齐时期,文学才真正进入自觉时代,其标志有三:元嘉十六年(439)在儒学、玄学、史学之外,另立文学馆;文笔的辨析;四声的发现。

关于文学自觉的争论,有一个现代学术立场和历史主义态度及研究方法问题。

现代的学术立场就是"五四"以来逐渐形成的学科意识,即由四部分类,细化为七科,再到现在文史哲分科立学。我以为,现代学科的划分,是人类认识世界的进步,不会也不可能开倒车,再回到文史哲不分的古代。现代的学科分类,就其观念而言,自然来自西方的科学思想。比如文学这一概念,就来自欧洲。但是,我国当代的文学学科观念,也并不完全是西化的。尤其是中国古代文学,在学科的发展和演化进程中,中西文化既碰撞,又融合,已经不再是纯粹的西方文学观念,而是中西交融的产物,是不中不西、不洋不土的文学概念。所以我们今天所谓的现代学术立场,并非完全的西学立场,这是无可怀疑的。

从现代的学术立场出发，我们既要认识到关于文学的定义，至今仍无定论，歧义甚多。但又有一个基本认同，即文学不是用演绎推理论述人与自然基本问题的哲学，不是用史料说明和描述人类足迹的历史。文学的根本特质在于审美，在于它是语言艺术。我认为这是讨论文学自觉必须坚持的学术立场。审美说的提出，不仅仅考虑到了言说者本身的动机，同时也考虑到了接受者对言说本身的感受。

所谓历史主义的态度，是讲在我们研究和讨论文学自觉这一命题时，必须看到中国古代文学固有的民族性和特殊的历史进程。鲁迅提出魏晋文学自觉说的主要依据是"反对寓训勉于诗赋的见解"，这是铃木虎雄的说法，认为从孔子以来就是道德论、教化论，到了曹丕的时候才不再讲道德论。按照这种说法，是否离开教化的观点就是文学自觉了？然中国自先秦以来，儒家思想就影响甚大，汉代以后，更成为我们的主流思想意识。儒家经典重人伦、重教化、重道统的观念影响了中国古代社会生活的方方面面，包括文化。因此，中国古代文学及其理论，从来就没有离开过教化的观念。所以铃木虎雄也好、鲁迅也好，以此来衡量文学是否自觉，并把它作为一种标准，是不准确的。实际上，教化的观念始终存在于中国的文学观念里，而在教化之外，逐渐有了怡情的观念作为道德论的补充。

中国古代文学，经史之外，以诗文为正宗。而欧洲文学是发源于古希腊的史诗，小说、戏曲文学是其主流，故其文学特质强调形象。而以诗文为正宗的中国古代文学则不是这样，抒情言志是文学的主要内涵。因此，这种文学的重要属性是以情志的描写为主要内容，以情志的审美表现为文学的特征，艺术水平的高低更主要的是看其有没有感染力。决定文学特质的不仅仅是表现了什么,而是如何表现,即使是应用文体,只要是艺术表现,就可以成为文学。我在20世纪90年代出版的《中古文学理论范畴》曾集中讨论过这个问题。就此而考察中国古代文学,的确存在从朦胧到清晰、从自发到自觉的时期。从孔子对于言文与不文的言说,到汉代以辞赋为条件的侍从文人队伍的出现以及对辞赋特性的揭示,再到魏晋时期曹丕、陆机对"文"的专门论述或描述,众多的总集别集的编写,齐梁时期的文笔之辨,尤其是钟嵘《诗品》、刘勰《文心雕龙》和萧统《文选》的出现,其线索极为清晰。我们讨论中国文学的自觉问题,诗文的艺术表现,应该是重要的考察内容。罗根泽在《中国文学批评史》中认为曹丕时代"甫乃以情纬文,以文披质,才造成文学的自觉时代",用情和文的关系说明文学的自觉时代。游国恩等主编的《中国文学史》说魏晋时期文学自觉是因为文学已经到了一种抒情化、个性化的时期,用个性化来解释文学的自觉。这些都是考察中国文学自觉的重要切入点。

唐诗之路的学理内涵

唐诗之路最早由竺岳兵先生提出,得到了傅璇琮、郁贤皓等先生的支持。傅璇琮先生生前还亲自写信给我,嘱咐我支持竺岳兵先生的唐诗之路项目。以唐诗之路为主题,在新昌召开过多次国际性与全国性的学术会议,影响越来越大。此次,在卢盛江先生的辛勤工作和唐代文学研究会的支持下,成立了唐诗之路研究会,此一学术团体的成立,相信会对唐诗之路的学术研究和文化开发发挥重要作用。关于唐诗之路的文化开发,我不懂,不敢置一辞,仅就唐诗之路的学术研究发表个人浅见。

唐诗研究一直是唐代文学乃至中国古代文学研究的热点,并形成了唐诗学,应该说研究成果甚多,有些方面已经十分深入。那么,为什么还要研究唐诗之路?它会给唐代文学研究带来什么新的理路?既然提出了唐诗之路,就等于为唐代文学研究寻找到了新的研究空间、新的研究路数与方法。这是唐代文学研究界,也是古代文学研究界比较关注的问题。

我认为,在学理上,唐诗之路属于文化地理学的范畴。唐诗之路研究,首先就是唐诗之路的知识考古学,其目的在于还原唐诗产生的生态,勾画出唐诗之路的历史地理、诗人分布、作品生成的点和线,因此可以说唐诗之路就是唐诗考古之路。

上次唐诗之路会议上,就有学者提出了唐诗之路的两条路线,一是浙东唐诗之路,一是洛阳到西安的唐诗之路。此外还应有从秦岭到四川的西南唐诗之路,即川陕道;从西安到甘肃的西北唐诗之路，即陕甘道；等等。而这些唐诗地理的勾画，需要唐诗考古作为支撑，要通过传世文献与出土文献的整理，建立起唐诗历史地理的基本面貌。

唐诗之路还是唐诗生成之路。美国斯坦福大学弗朗科·莫雷蒂《欧洲小说地图集（1800—1900）》提出来"空间中的文学"与"文学中的空间"的理论，对唐诗之路研究很有启发意义。清人《全唐诗》录入唐诗四万八千九百余首，诗人三千七百多名。从历史地理学的角度看，诗人与诗作的分布并非以满天星斗的形态呈现出来。文化有区域性，自然就有差异，因此诗人之分布和诗作之生产也是不均衡的，而且形成了以西安、洛阳、金陵、成都等城市为点，以江浙、川陕、甘陕等为线的分布形态。这种分布形态的形成，必有其因，应是唐诗之路研究的重要内容之一。其原因，就我粗浅的认识，一是人文的历史积淀。如金陵为六朝古都，唐代诗人到此多有咏史、怀古诗，李白就写了若干首。二是山川之助，即特定的山川环境引发了诗人的诗兴。不仅如此，不同的文化背景、不同的地理环境亦影响到诗的风格，江浙山水之清秀，蜀地山川之险峻，西北地貌之苍古，在唐诗中有充分表现。所以，唐诗之路实则也是运用历史地理学理路研究唐诗的重要体现。在此方面已经有成果：戴伟华《地域文化与唐代诗歌》、李浩《唐代三大地域文学士族研究》、曾大兴《中国历代文学家的地理分布》，但是，总体来看，点的研究比较充分，线的研究还有广阔空间。

唐诗之路不仅是唐代诗人生活、行走和创作诗的道路，亦是历代传播唐诗的道路，是唐诗的经典化之路。之所以如此，是因为唐诗的传播亦有其地理分布。一般而言，凡文化比较先进的地域，文化的传播也一定比较广泛，对后世所产生的影响也大。反之，文化落后，文化的传播也比较滞后，影响亦小。唐诗的传播也是如此。如唐诗总集、别集的刊刻，历代文人所受唐诗影响，都有明显的地域差别。以明清刊刻唐诗总集为例，最有影响的唐诗总集多数为江浙所刻。如明代云间朱警刻《唐百家诗》，明末常熟汲古阁刻《唐六名家集》，明代浙江海盐胡震亨刻《唐音统签》，明万历吴琯于金陵刻《唐诗纪》，明张之象嘉靖间编、万历间由吴门曹氏家坊刊刻的《唐诗类苑》，清苏州席启寓康熙刻本《唐诗百名家全集》，都出自江浙。这说明，在明清时期，江浙是传播唐诗最为活跃、诗学最为发达的地区。

相信唐诗之路研究会的成立，会给唐诗研究带来新的气象，切实推动唐代文学的研究。

第二辑 得一察焉

先秦文学的历史高度

先秦是中国文化的源头，也是中国文学的源头。以"五经"与诸子为代表的先秦思想文化的经典地位，直到 20 世纪初，一直都是被举世公认的。但是从 20 世纪 20—30 年代以来，包括最近编写的诸多文学史，对先秦文学的评价，一般仅仅把它当作中国文学的源头。如说先秦是中国文化发生和创始的时期；各种题材孕育于先秦，文学思想基础孕育于上古，儒道审美价值观形成于先秦，士作为文学创作和传播的主体这样一个格局也是奠定于先秦。这种观点影响很广。虽然有《诗经》和《楚辞》这样伟大的诗歌，有《老子》《左传》《庄子》《论语》等经典作品，但是人们还是更看重汉魏六朝以后的文学，认为在艺术水平上，它们要高于先秦文学。我们只是因作为源头、作为孕育期而肯定先秦文学的价值，这一观点与文学史的实际情况有很大出入。

后必胜前的文学观，其根源是进化论。然而进化论对于文学甚至所有的精神产品，未必完全适用。轴心时代的思想家，如古希腊思想家苏格拉底、柏拉图，以色列犹太教的先知，古印度的释迦牟尼和中国春秋时期的孔子，他们所创造的思想，数千年来都是经典，至今仍具有无法超越的高度，就是明证。

从先秦文学形式的完备、文学制度的建立、创作的繁荣都可以看出，先秦文学已经非常成熟。所以不能因为它是初始期，就低估它的文学价值和文学史地位。正如赵敏俐、傅道彬所说，先秦文学是中国文学的第一个高峰，如《诗经》《庄子》《左传》等作品所取得的艺术成就已经很高,《诗经》的赋比兴手法,《左传》的叙事艺术,《庄子》的想象与虚构艺术手段,《楚辞》的抒情艺术,都成为历代文学学习的典范,对中国文学产生了深远的影响。先秦文学不仅具有极高的艺术成就,创造了文学的典范,而且开创出具有中国气质的文学观念和批评话语,如比兴原则、春秋史笔、寓言写真、香草美人等,虽逾千年仍为有效的批评话语传统。可以说,先秦文学达到了很高的艺术成就。要之,先秦文学既是中国文学的滥觞,也是中国文学史上的第一个高峰。它以其高水平的创作,为后代文学发凡起例、树立典范。

为何中国文学甫一发生,就登上高峰?这是一个需要进一步研究的问题。个人所见:在书写时代之前,我国有着漫长的口头文学创作时期,人们的思维能力和表现能力都达到了相当成熟的程度。因此一旦有文字诞生,很快就迎来了文学史上的第一个高峰期。这看似很突然,实际上是水到渠成,如刘勰所说:"心生而言立,言立而文明,自然之道也。"过去我们忽略了口传时代的文学,把书面文学的开端当作了文学史的开端,因此认为先秦时期是文学幼稚的、低水平的阶段。再就是受西方文学观念的影响,我们大大缩小了文学的研究范围,把许多古代文学作品排除在文学研究的范围之外,这也导致我们大大低估了先秦文学的价值和地位。

解读《诗经》的民间立场

历代关于《诗经》的解读，无论出自宫廷，还是士人个体，多出自官方立场，立足于教化。20世纪20年代，古史辨派重新解释《诗经》，力图掀掉累积到《诗经》身上的层层瓦砾，尤其是剥离掉历代解诗者加在《诗经》身上的礼教内涵和教化意义，断然否认《诗经》承载着的"经夫妇，成孝敬，厚人伦，美教化，移风俗"的内容和作用，并努力恢复其来自民间的性质，试图还《诗经》以本来面目，开启了《诗经》解读新的年代。

顾颉刚《〈诗经〉在春秋战国间的地位》一文形象地比喻说："因为两千年来的《诗》学专家闹得太不成样子了，它的真相全给这一辈人弄糊涂了。譬如一座高碑，矗立在野里，日子久了，蔓草和葛藤盘满了。在蔓草和葛藤的感觉里，只知道它是一件可以附着蔓延的东西，决不知道是一座碑。我们从远处看见，就知道它是一座碑；走到近处，看着它的形式和周围的遗迹，猜测它的年代，又知道它是一座有价值的古碑。我们既知道它是一座有价值的古碑，自然就要走得更近，去看碑上的文字；不幸蔓草和葛藤满满的攀着，挡住了我们的视线，只在空隙里看见几个字，知道上面刻的是些什么字体罢了。我们若是讲金石学的，一定求知的欲望更迫切了，想立刻把这些纠缠不清的蔓草斩除了去。但这些藤萝已经经过了很久的岁月，要斩除它，真是费事的很。等到斩除的工作做完了，这座碑的真面目就透露出来了。"（顾颉刚编《古史辨》第三册，海南出版社 2005 年版）郑振铎《读〈毛诗序〉》亦言："《诗经》也同别的中国的重要书籍一样，久已为重重叠叠的注疏的瓦砾把它的真相掩盖住了……我们要研究《诗经》，便非先把这一切压盖在《诗经》上面的重重叠叠的注疏的瓦砾爬扫开来而另起炉灶不可。这种传袭的《诗经》注疏如不爬扫干净，《诗经》的真相便永不能显露。"（同上）

其实古史辨派对《诗经》的新的阐释，也是在 20 世纪 20 年代的环境下，对《诗经》官方立场的反叛，带着那个时期浓厚的崇尚科学和反传统的气息。顾颉刚说："我所以有这种主张之故，原是由于我的时势，我的个性，我的境遇凑合而来。"（《古史辨·自序》）那么顾颉刚所说的时势，又是什么样子呢？顾颉刚解释说："清代的学风和以前各时代不同的地方，就是：以前必要把学问归结于政治的应用，而清代学者则敢于脱离应用的束缚；以前总好规定崇奉的一尊，而清代学者为要回复古代的各种家派，无意中把一尊的束缚也解除了。清末的古文家依然照了旧日的途径而进行；今文家便因时势的激荡而独标新义，提出了孔子托古改制的问题做自己的托古改制的护符。这两派冲突时，各各尽力揭破对方的弱点，使得观战的人消歇了信从家派的迷梦。同时，西洋的科学传了进来，中国学者受到它的影响，对于治学的方法有了根本的觉悟，要把中国古今的学术整理清楚，认识它们的历史的价值。整理国故的呼声倡始于太炎先生，而上轨道的进行则发轫于适之先生的具体的计划。我生当其顷，亲炙他们的言论，又从学校的科学教育中略略认识科学的面目，又因性喜博览而对于古今学术有些知晓，所以能够自觉地承受……到了现在，理性不受宗教的约束，批评之风大盛，昔时信守的藩篱都很不费力地撤除了，许多学问思想上的偶像都不攻而自倒了。加以古物出土愈多，时常透露一点古代文化的真相，反映出书籍中所写的幻相，更使人对于古书增高不信任的意念……我生当其顷，历历受到这三层教训，加上无意中得到的故事的暗示，再来看古史时便处处见出它的经历的痕迹。我固然说不上有什么学问，但我敢说我有了新方法了。在这新方法支配之下的材料，陡然呈露了一种新样子，使得我又欣快，又惊诧，终至放大了胆子而叫喊出来，成就了两年前的古史讨论。这个讨论何尝是我的力量呢，原是在现在的时势中所应有的产物！"（《古史辨·自序》）从顾颉刚的自述中可以看到，20世纪20年代古史辨派关于《诗经》的讨论，带有那个时代鲜明的特征，那就是今古文派的争鸷触发了一些学者对旧学权威的怀疑，而现代西方科学方法的引进，更增加了学者揭示中国古代文化真相的意念，从而敢于推倒千年《诗经》的旧说，祛除各种附会，从民间的、文学的角度来揭示《诗经》的本相。

对古史辨派的主将顾颉刚产生了很大影响的胡适讲过："我觉得用新的科学方法来研究古代的东西，确能得着很有趣味的效果。"（胡适《谈谈〈诗经〉》）而他所说的科学的方法，就是要打破《诗经》是经典的旧观念，消解掉《诗经》作为经典的神圣，把诗看作"人的性情的自然表现"，把它视为"一部古代歌谣的总集，可以做社会史的材料，可以做政治史的材料，可以做文化史的材料"。按照这样的方法来考察《诗经》，胡适得出了这样的结论："这一部《诗经》已经被前人闹得乌烟瘴气，莫名其妙了。诗是人的性情的自然表现，心有所感，要怎样写就怎样写，所谓'诗言志'是。《诗经·国风》多是男女感情的描写，一般经学家多把这种普遍真挚的作品勉强拿来安到什么文王、武王的历史上去；一部活泼泼的文学因为他们这种牵强的解释，便把它的真意完全失掉，这是很可痛惜的！譬如《郑风》二十一篇，有四分之三是爱情诗，《毛诗》却认《郑风》与男女问题有关的诗只有五六篇，如《鸡鸣》《野有蔓草》等。说来倒是我的同乡朱子高明多了，他已认《郑风》多是男女相悦淫奔的诗，但他亦多荒谬。《关雎》明明是男性思恋女性不得的诗，他却胡说八道，在《诗集传》里说什么'文王生有圣德，又得圣女姒氏以为之配'，把这首情感真挚的诗解得僵直不成样了。""很多人说《关雎》是新婚诗，亦不对。《关雎》完全是一首求爱诗，他求之不得，便寤寐思服，辗转反侧，这是描写他的相思苦情；他用了种种勾引女子的手段，友以琴瑟，乐以钟鼓，这完全是初民时代的社会风俗，并没有什么希奇。意大利、西班牙有几个地方，至今男子在女子的窗下弹琴唱歌，取欢于女子。至今中国的苗民还保存这种风俗。"

20世纪20年代的学者，摆落经典的神圣光环，试图恢复的是《诗经》文本生成的原生态，也就是《诗经》作为民间歌谣反映初民真实性情的性质。所以，胡适从中国和外国现存的民俗来解释《关雎》中男子用各种手段取悦女子的行为，并把它视为初民时代的社会风俗。对于胡适的解读，当然也有不以为然的。如周作人就批评胡适对《诗经》的解释"觉得有些地方太新了，正同太旧了一样的有点不自然，这是很可惜的"（周作人《谈〈谈谈《诗经》〉》，《古史辨》第三册）。但是周作人批评的立场却同胡适并无二致,也是民间的立场,只是批评胡适的解读过于现代、过于穿凿而已。如《野有死麕》中"野有死麕,白茅包之"一句,胡适解释为"写出男子打死麕,包以献女子的情形"。周作人则以为这样讲未免太可笑。在他看来,"这两章的上半只是想象林野,以及鹿与白茅,顺便借了白茅的洁与美说出女子来"。又如《葛覃》,胡适说这首诗是"描写女工人放假急忙要归的情景"(笔者按:这句话在《古史辨》所收胡适《谈谈〈诗经〉》文章中未见),周作人说:"我猜想这里胡先生是在讲笑话,不然恐怕这与'初民社会'有点不合。"(同上)因为在二千四百年前,还没有工厂,当然更不会有女工和"放假"了。针对胡适解诗过于现代和穿凿,周作人指出:"胡先生很明白的说,《国风》中多数可以说'是男女情爱中流出来的结晶',这就很好了;其余有些诗意不妨由读者自己去领会,只要有一本很精确的《诗经》注释出世,给他们做帮助。'不求甚解'四字,在读文学作品有时倒还很适用的,因为甚解多不免是穿凿呵。"(同上)周作人对解诗的要求,不是回到过去,附会以伦理大义;当然也不主张为了求新而附会以现代的生活。还是强调解诗既不要凿实,也不能随意附会。这样的主张,很明显是来自他对文学的基本认识和从事研究的科学的态度。由此可见,20世纪20年代的《诗经》解读的基本特征,就是解读者的民间立场,以及由此而生成的视《诗经》为歌谣、从中考察民之真性情的解读特点。而这种民间的观点,显然是受了胡适《白话文学史》的影响。在《白话文学史》中,胡适提出一个十分重要的观点:"一切新文学的来源都在民间。"(《白话文学史》,新月书店

1928 年版）而古史辨派对《诗经》的重新揭示，就是秉持了这种观点，而且这种特点一直影响到今天。

其实从民间风俗解释《诗经》，古已有之。宋代大儒朱熹的《诗集传》，其解读立场自然是官方的，而其考察《诗经》中的"国风"，则把目光撒向民间："吾闻之：凡《诗》之所谓风者，多出于里巷歌谣之作，所谓男女相与咏歌、各言其情者也。"这应该是切合实际的。但并非《诗经》所有诗篇都是民间歌谣，如朱子所说："若夫雅颂之篇，则皆成周之世，朝廷、郊庙乐歌之词，其语和而庄，其义宽而密。其作者往往圣人之徒。"所言大致也不差。所以找到民间立场，从先民的民俗民风解释《诗经》的一些作品，使这部诗歌总集恢复了它部分作品的原生态，吹散了历代经学阐释者附着在它上面的神圣意义和庙堂的烟雾，这固然有必要，但也不能以偏概全，用民间的视角解释《诗经》所有的作品。经学作为传统的主流意识形态，不同于一般的作品，千年形成的固化观念，层层累积，古史辨派借新文化之风，敢于挑战权威，揭去《诗经》阐释中政治教化的坚固铠甲，透出其本真的面目，从此揭开了《诗经》研究新的一页。

屈原虚实之争

古史辨派关于《诗经》展开的讨论中，胡适、顾颉刚等学者非得要把《诗经》从经学的神圣位置上拉下来，阐释以民间的"本来面目"。这场学术之争，其实质是新的意识形态与旧的意识形态、新思想与旧思想之间的斗争，是民主思想力图摆脱封建思想阴影的一种努力。同时发生的围绕屈原及其楚辞作品而展开的论争，其情况就比较复杂，既有新旧观念之争，又有来自不同方法所造成的争论。

1922年9月3日，胡适在《努力周报》第18号的增刊《读书杂志》上发表了《读楚辞》一文，是胡适在读书会上的演讲整理成的，文章开篇明义，说："我很盼望国中研究《楚辞》的人平心考察我的意见，修正它或反证它。总期使这部久被埋没、久被'酸化'的古文学名著，能渐渐的从乌烟瘴气里钻出来，在文学界里重新占一个不依傍名教的位置。"同重新阐释《诗经》的意图一样，其目的都是要努力摆脱名教的枷锁，还经典以本来面目。在这篇文章中，胡适首先否定了《史记·屈原贾生列传》记载的可靠性，进而对屈原这个作家的真实存在提出了质疑，认为屈原是一个"箭垛式"的人物："我想，屈原也许是二十五篇《楚辞》之中的一部分作者，后来渐渐被人认作这二十五篇全部的作者。但这时候，屈原还不过是一个文学的箭垛。后来汉朝的老学究把那时代的'君臣大义'读到《楚辞》里去，就把屈原用作忠臣的代表，从此屈原就又成了一个伦理的箭垛了。"其次，推断《楚辞》二十五篇作者，认为只有《离骚》和《九章》中的部分篇章，或者是传说中的屈原作品。

箭垛式的人物，是胡适观察中国历史和文学作品所发现的一个现象，他在《〈三侠五义〉序》中说："历史上有许多有福之人，一个是黄帝，一个是周公，一个是包龙图。上古有许多重要的发明，后人不知道是谁发明的，只好都归到黄帝的身上，于是黄帝成了上古的大圣人。中古有许多制作，后人也不知道究竟是谁创始的，也就都归到周公的身上，于是周公成了中古的大圣人，忙的不得了，忙的他'一沐三握发，一饭三吐哺'！这种有福的人物，我曾替他们取了个名字，叫'箭垛式的人物'；就同小说上说的诸葛亮借箭时用的草人一样，本来只是一扎干草，身上刺猬也似的插着许多箭，不但不伤皮肉，反可以立大功，得大名。包龙图——包拯——也是一个箭垛式的人物。古来有许多精巧的折狱故事，或载在史书，或流传民间，一般人不知道他们的来历，这些故事遂容易堆在一两个人身上。在这些侦探式的清官之中，民间的传说不知怎样选出了宋朝的包拯来做一个箭垛，把许多折狱的奇案都射在他身上。包龙图遂成了中国的歇洛克·福尔摩斯了。"胡适总结出的"箭垛式的人物"的确揭示了中国历史和文学中某些人物是某一类型的集合体的现象，但用"箭垛式的人物"来讨论屈原的虚与实是否合适，即是否合乎实际，是否真实反映了屈原的本来面貌，这是需要认真研究的问题。

胡适此论一出，在学术界引起轩然大波，围绕屈原及其作品问题，学术界分为证实和怀疑两派。1922年，梁启超在11月18—24日的《晨报副镌》上发表《屈原研究》一文，论述了屈原的生平和身世,分析了楚辞产生的原因,并结合屈原身世对二十五篇楚辞作了梳理,认为《离骚》"当是他最初的作品。起首从家世叙起,好像一篇自传"。《天问》"或是未放逐以前所作……这篇体裁,纯是对于相传的神话发种种疑问:前半篇关于宇宙开辟的神话所起疑问,后半篇关于历史神话所起疑问。对于万有的现象和理法怀疑烦闷,是屈原文学思想出发点"。《九歌》"含有多方面的趣味,是集中最'浪漫式'的作品"。《九章》"并非一时所作","是《离骚》的放大"。《远游》"是屈原宇宙观、人生观的全部表现,是当时南方哲学思想之现于文学者"。《招魂》"是写怀疑的思想历程最脑闷最苦痛处"。《卜居》"是说两种矛盾的人生观"。《渔父》"是表自己意志的抉择"。不仅如此,梁启超的文章还从"想象力"的角度,对屈原在文学史上的地位,给予了高度肯定,认为"就这一点论,屈原在文学史的地位,不特前无古人,截到今日止,仍是后无来者"。"想象力丰富瑰伟到这样,何止中国,在世界文学作品中,除了但丁《神曲》外,恐怕还没有几家够得上比较哩。"

  这场论争直接关系到屈原这位经典作家及其作品存在的真实合法性。但是,无论胡适,还是梁启超,都引用了新的文学观,胡适的"箭垛式"文学观自不必言,梁启超虽反对胡适以"箭垛"说虚化屈原及其作品,但代表的绝非是旧派教化的文学观,他的文学与哲学平行发展观、南北文化交融说以及关于写实与浪漫文学的划分,显然也是新的文学观。所不同的是胡适持疑古的态度,采用了"大胆假设,小心求证"的方法，而梁启超则坚持了传统的知人论世的研究方法。因此，20世纪20年代展开的关于屈原及其作品的论争，显然不是新旧观念之争，而是研究方法不同带来的对经典认识的差异。

此次讨论颇富启发意义。屈原是否存在，哪些作品是屈原所作，靠推理不甚可靠，关键还是历史文献的发掘与爬梳，亦可通过作品内在的思想情感及文字作为佐证。胡适目光敏锐，发现并指出《史记·屈原贾生列传》记载屈原事迹"叙述不明"，存在内在的舛错矛盾，这的确是此篇传记的症结所在。中国史书所述历史，多有或实或虚、或详或略之处，亦不乏不实之记载。这里既有文献多少与可靠与否的问题，也有史官的政治及史观、史识的考量。本朝史尚且如此，更何况《史记》所述包括汉代之前漫长的历史进程。所以，《史记》所载之史，何为真实，何为想象，早有人质疑。而且作为手抄本时代的文献，《史记》同其他文献一样，都有传抄过程中的文字改易。但必须看到，即使是在手抄本阶段，文献的变异性与其基本稳定性也是不可同日而语的，个别甚或部分文字的改易，无法改变传世文献尤其是经典的真实性质。大量的传世文献和出土文献不断证明，司马迁的记载基本是可信的。屈原传也是如此，不能因为司马迁记述的某些矛盾之处，就否定了屈原这一伟大人物的存在。

但胡适关于屈原是伦理"箭垛"之说，揭示了经典建构和著名历史人物评价的一大特征，即任何文化都无法逃脱主流文化的影响，甚至有时就是主流文化在强制影响。在汉代，屈原及其作品附加了忠君的道德意义，经历代得到不断强化，并把他追求理想人格与美好品性的操守与忠君伦理紧紧固化在一起,相反淡化了他坚守美德的个人色彩;与之相应,也淡化了楚辞的文学性,而这也正是胡适"箭垛"说的价值所在。

史家褒贬二司马

文学史介绍到汉代作家时,一般都要介绍二司马——司马迁和司马相如。但是,司马迁多是作为经典作家推荐给读者,而司马相如则不然,有的是作为经典作家来介绍,有的则明显不是如此。

王梦曾《中国文学史》面世较早,1914 年由商务印书馆出版。此书以为在汉代的辞赋中,"而相如为之魁";评介司马迁曰:"其所以巍然为百世文史二家祖者,在其文善叙事,理辨而不华,质而不俚,无美不臻,无善不备。唐宋以还之古文家得其一鳞一爪,即足以傲睨一世。以嗣左氏,洵无愧矣。"张之纯《中国文学史》由商务印书馆 1915 年推出,显然沿袭了王梦曾的观点,评司马迁为"史学家之模范","《史记》一出,后之作史者,咸遵其体例,是诚可谓历史家之模范矣";评介司马相如,在汉代的辞赋中,"而相如为之魁","高文典策,究推相如为独步"。上海泰东图书局 1915 年出版的曾毅《中国文学史》对二司马也推崇至极:"武帝时文学之士甚多,实以司马迁、相如二人为巨擘。""司马相如者,汉代之词宗也。所谓赋,天籁也,神话也。赋中之圣,而非所语于雕虫篆刻之伦也。""司马迁绝世之文豪也",并许以"文中之圣""文中之雄""文中之仙""文中之侠"等最高美誉。"迁之前非无太史,而有迁之才者甚希;迁之后史家纷纷,而如迁之能文者实少。故《史记》以前,有《左传》《国语》《国策》《楚汉春秋》等,而不如《史记》之大成;《史记》以后,有两汉、三国、晋以来二十三史,以及杂史、别史,要不如《史记》之文字,一一生动,而疏宕有奇气。""以历史之眼孔观之,变易编年,创为纪传,冠冕群伦,师法百代","即以文学之价值论之,自来文人学士,孰不仰为空前之杰作、绝后之至文者乎!"不仅高度评价了《史记》的史学价值,亦作为经典杰作树立了其文学价值。这三部文学史尽管对司马迁和司马相如的评价稍有不同,如王梦曾对司马迁多有推崇,而张之纯对司马相如的赞许多了些,曾毅则于司马迁用了更多的笔墨,但是很显然三部文学史都是把二人作为经典作家加以介绍的。

然而这样的评价在 20 世纪 30—40 年代的文学史中有了变化。谭正璧 1929 年在光明书局出版的《中国文学进化史》中,未涉及司马迁,显然接受了纯文学观念,司马迁被移出了文学史。而于司马相如则只说是"汉代最大的赋家",最大未必最好,评价不高:"他因《子虚赋》为武帝所赏,更为《上林赋》以媚之;知武帝好神仙,所以作《大人赋》;知武帝好虚荣,死后犹留《封禅书》以邀宠。""他的作品,又仿佛是辞典,一丝一毫没有表现出自己。像他这样的身世,有他这样的才气和艺术手腕,因为名利心所缚,遂只替君主作了一世的留声机,在文学上未留下一毫功绩,不是很可惜的吗?"最大的赋家,是肯定了司马相如赋家代表的地位;但另一方面又指出其在文学史上价值不大,实则否定了司马相如的经典地位。司马相如的经典作家地位,在 20 世纪 30 年代的文学史中,基本上遭致否定。新兴文学研究会 1933 年版贺凯《中国文学史纲要》说司马相如"是汉代最著名的赋家","所作《子虚赋》

《上林赋》《大人赋》都是夸张皇帝的侈靡生活，献媚皇帝的文章，字句堆加，类似一部辞典"（第76页）。北新书局1936年版赵景深《中国文学史新编》，说汉代的赋家中"杰出者是司马相如和扬雄"，司马相如的"作品有《子虚赋》和《上林赋》作为散文体的代表，《大人赋》作为楚辞体的代表，每每堆砌太过，成为缩小的动植物学大辞典；又无深刻的意义，实在不能算是文豪"。司马相如是赋体代表，但不是文豪的态度极为明确。中华书局1941年版刘大杰《中国文学发展史》，并未涉及司马迁的《史记》，而对司马相如则基本仍然延续了20世纪30年代文学史的评价。刘大杰认为，汉代的武、宣、元、成时代，是汉赋的全盛期，"在赋史上占有最显著的地位的，自然是司马相如"，"《子虚》《上林》为司马氏的代表作，亦为汉赋的典型。从贾谊的《鵩鸟》、枚乘的《七发》，到他这时候，才完全离弃楚辞的作风，建立了纯散文的汉赋体"。刘大杰承认司马相如的赋作为汉赋的典型地位，但总体评价却不高："这种文学自然是缺少高贵的情感与活跃的个性，只能用美丽的字句，尽其铺写夸张的能事，外表是华艳夺目，内容却空无所有。"世界书局1941年版施慎之《中国文学史讲话》，从总体上对汉赋的评价就不高："汉代的辞赋，可以说完全导源于楚辞的，于是屈原、宋玉，成为中国辞赋的祖宗。不过汉赋之弊，乃是承屈宋的末流，缺乏情感和个性的表现；虽然壮伟古雅，往往太重词藻和故实，堆砌太甚，失掉文学的真价值，这是大可惋惜的。"因此对司马相如的评价也是批评的多："前汉辞赋的大家，不能不推司马相如。""司马相如的赋虽好，然而他的作品，只是供帝王贵族的娱乐，毫无个性的表现和情感的发抒,这正是汉赋的通病。"由此可见,20世纪30—40年代的文学史,只承认了司马相如及其作品的代表性,却否定了其经典价值。

到了21世纪,在袁行霈主编的《中国文学史》中,司马迁自然还是以"汉代成就最高的散文家"而高居汉代文学榜首的,他的《史记》也被誉为"代表了古代历史散文最高成就"的经典之作。评介司马相如,地位甚高:"《汉书·艺文志》著录相如赋29篇,今存5篇。其中《子虚赋》《上林赋》是其代表作,也是汉赋中最优秀、影响最深远、具有典范意义的作品。"(《中国文学史》第一卷,高等教育出版社2005年版)又恢复了司马相如的经典地位。

文学史家对司马迁和司马相如评价的差异,去除时代的影响和个人的好恶因素,主要源自文学史入选作家的标准不一,作家或作为经典入选,或作为某一时期文学现象的代表加以介绍,没有一个判断的理性尺度。考察汉代二司马在文学史中地位的升降,总结文学史编写的经验,意在说明,现在的文学史界应该重新研讨文学史一些基本的问题,如中国古代文学的定义和其内涵,中国古代文学史入选作家、作品的标准和条件,对作家作品评价的当下性和历史性,等等。

经学的神圣化与学术文化的凋敝

西汉有一百四十余年的政治稳定期，在此局面下，学术与文化总体看都有一定发展。首先就是经学。汉高祖刘邦本是泗水亭长，并非士人，轻视儒生，见人戴儒冠，即取来便溺。汉文帝重视黄老之术，渐有文化。到了武帝，注意到文统化人的功力之大，接受了董仲舒的建议，罢黜百家，定儒学为一尊，置五经博士，经学从此取得独霸意识形态的地位。

然汉之初建，破除秦朝高压的文化政策，兴复文化，是其重要国策。刘歆说："汉兴，去圣帝明王遐远，仲尼之道又绝，法度无所因袭。时独有一叔孙通略定礼仪，天下唯有《易》卜，未有它书。至孝惠之世，乃除挟书之律，然公卿大臣绛、灌之属咸介胄武夫，莫以为意。至孝文皇帝，始使掌故朝错从伏生受《尚书》。《尚书》初出于屋壁，朽折散绝，今其书见在，时师傅读而已。《诗》始萌牙。天下众书往往颇出，皆诸子传说，犹广立于学官，为置博士。"（《汉书·楚元王传》）挟书律是秦始皇实行的一项法律。始皇三十四年，纳李斯之议，下令禁止民间私藏百家书籍，"敢有挟书者族"，控书甚为严酷。与此相连的是"焚书令"和焚书坑儒的灭绝文明之举。班固《汉书·艺文志》云："昔仲尼没而微言绝，七十子丧而大义乖。故《春秋》分为五，《诗》分为四，《易》有数家之传。战国从衡，真伪分争，诸子之言纷然殽乱。至秦患之，乃燔灭文章，以愚黔首。"焚毁书籍，是为了钳制众说，愚弄百姓。汉初仍承秦制，从这段话可知，在汉高帝时，书籍甚少，经书只有秦朝未禁的《易》。惠帝时，废掉"挟书律"，书籍才渐渐多起来。文帝时，《尚书》《诗》陆续受到重视。此时立于学官并置博士之职的，除经书之外，还有诸子之学，并不只限于儒家的经书。

武帝时，为了政治的需要，开始贬抑以道家为首的诸子之学，推重儒家学说，出谋划策者始自车官出身的卫绾。建元元年（前140），武帝诏令"丞相、御史、列侯、中二千石、二千石、诸侯相举贤良方正直言极谏之士"，丞相卫绾奏："所举贤良，或治申、商、韩非、苏秦、张仪之言，乱国政，请皆罢。"（《汉书·武帝纪》）武帝允奏。把包括法家、纵横家在内的诸子之学排除在贤良之士以外。诸子遭到压抑，儒学却得以快速发展："及今上即位，赵绾、王臧之属明儒学，而上亦乡之，于是招方正贤良文学之士。自是之后，言《诗》于鲁则申培公，于齐则辕固生，于燕则韩太傅。言《尚书》自济南伏生。言《礼》自鲁高堂生。言《易》自菑川田生。言《春秋》于齐鲁自胡毋生，于赵自董仲舒。"（《史记·儒林列传》）这应该是罢黜百家、独尊儒术的先奏。到了建元五年（前136），"置五经博士"。元光元年（前134），武帝接受了董仲舒的建议，"卓然罢黜百家，表章六经"（《汉书·武帝纪》），"从此，孔教以定于一尊矣"（皮锡瑞《经学历史》，中华书局1959年版）。

《诗》《书》《礼》《乐》《易》和《春秋》等六经典籍，在孔子那里就受到重视，而且至晚到战国时期已被称为"经"，从中可以看到这些典籍的经典化过程。但是，"六经"虽然被孔子重视，并经过他的整理以教授学生，然而孔子的教育还仅仅是私人教育，其对后代影响之大是大家都知道的，但是在其当代的影响如何，尚不得而知，对其估计似乎不应过高。至于在庄子后学那里，把此六部典籍称为"经"，乃是假借孔子之语，而且在庄子后学那里，也不是作为称许之语而出现的。到了汉代，文帝时只置一经博士，"考之汉史，文帝时，申公、韩婴以《诗》为博士，'五经'列于学官者，唯《诗》而已"（《经学历史》）。"景帝以辕固生为博士，而余经未立"，恐怕也是刚刚破除挟书令，文化尚待恢复，不得不如此。到了汉武帝，确立了"五经"（《乐经》已失传，除外）的官方之学地位，这五部典籍完成了其经典化过程，并且同时确立了其神圣的地位。

与此相伴随，孔子的地位，也在此一时期之后，得到了圣化。尤其是汉代的纬书，不仅仅是圣化孔子，而且是神化了孔子，如《春秋纬·演孔图》就说孔子是孔母梦与黑帝交而生："孔子母征在游于大冢之陂，睡，梦黑帝使请已。已往，梦交。语曰：'汝乳必于空桑之中。'觉则若感，生丘于空桑之中，故曰玄圣。"神话孔子，目的还是为了神话经书。把孔子描绘成一个生来不凡的人，从而进一步巩固经书的至高无上地位。

"五经"的确立及其神圣化，是经书和汉代封建制度两个成熟的结果。一方面，西汉王朝经过了高帝、惠帝、文帝和景帝六十余年的统治，尤其是还出现了历史上所称道的文景之治，政治制度已经成熟，进入了汉帝国的全盛时期。国家的大一统呼唤着意识形态的大一统。而另一方面，"五经"遭遇秦始皇的焚书之祸，经过汉代学者的记忆、发掘和整理，已经逐渐恢复并且定型。作为记载了封建制度定型时期典章制度和历史事迹的典籍，其对汉代社会制度建设的典范意义，统一人们思想的意识形态意义，日益凸显。"臣闻六经者，圣人所以统天地之心，著善恶之归，明吉凶之分，通人道之正，使不悖于其本性者也。故审六艺之指，则人天之理可得而和，草木昆虫可得而育，此永永不易之道也。"（《汉书·匡衡传》）在汉代人的认识中，经书是圣人打通天地之心，明善恶，分吉凶，归于人之正道的宝典。按照经书的大道行事，就可以和天人之理，化育万物，使之生生不息。正是这两个成熟的条件，迎来了"五经"经典地位的确立。

"五经"经典地位的确立及其神圣化，对于封建制度数千年的统治而言，其作用在于确立了与高度集权制度相适应的高度统一的意识形态，因此也可以说经典的神圣化，乃是出于统治者强化统治的需要。"五经"经典地位的确立，就是定儒学为一尊，无论社会制度的确立，人们（从皇帝到臣民）的一切行为，即政治伦理和家庭伦理，都要受到儒家思想的规范，受到它的约制和衡量。儒家思想就是社会人伦关系、社会行为的准则，就是衡量是非的标准。所以钱穆先生说中国古代是"天下高于国，社会高于君，学术高于政治"（《晚学盲言》，广西师范大学出版社2004年版），就是讲儒家的典籍经书高于政治，是在君王之上的指导思想。这种强势的绵延数千年的主流意识形态，保证了中国古代的封建政权的稳定性。所以汉朝寿命长达四百余年，代代只是一个刘姓的皇帝，儒家思想的僵固性于此可见一斑。

罢黜百家、独尊儒学给学术文化造成的禁锢也是十分明显的。罗宗强先生说:"儒学一尊从最初起,便是排他性的,只承认自己的正确性和合理性……在士人心中形成了一种畸形的观念,只有儒家思想代表着终极真理,而自己正是这个终极真理的代表者。这种思想观念一旦形成,士便把自己封闭在一个僵化的思想硬壳里,拒绝接受异端,拒绝异端共存。这种思想观念后来成了中国士人传统性格的一部分。"(《玄学与魏晋士人心态》,天津教育出版社 2005 年版)综观汉代学术,诸子之学复兴于汉初,《史记·太史公自序》言:"自曹参荐盖公言黄老,而贾生、晁错明申、商,公孙弘以儒显。"惠帝废"挟书律",至文帝时"天下众书往往颇出,皆诸子传说,犹广立于学官,为置博士",诸子学术颇为活跃。武帝独崇儒术,主要是把诸子之学排除在贤良之士以外,即不作为官方主流意识形态,不作为学官和选官的考查标准。《汉书·艺文志》记载:"迄孝武世,书缺简脱,礼坏乐崩,圣上喟然而称曰:'朕甚闵焉!'于是建藏书之策,置写书之官,下及诸子传说,皆充秘府。"可见武帝时虽把诸子排除在主流意识形态之外,但其书籍仍旧是予以收藏保留的。即使如此,学术生态还是受到很大影响。据《汉书·艺文志》,诸子凡一百八十九家,四千三百三十四篇。其中儒家五十三家,八百三十六篇。汉前三十一家,余皆汉人著述,计二十二家。道家三十七家,九百九十三篇,汉前三十三家,汉代四家,其中武帝时二家,成帝时一家,另有《道家言》二篇标为"近世"。阴阳家二十一家,三百六十九篇。汉前十五家,汉代三家,"近世"二家,另有一家不知作者。法家十家,二百一十七篇。汉前七家,汉代只有文帝时《晁错》三十一篇,另有二家无撰人时代。名家七家，三十六篇，皆为汉前之作。墨家六家，八十六篇，无汉作。纵横家十二家，一百又七篇，汉前七家，汉代五家。杂家二十家，四百又三篇。汉前八家，汉七家，另有五家未详。农家九家，一百一十四篇。汉前二家，汉代三家，另四家不知何世。然经马国翰考证，《尹都尉》十四篇之尹都尉，即汉成帝时人尹泽（姚振忠《汉书艺文志条理》）。小说家十五家，一千三百八十篇。汉前九家，汉代六家。考历经武、昭、宣、元、成诸帝，诸子中只有儒家最发达，余皆寥寥无几，无法与汉以前相比。只有到了西汉末期，方得复苏，有扬雄之《太玄》《法言》，及东汉桓谭《新论》、王充的《论衡》。可见尚儒学一家给学术文化带来的影响。

  学术思想的禁锢给文学发展带来的负面影响亦不可低估。汉承先秦《诗经》、楚辞两大文学传统，然到汉代，这两大传统都没有得到很好的继承。诗只有产自民间的乐府和汉末的古诗，已经与《诗经》不可同日而语。楚辞到汉演化为歌功颂德的汉大赋，其文体意义大于文学价值。汉享国四百余年，其后的几个历史阶段，魏晋南北朝三百六十余年，唐二百八十九年，宋三百一十九年，都不及汉代国祚之长，但汉代的文学成就显然不能与后三个时期相比。两汉文学成就最高、对后世影响最大的作家，只有二司马；魏晋南北朝虽为乱世，然建安的三曹、七子，正始之嵇康、阮籍，晋之陆机、陶潜，刘宋之谢灵运、鲍照，齐梁之谢朓、刘勰，北朝之庾信，经典作家之多之著，大大超过汉代。至于唐宋诗文所取得的成就之大、影响之深远，两汉更是无法望其项背。此种情况，用进化的文学史理论来解释，很难令人信服，可惜文学史很少论及。

外儒内道的经师马融

马融为东汉著名经学大师，皮锡瑞《经学历史》云："刘歆创通古文，卫宏、贾逵、马融、许慎等推衍其说，已与今学分门角立矣。"马融属经学古文派，教授生徒常以千计，著名经学家郑玄即出自他的门下，在经学史上有重要影响。

但就是这样一位经学大师，其人生却不循儒道，在关涉身家性命时，倒向道家之说。《后汉书·马融传》："永初二年，大将军邓骘闻融名，召为舍人，非其好也，遂不应命，客于凉州武都、汉阳界中。会羌虏飙起，边方扰乱，米谷踊贵，自关以西，道殣相望。融既饥困，乃悔而叹息，谓其友人曰：'古人有言："左手据天下之图，右手刎其喉，愚夫不为。"所以然者，生贵于天下也。今以曲俗咫尺之羞，灭无赀之躯，殆非老庄所谓也。'故往应骘召。"生贵于天下，是道家对待名与生命的态度。《老子》第四十四章："名与身孰亲？身与货孰多？得与亡孰病？是故甚爱必大费，多藏必厚亡。知足不辱，知止不殆，可以长久。"对人而言，生命最为重要，名声和财货都是身外之物。《庄子·大宗师》也主张不要为了名节而损害生命："行名失己，非士也；亡身不真，非役人也。若狐不偕、务光、伯夷、叔齐、箕子、胥余、纪他、申徒狄，是役人之役，适人之适，而不自适其适者也。"（《庄子集释》，中华书局2013年版）因名而牺牲生命，庄子所不为。而儒家恰恰相反，"守死善道"是他们特别强调的道德操守，谋道不谋食是其基本主张。孔子说："饭疏食饮水，曲肱而枕之，乐亦在其中矣。不义而富且贵,于我如浮云。"(《论语·述而》)"邦无道,富且贵焉,耻也。"(《论语·泰伯》)孟子亦云:"守孰为大?守身为大……守身,守之本也。"(《孟子·离娄上》)"非其道,则一箪食不可受于人。"(《孟子·滕文公下》)名与命孰重要?如二者择其一,是要守道的气节,还是要生命?儒道二家在此问题上态度鲜明。邓骘因是外戚而为殇帝、安帝时权臣,永和元年(136)拜为大将军。马融是否应邓氏之聘,确实关乎名节问题。如按常理来测度,马融既为经师,一定深受儒家思想影响,当其二选其一时,选择的定是守道。然而大出所料,他接受了道家不因名害生的思想,放弃了名节,选择保全生命。马融的这一选择,透露出很有意思的信息:汉代有的经师已经把治经作为谋生的一种职业,而非为了求道,和所谓的信仰没有多大关系了。

马融不仅接受了道家保生弃名的人生态度,而且其生活亦以道家的自适为指导,"达生任性,不拘儒者之节。居宇器服,多存侈饰。常坐高堂,施绛纱帐,前授生徒,后列女乐"(《后汉书·马融传》)。自适既可宅心淡泊,回归自然,不为物累;亦可趋向纵情任性,放诞不经。魏晋名士就走了后一条路子,而导乎其先者,就是马融。马融的人格亦显现出其两面性。帐前,他端坐高堂,为学生讲授儒家经典,俨然整肃儒者;帐后,在其陈饰颇为豪侈的屋宇之内,丝竹并奏,舞影婆娑,奢华之状,远离儒者之风,嘴中讲的与实际做的完全不是一回事。至于他不敢触犯权臣之威,做外戚、大将军梁冀的帮凶,草奏诬陷名士李固,又作《西第颂》,谄谀梁冀,那就是人品的问题了,既为儒家之流所不齿,亦与道家的保生无关。

马融既是经学家,又不恪守儒道,还表现在他的治学上。据《后汉书》本传,马融著有《三传异同》,注《诗》《尚书》《三礼》《易》《论语》《孝经》和《列女传》,这些都是他作为经学家的本业。颇可注意的是,马融还为《老子》和《淮南子》作注。前者是道家经典,后者则是具有道家倾向的著作,在历代书目中列为道家。可见马融治学不主儒家,而是出入儒道两家,这就难怪他教授的是儒家经典,其行为处事却颇近道家。

马融还是汉代著名的辞赋家。他既注释《离骚》,自己还写有大量赋作。据费振刚等辑《全汉赋》,马融的赋有《长笛赋》《围棋赋》《琴赋》《龙虎赋》《蒲赋》《七历》《西第颂》等。其《长笛赋》在刘勰《文心雕龙》中多有论及,为汉赋的代表作之一。这也说明,马融显然不是恪守经学的纯儒了。

失去"道规"的朝纲

研究东汉思想和文学走势,不能离开对政治的考察。我认为最大的看点是东汉中后期的朝纲混乱,从而导致作为政治最为重要原则的大一统遭到严重破坏。

西汉稳定的刘姓政治,是建立在两个大一统基础之上的,即政治的大一统和意识形态的大一统。汉代自公元前202年刘邦即皇帝位,创立汉朝帝国,到了文、景两帝时,出现了政治稳定、经济繁荣的局面。班固《汉书·景帝纪》评价说:"汉兴,扫除烦苛,与民休息。至于孝文,加之以恭俭,孝景遵业,五六十载之间,至于移风易俗,黎民醇厚。周云成、康,汉言文、景,美矣!"这三十九年,史称"文景之治"。

但这仅仅是巩固了政治上的大一统,还没有实现意识形态大一统。到了元光元年(前134),董仲舒上《天人三策》,提出"罢黜百家,独尊儒术",武帝接受了这一建议。《汉书·董仲舒传》记载了董仲舒所献之言:"《春秋》大一统者,天地之常经,古今之通谊也。今师异道,人异论,百家殊方,指意不同,是以上亡以持一统;法制数变,下不知所守。臣愚以为诸不在六艺之科、孔子之术者,皆绝其道,勿使并进。邪辟之说灭息,然后统纪可一而法度可明,民知所从矣。"在董仲舒的建议中,《春秋》成为可以统一汉代意识形态,并且能够贯穿古今的常道。而"六经"也一同被推荐为国家独尊的意识形态。

从此,汉朝不仅基本上实现了政治上的大一统,同时也实现了意识形态大一统。这两个大一统，使西汉政权维持了近一百四十年的稳定。王莽篡汉称帝，不过十四年即被推翻。汉光武帝即位，又恢复汉王朝的统治，维持稳定的政治局面一直到汉和帝（刘肇），也持续了近八十年。

但是，到了东汉中后期，朝纲失去常态，汉代政治逐渐走入混乱。

其外在的表现是外戚宦官专政，权力失去了平衡。按照钱穆先生的说法，汉代政权的权力，是由三部分构成，一部分是皇帝，另一部分是由士大夫组成的外廷文官政府，还有一部分就是外戚与宦官，实则由这三个势力互相制衡。但是到了汉和帝之后，皇权受到威胁，文官政府形同虚设，外戚、宦官迭相专权，打破了权力平衡，造成朝纲混乱。

汉和帝刘肇时，窦太后兄大将军窦宪专权，权势熏天。永元三年（91），和帝诏命窦宪在长安会面，窦宪至，尚书以下的大臣议如何见窦宪，有人竟提议以面见皇帝的礼节跪拜窦宪，山呼万岁。势逼帝权，和帝不得不依靠中常侍郑众除掉窦宪。然而，朝廷既然靠家奴稳住了自己的权力，就不得不依仗他们，于是又有了宦官专政。公元105年，和帝死，刘隆出生百天就即位，是为殇帝。其母邓后临朝，与兄邓骘控制政权。翌年殇帝亡，不到十岁的安帝刘祜即位，在位十九年内基本是宦官擅权。安帝亡，阎后临朝，立刘懿为帝，不到七个月，他就被宦官孙程等人杀掉，十一岁的刘保立为帝，是为顺帝，政权实则控制在宦官之手。顺帝年幼，又是太后临朝，梁后之兄梁冀掌握军权，朝廷的权力由外戚和宦官两股势力瓜分。所以汉安元年（142），顺帝派遣侍中杜乔，光禄大夫周举，守光禄大夫郭遵、冯羨、栾巴、张纲、周栩、刘班等八人分行州郡"班宣风化，举实臧否"，八使之一的张纲受命之后，把车轮埋在洛阳的都亭，说："豺狼当道，安问狐狸！"意谓朝中外戚和宦官当道，除掉这些人才是当务之急。

朝纲混乱，到汉桓帝时达于极致。桓帝本是梁冀在药死质帝后扶植上台的，所以即位后，外戚梁氏专权。梁冀胡作非为，疯狂掠夺权力和资财，政治黑暗至极。据《资治通鉴》卷五十四："梁冀一门，前后七侯，三皇后，六贵人，二大将军夫人，女食邑称君者七人，尚公主者三人，其余卿、将、尹、校五十七人。冀专擅威柄，凶恣日积，宫卫近侍，并树所亲，禁省起居，纤微必知。其四方调发，岁时贡献，皆先输上第于冀，乘舆乃其次焉。吏民赍货求官、请罪者，道路相望。"王仲荦《魏晋南北朝史》："外戚梁冀秉政十九年（公元140—159），他搜刮四方资财，'充积藏室'，并封禁洛阳城西土地数十里，作为他的园苑，又强迫良民作奴婢，称为'自卖人'，有数千口之多。他失败自杀后，政府没收他的财产，合三十余万万钱，占东汉王朝全盛时期全年财政总收入的四分之一强。这三十万万钱，还不包括房屋、园苑和土地。"（上海人民出版社2003年版）公元159年，桓帝利用宦官单超等五人杀死梁冀，但是朝廷的统治大权也就落入宦官的手中，宦官成为独霸朝政的政治集团。在东汉各种政治势力中，宦官集团是极为黑暗的。他们"举动回山海，呼吸变霜露。阿旨曲求，则光宠三族；直情忤意，则参夷五宗。汉之纲纪大乱矣"（《后汉书·宦者列传》）。

东汉中后期朝纲混乱的局面，考察其内在的原因，是政失常道，信仰发生了重大危机。

汉代两个大一统中的政治大一统，许多学者关注的是疆土的大一统。其实在中国古代士人看来，朝廷权力的一统更为重要。朝廷的权力虽由三部分构成，皇帝的权力来自所谓天授的威权，文官政府的权力来自制度设计和儒家经典权力，外戚宦官的权力来自裙带和主奴关系，权力的代表则是皇帝，如董仲舒所言："唯天子受命于天，天下受命于天子。"（《春秋繁露·为人者天》）在中国古代社会，皇帝就是国家的权力代表，君权是上天所授，具有无上的权威，君君臣臣，这就是朝纲。臣子侵犯了君权，就是僭越，就是犯上作乱，就是破坏了朝纲。外戚宦官擅权动摇了君主的绝对权威，也动摇了传统的大一统的观念。

皇帝的权力无限之大，但也不是没有制约，制约他的就是道。皇帝的权力受到挑战，受到削弱，其根本原因也是在于皇帝的失道。儒家的三纲五常讲君君臣臣父父子子，君为臣纲。但是，在外戚宦官擅权时期，尤其是两次党锢之祸时期，皇帝自己就扰乱了君臣的关系，已经不能代表上天之道行事。所以君为臣纲当如何执行？第一次党锢之祸时，桓帝下诏逮捕李膺等党人，因此案受牵连者多达二百余人。太尉陈蕃上疏桓帝："臣闻贤明之君，委心辅佐；亡国之主，讳闻直辞。故汤、武虽圣，而兴于伊、吕；桀、纣迷惑，亡在失人。由此言之，君为元首，臣为股肱，同体相须，共成美恶者也。伏见前司隶校尉李膺、太仆杜密、太尉掾范滂等，正身无玷，死心社稷。以忠忤旨，横加考案，或禁锢闭隔，或死徙非所。杜塞天下之口，聋盲一世之人，与秦焚书坑儒，何以为异？昔武王克殷，表闾封墓，今陛下临政，先诛忠贤。遇善何薄？待恶何优？夫谗人似实，巧言如簧，使听之者惑，视之者昏。夫吉凶之效，存乎识善；成败之机，在于察言。人君者，摄天地之政，秉四海之维，举动不可以违圣法，进退不可以离道规。谬言出口，则乱及八方，何况髡无罪于狱，杀无辜于市乎！"（《后汉书·陈王列传》，中华书局1965年版）此疏应为东汉第一好文。文中直斥桓帝为亡国之君。作为人君，执政天下，掌握纲常，其权力，其行为，并非没有规矩，没有限制。规矩就是"圣法"，限制就是"道规"。皇帝的无上权威就来自"圣法"和"道规"，产生于他的代天行道。依照圣法，君臣是权力的共同体。而这一权力的共同体，要"同体相须，共成美恶"，亲善向美，弃恶远丑。而桓帝却听信谗言，禁锢以忠触旨的大臣，"杜塞天下之口，聋盲一世之人"，堵住士大夫的嘴，教天下人都装聋作哑，任其胡作非为。看起来皇帝是有了权威，实则严重损害了施政的基础"圣法"与"道规"，儒家思想信仰遭到贬抑，其结果是"乱及八方"，是为败亡之君也。

儒学理政的危机

汉魏之际，儒家思想信仰发生了重大危机。一种理论、一种思想，只有能够解释现实才会有效，才会令人信服。然而汉末以来儒家思想与现实对接，出现了榫卯不合，儒家思想作为社会终极真理的地位于是发生了动摇。从朝纲大乱到天下大乱，都极为严重地冲击动摇了儒家的权威性。

曹丕代汉称帝和司马炎代魏称帝，打的都是禅让的旗号，这是儒家经典所推崇的尧舜理想的政权更替形式。但是士人心里都明白，这种禅让实际上是演戏，其实质是篡夺皇位。尤其是司马氏夺权更是充满了腥风血雨，"正始十年，司马懿杀曹爽；嘉平三年，杀扬州刺史（镇寿春）王凌及楚王曹彪（曹操子）；嘉平六年，司马师杀太常夏侯玄、中书令李丰、皇后父光禄大夫张缉，废魏主曹芳，立高贵乡公曹髦（曹丕孙）；正元二年，杀镇东大将军（镇寿春）毌丘俭；甘露三年（258），司马昭又杀大将军诸葛诞；甘露五年，杀魏主曹髦，立曹奂（曹操孙）。经过一系列统治阶级内部政治集团的残酷斗争，历时十五六年（249—264）之久，结果，亲司马氏的一派才把亲曹氏的一派彻底击垮了"（王仲荦《魏晋南北朝史》，上海人民出版社2003年版）。这也会让士人困惑，对儒家的禅让理想产生怀疑。

在儒家的经典中，政权的更替有禅让，也有革命。天之生民必立其君，但是君王之所以成为君王，乃在其德："其君之德能配天，能代表群生，而负责其政治任务，斯为王。"（钱穆《晚学盲言》)所以,尧禅位给舜,舜禅位给禹,都是因为禅让的人认为被委以天下之位的人品德高于自己,主动让贤的,而不是因为被让位的人比自己更有势力。而晋之代魏称帝,所表演的禅让,与儒家经典所说的根本不是一回事。当然,如果帝王失德,自然也可以起而代之的。"禹之子孙失德,至桀而更甚,不克配天,则商汤代之而起。汤之子孙失德,至纣而更甚,不克再配天,则周武王代之而起。天命所归有变,故曰革命。"(同上)但是魏主之频频被废,最后更被取而代之,并不是魏主失德,而是失势,也是与儒家所说的革命理由没有关系的。所以钱穆先生说:"于是魏晋之际,禅让征诛篡弑,混淆不清,在朝代更迭上,形成一大污点,并留下恶影响。"(同上)

西晋时期,提倡孝道,晋朝皇帝以孝治天下。儒家的政治伦理来自其家庭伦理,在家对父母尽孝,在朝廷就是效忠皇帝。然而晋武帝司马炎却是篡逆之人,这就不能不让人质疑名教及其提倡者的虚伪性。还有,在正始时期有一位著名的维护名教的人物何曾,《晋书·何曾传》曰:"曾性至孝,闺门整肃,自少及长,无声乐嬖幸之好。年老之后,与妻相见,皆正衣冠,相待如宾。已南向,妻北面,再拜上酒,酬酢既毕便出。一岁如此者不过再三焉。"而在朝中更是容不下违背礼法人士,他看见阮籍负才放诞,居丧无礼,就当着司马昭的面谴责阮籍是"纵情背礼,败俗之人",并向司马昭建议:"公方以孝治天下,而听阮籍以重哀饮酒食肉于公座。宜摈四夷,无令污染华夏。"就是这样一个人,在生活中却极为奢华:"然性豪奢,务在华侈。帷帐车服,穷极绮丽,厨膳滋味,过于王者。……食日万钱,犹曰无下箸处。"穷奢极欲虽不违背礼法,但是却反映出此人性格的虚伪。

汉魏之际现实政治与儒家的礼乐制度拉开了距离,现实的伦理道德与儒家的思想发生了尖锐的冲突。所以,人们开始怀疑儒家思想的合理性,甚至另寻其他思想。因此有了曹操思想的"通脱",有了正始名士的"越名教而任自然",有了陶渊明的"新自然主义"。

孔门反孔

孔融为孔子第二十世孙，是历桓帝、灵帝、少帝和献帝四朝的名儒。据《世说新语·言语》载，孔融十岁随父到洛阳，要见李膺，当时李膺是士林领袖，有盛名，"士有被其容接者，名为登龙门"。然非"俊才清称及中表亲戚"，都不会被接见。孔融乃对李府门吏说："我是李府君亲。"既进，李膺问他，你与我有何亲？孔融回答说："昔先君仲尼与君先人伯阳，有师资之尊，是仆与君奕世为通好也。"李膺座上宾客听了孔融这番话，无不称奇。《后汉书·孔融传》和《世说新语·言语》注引《融别传》亦有相同记载，李膺说融"长大必为伟器"。

孔融正处于汉末动乱、群雄并起之时。作为士人，孔融是个极有原则和气节的人，坚守儒家的忠义伦理，维护汉王朝的统治。党锢之祸时，士人张俭被追捕，"亡抵于褒（孔融之兄孔褒），不遇。时融年十六，俭少之而不告。融见其有窘色，谓曰：'兄虽在外，吾独不能为君主邪？'因留舍之。后事泄，国相以下，密就掩捕，俭得脱走，遂并收褒、融送狱。二人未知所坐。融曰：'保纳舍藏者，融也，当坐之。'褒曰：'彼来求我，非弟之过，请甘其罪。'吏问其母，母曰：'家事任长，妾当其辜。'一门争死，郡县疑不能决，乃上谳之。诏书竟坐褒焉。"（《后汉书》本传）孔融由是因义而显名。

黄巾军乱世，群雄并起，以袁绍、曹操为盛。孔融与其同代，"融知绍、操终图汉室，不欲与同"，"无所协附"。

不仅仅是无所依附而已，出于正统的君臣观，孔融对祸乱朝纲的董卓和曹操，都采取了对抗的态度："会董卓废立，融每因对答，辄有匡正之言。"（同上）因为忤逆了董卓意旨，出为直接面对黄巾军的北海为相。曹操迎献帝于许都，势力独大，虽未代汉称帝，却已经把黄袍当作内衣穿在身上。孔融"见操雄诈渐著，数不能堪，故发辞偏宕，多致乖忤"（同上）。建安九年（204）曹操攻屠邺城，"袁氏妇子多见侵略，而操子丕私纳袁熙妻甄氏"，孔融于是写信给曹操说："武王伐纣，以妲己赐周公。"说当初武王伐纣，把妲己送给了周公。曹操以为孔融是有学问的人，此故事一定有其来历而为自己所不知，后来见到孔融，就问这个故事出自哪里，孔融说："以今度之，想当然耳。"（同上）是言你父子现在就是这样做的，以今比古，想来武王也会如此，讥讽之意极为辛辣。还有，汉末动乱，天下缺粮，曹操虑及兵马缺少粮草，影响到征战，下令禁酒，孔融写了《难曹公禁酒书》，盛赞酒德："酒之为德久矣。古先哲王，类帝禋宗，和神定人，以济万国，非酒莫以也。"（俞绍初《建安七子集》，中华书局 2005 年版）此书当送达曹操，操回书作答"陈二代之祸，及众人之败，以酒亡者"，孔融又作书言："徐偃王行仁义而亡，今令不绝仁义；燕哙以让失社稷，今令不禁谦让；鲁因儒而损，今令不弃文学；夏、商亦以妇人失天下，今令不断婚姻。而将酒独急者，疑但惜谷耳，非以亡王为戒也。"（同上）由此可见，孔融反对禁酒，意不在酒，而在揭穿曹操的虚伪，可谓打到了曹操的痛处。孔融反对曹操，就是反对曹操削弱汉政权，自己专政。所以在朝廷伦理方面，孔融还是固守着儒家的君臣观。

不过，如据曹操建安十三年（208）发布的《宣示孔融罪状令》，孔融似有严重的异端思想。罪状云："（孔融）以为父母与人无亲，譬若瓶器，寄盛其中。"（《曹操集》，中华书局2012年版）《后汉书·孔融传》记载更详。在儒家的三纲中，父为子纲，是人伦中最为重要的内容之一。但是孔融却口出狂语："父之于子，当有何亲？论其本意，实为情欲发耳。"（《后汉书·孔融传》）儿子不过是父母发泄性欲的产物。而母子的关系呢？"子之于母，亦复奚为？譬如寄物瓶中，出则离矣。"母子如同瓶子与物的关系，子在母腹之中，如同东西盛在瓶子里，只要把瓶子里的东西倒出来，母亲与儿子的关系就算结束了。还有，假使遭到饥荒，如有食品，给不给父亲呢？孔融的回答也是出人意料，他说，假如父亲不好，"宁赡活余人"。这样的言论显然是违背了儒家以孝为核心的父子伦理。不过，孔融的这些言论，是在曹操"疑其所论建渐广，益惮之"，"虑梗大业"，令路粹捏造罪名杀了孔融之后，在《宣示孔融罪状令》中公布出来的，而且又是据州人所说传自孔融的友人祢衡，而祢衡在建安三年（198）就已经被江夏太守黄祖所杀，是否有捏造的成分，不得而知。

孔融十三丧父，"哀悴过毁，扶而后起，州里归其孝"（《后汉书》本传），可见他是至孝之人。融殇幼子，写诗哀之："生时不识父，死后知我谁？孤魂游穷暮，飘飖安所依。"（《杂诗二首》其二）是亦极重亲情之士。这些皆说明，在生活中他是恪守儒家伦理传统的。如孔融确实说过母亲之于其子的关系乃是容器与寄存的关系，这在其时自是石破天惊之语，与礼教似乎绝不相容。从这些异端话语既可以一窥孔融敢讲真话的率真性情，亦可以借此考察此一时期士人试图修正儒家思想以适应现实的苗头。孔融把人之育子归之人的欲望，实则就是用自然解释亲子关系，把儒家的血缘伦理改造为自然伦理，实开魏晋尚自然风气之先。正始名士越名教而任自然，阮籍母丧，不守丧礼，食肉饮酒，然举声一哭，泣之以血，就是孔融的翻版。

孔融是孔子的后人，为一代名士，连他都在人伦方面修正儒家思想，由此亦可见汉末以后，僵老的儒家思想已经不能解释一切、统治一切，而是需要与时俱进，加以改造才能适应时代了。

从硕学鸿儒到士人清流

自汉武帝罢黜百家、独尊儒术以后,经学是当时社会最为发达的一门学问。东汉以征辟察举制度取士,就是朝廷直接选拔和地方举荐并存的选官制度。拔选有两个必要条件,一个条件是明经,另一个条件则是行修。行修讲的是道德修养,而明经,就是要求精通经书,考察这个人是否对经书有深入的掌握。所以一门经读得好不好,会直接影响到一个人的发展,影响他的仕途。

董仲舒就是因为读经三年不窥园,经书学得很好,向武帝献《天人三策》,对策令武帝满意而被征用的,以是天下读书人视他为"群儒首"。还有另一个儒师公孙弘也是如此。武帝初即位,选拔贤良文学士,公孙弘乃是东海一个放猪的人,四十多岁学习《春秋》,被推举应贤良文学选拔时,年已经六十,因为贤良对策被征为博士,很快位至丞相。在武帝之前,丞相的人选都要从列侯中选定。而公孙弘则打破了自高祖、惠帝、文帝、景帝以来,非有功不得封侯,非封侯不能拜相的惯例。两个人都是因为对《春秋》有研究而受到重用,因此使"天下学士靡然乡风矣"(洪迈《容斋五笔》),成为士人的偶像。所以说在那个朝代,董仲舒给士人树立了榜样,就是"三年不窥园"的榜样,也就是唐代诗人李白所说的"白发死章句"的榜样。只要你能读好经书,不但可以做博士,即国学的教授,还能更腾达,做丞相,这才是士人追求的理想。

不过,东汉中后期,朝纲日乱,尤其是在两次党锢之祸中，士人的模范发生了变化。士人中的榜样，不再是董仲舒、公孙弘这样的鸿儒，而是高尚其道，即肩起道义与宦官斗争的士人清流。

汉桓帝时，外戚梁冀专制，毒死汉质帝刘缵，议立刘志为帝。李固和杜乔坚决反对，主张立清河王刘蒜为帝。满朝大臣皆畏惧梁冀，阿附梁冀旨意，而李、杜二人却坚持己见，惹怒梁冀，李固被投到监狱。河内赵承等数十人到朝中为李固诉冤，李固被太后赦免。"及出狱，京师市里皆称万岁"（《后汉书·李固传》），可见其影响之大。梁冀闻之大惊，终于杀了李固。李固和杜乔被害，暴尸通衢，不许收尸。李固的学生郭亮、南阳的董班临尸痛哭，这自然有因师生关系而不怕权势的因素，但是更可注意的是郭、董"二人由此显名，三公并辟"（同上）。可见时人对士人清流的激赏。

两次党锢之祸中的士人领袖范滂、李膺、郭泰，也都是士林推崇的楷模。郭泰与李膺游洛阳，名震京师，后来回家，衣冠诸儒送行之车达两千多辆。朝廷逮捕党人，诸多士人心甘情愿为他们去死。第一次党锢时，许多士人以没有列入党人名单为耻，主动上书，要求连坐。一次党锢之后，范滂释放南归，始发京师，汝南、南阳士大夫迎接他的车辆竟然有数千辆之多。面对打击，士人非但没有退缩，反而互相标榜，扩大声势，其领袖人物分别被称为"三君、八俊、八顾、八及、八厨"。据《后汉书·党锢列传》：时人称窦武、刘淑、陈蕃为"三君"，"言一世之所宗也"。称李膺、荀翌、杜密、王畅、刘祐、魏朗、赵典、朱㝢为"八俊"，"言人之英也"。称郭泰、宗慈、巴肃、夏馥、范滂、尹勋、蔡衍、羊陟为"八顾"，"言能以德行引人者也"。称张俭、岑晊、刘表、陈翔、孔昱、苑康、檀敷、翟超为"八及"，"言其能导人追宗者也"。称度尚、张邈、王考、刘儒、胡母班、秦周、蕃向、王章为"八厨"，"言能以财救人者也"。在这三十五人中，李膺的地位相当显赫，除了"三君"外，就要数他了。

第二次党锢时，为了掩护士人领袖"八及"之一的张俭逃亡，数十户士大夫家庭上百口人家破人亡，但当时士大夫仍然视死如归，不惜代价要将士人领袖护送出境。"八顾"之一的士人领袖范滂为了不连累更多无辜的人，投案自首。临别前，他希望母亲不要悲伤。谁想他母亲也大义凛然说："你今天能与李膺、杜密齐名，死亦何恨！"中国传统知识分子"威武不能屈"的大丈夫人格，在此时得到充分表现。由此可见，此时士人的楷模发生了很大的变化，已经由学富五车的鸿儒变成了担当道义的士人清流，而士风亦多慷慨之气。汉魏之际的士人承此士风，在孔融、祢衡等人身上仍可见之。

东汉中后期的士人清流，是持守道义与黑暗政治势力斗争的清流。他们与外戚宦官的斗争，与其说是为了刘姓政权，毋宁说是为了道义。在屈服于君主和坚守于道义之间，士人义无反顾地选择了道义，肩起捍卫道义、廓清世风的责任。陈蕃少即有"扫除天下"之志，李膺高自标持，以"天下风教是非为己任"，范滂"有澄清天下之志"。士人领袖心中所怀的是天下，而非一刘姓政权；所要澄清的自然是朝纲，而其标准则是"风教是非"。

两次党锢之祸中的士人清流，表现出一种执着道义、疏离皇权的倾向。这种倾向极可注意，它表明：士由依附于皇权的阶层，疏离为一种社会舆论与道德的力量，即为道义而与皇权及邪恶的政治势力抗争的力量。所以可以说，此一时期是士人作为舆论与道义力量最为觉醒的时期。

魏晋风度说

关于魏晋风度，最早提出来的是鲁迅先生。1927年夏季，广州市教育局举办广州夏期学术演讲会，7月23和26日，鲁迅到会上做了两次演讲，演讲的题目是《魏晋风度及文章与药及酒之关系》。这篇演讲的文章最早连载于1927年8月11日至13日、15日至17日广州《民国日报》副刊"现代青年"第173至178期，后来收入1928年北新书局出版的《而已集》。这本是一个演讲稿，而非文章，而且是经过邱桂英和罗西记录、再经鲁迅修改的讲稿。鲁迅或许不曾料到，此讲稿一不小心竟成为研究魏晋文学的经典。

鲁迅的演讲以"魏晋风度"为题，然在演讲中，鲁迅对什么是魏晋风度，并没有进行解释，不像现在讲课，先把概念解释一番，绕来绕去，再书归正传。鲁迅先生是直接切入主题，讲述魏晋士人的具体生活风尚和文章，对魏晋风度做了十分深入的阐释。

汉末和曹魏时期的士风是清峻通脱，文章及其特点概括下来就是八个字：清峻、通脱、华丽、壮大。清峻，"就是文章要简约严明的意思"。通脱，"即随便之意，此种提倡影响到文坛，便产生大量想说甚么便说甚么的文章"。到了曹丕、曹植和曹睿的时候，"于通脱之外，更加上华丽"。更因为曹丕的文章以"气"为主，"故于华丽以外，加上壮大"。汉末魏初的文章是以清峻、通脱为主，到了曹丕兄弟才加入了华丽和壮大，而曹魏文章的特点，来自曹魏时期的士风，曹操为一代雄豪,他的好尚影响甚大。"正始名士"的士风是服药,何晏为服药的祖师,开风气之先,王弼和夏侯玄为同志,其风延宕到两晋,直到隋唐。与"正始名士"同时,还有"竹林名士",即所谓的竹林七贤。鲁迅说:"正始名士服药,竹林名士饮酒",借酒反抗旧礼教,是竹林名士风度。

鲁迅讲魏晋风度,主要集中于魏晋之交的一批文人和文坛。后人讲魏晋风度,开始把时间往后延展,扩得更宽一点,更大一点,甚至包括了东晋。从时间上来说,指的是三国时的曹魏(公元220—265年)至两晋(公元265—420年)这一段历史时期。具体说主要包括了以下几个时期的名士:建安士人:三曹和七子。曹操(155—220)、曹丕(187—226)、曹植(192—232),孔融(153—208)、陈琳(?—217)、王粲(177—217)、徐幹(170—217)、阮瑀(165—217)、应玚(?—217)、刘桢(186—217)。正始名士:何晏(约195—240)、王弼(226—249)、夏侯玄(209—254)。竹林名士:阮籍(210—263)、嵇康(223—262)、刘伶(生卒年不详)、山涛(205—283)、向秀(约227—272)、王戎(234—305)、阮咸(生卒年不详)。中朝(晋惠帝元康—永嘉)名士:郭象(约252—312)、王衍(256—311)、胡毋辅之(263—311)、王澄(269—312)。江左名士:王导(276—339)、谢安(320—385)、王羲之(303—361)等。

何谓风度?风度首先讲的是人的举止仪态。《后汉书·窦融传》:"尝独详味此子之风度,虽经国之术无足多谈,而进退之礼良可言矣。"这个含义,今天仍在使用,如说某人风度翩翩。但是,人的言谈举止、姿态神情以及行为方式,虽然是表现于外的风貌，却是人的内在精神气质的外在表现。鲁迅的演讲，首先谈士人的生活，然后由士人的生活讲到文章，由文章再讲到士人的精神风貌。从鲁迅先生"魏晋风度"这篇文章来看，所谓的魏晋风度，就是魏晋士人的生活、生活态度、生活作风以及他们的文章所呈现出的精神风貌，也有人叫精神气质。这样的一个题目，实际上鲁迅已经做了很深入的发掘，因此《魏晋风度及文章与药及酒之关系》这篇文章已经成为研究魏晋思想和文学的经典之作。

此后，有许多学者，包括老一辈的学者和年轻的学者，在魏晋风度上做尽了文章。如1940年宗白华先生写了题为《论〈世说新语〉与晋人的美》的论文。在这篇屡被称引的论文中，他提出了几个重要的观点：第一个就是："汉末魏晋六朝是中国政治上最混乱、社会上最苦痛的时代，然而却是精神史上极自由、极解放、最富于智慧、最浓于热情的一个时代。因此也就是最富有艺术精神的一个时代。"魏晋时代的"艺术精神"是什么呢？就是两个"发现"。他说："晋人向外发现了自然，向内发现了自己的深情。"正是这两个"发现"塑造了"晋人的美"。1944年，哲学家冯友兰写了《论风流》一文，将"魏晋风度"又扩展而为"魏晋风流"，体现为真名士必备的四个精神条件：必有玄心，必有洞见，必有妙赏，必有深情。从人格美的角度揭示了"魏晋风度"的精神内涵。1948年，王瑶先生出版了《中古文学史论》一书，在"自序"中，作者称该书第二部分"中古文人生活""主要是承继鲁迅先生《魏晋风度及文章与药及酒之关系》一文加以研究阐发的"。书中的《文人与药》《文人与酒》等论文，后来成为研究"魏晋风度"的名篇。1981年，李泽厚先生名著《美的历程》出版，书中第五章题为"魏晋风度"，在"人的主题"一节中，李泽厚提出了"人的觉醒"这一命题，认为正是"人的觉醒"才使"人的主题"提上日程，从而才形成了汉魏六朝这几百年的人性大解放和艺术大繁荣。这实际上是从美学和哲学角度论述了"魏晋风度"的文化内涵。1990年罗宗强先生写了《魏晋玄学与士人心态》，他没有说谈魏晋风度，其实对这个题目也做了很深的挖掘，尤其讲士人心态。在哲学界，其实也有很多人在做这个题目，譬如汤一介的魏晋玄学的研究，王毅的魏晋清流研究，台湾地区李清筠《魏晋名士人格研究》，等等。

关于魏晋风度的内涵的种种解释已经很多了。愚以为对魏晋风度不能孤立地去看，应该放到整个思想史和文学史上进行关照，尤其是和它的前代，即汉代的士人进行比较，和它以后的士人比如说南北朝的士人进行比较，然后我们才能了解魏晋风度在中国思想史和文学史上的所显示出的特殊的文化意义。魏晋风度的思想史的意义在于它疏通了产生于先秦的道家思想流传的河道，并使其与汹涌浩荡的儒家思想潮流汇合，改变了士人的人生价值观和生活态度，确立了适合士人生存的生活方式。其文学史的意义在于，正式确立了士人文学的创作范式。

生命意识觉醒的士人

魏晋风度所显示出的名士种种风流韵致,已经诸多人讲述。而我们还要再追问,在这种种的风流韵致中包含或者说有着那些更值得我们玩味的文化内涵呢?魏晋士人性格乖张,生活怪异,与汉代大不相同。他们追求独异的生活方式,内心究竟想着什么,抱着一种什么样的人生态度呢?这应该是颇有意思的一问。

人对自身的认识,自古以来就没有停止过。先秦儒道两家所要解决的就是人在社会中的角色和人的自我角色的问题。然而汉代罢黜百家、独尊儒术后,国家社会意识形态强调的主要是人的社会角色,人作为个体的本质属性被有意忽略掉了。而魏晋对人的认识恰恰从汉代以来被忽略掉的个体的人入手,不仅从人的行为上活出个体人的生命,而且从思想上也不断思考这一问题,因此而出现了生命意识、个体意识和适性意识三个觉醒。

首先是生命意识的觉醒。魏晋士人,为何服药,突然重视起养生来呢?鲁迅并没有回答。李泽厚则发现,这与此时士人生命意识的觉醒有很大关系。关于人对生命的思考,早在先秦就很发达,尤其在《庄子》一书中有较为充分的探讨。但是到了汉代,在极为发达的今文经学背景下,天人的关系中,天成为绝对的统治者,人必须服从于天,人的生命因此而被忽视。只有到了汉末,随着经学的衰微以及战乱所造成的"白骨露于野,千里无鸡鸣"的残酷现实,使士人突然感受到生命的可贵，并且深情地发现生命的美好，生命意识于是突涨。所以在汉末的《古诗十九首》以及建安时期七子和三曹的作品中，出现了大量表现生命主题的作品。如"人生寄一世，奄忽若飙尘"（《古诗十九首》之五），"人生忽如寄，寿无金石固"（《古诗十九首》之十四）。而曹操的"对酒当歌，人生几何"，几乎成为建安诗歌的主调。正始时期的士人同样充满了生命的焦虑。如嵇康《四言赠兄秀才入军诗》："生若浮寄，暂见忽终。"《五言诗》："人生譬朝露，世变多百罗。"阮籍《咏怀》："命非金石，身轻朝露。""一旦复一夕，一夕复一朝，颜色改平常，精神自飘沦。"如王瑶先生在《文人与药》一文中所说："我们念魏晋人的诗，感到最普遍、最深刻、能激动人的同情的，便是那诗中充满了时光飘忽和人生短促的思想与情感。"

魏晋名士不仅在诗中大量抒发他们对于生命短暂的感叹，而且在理论上理性地探讨养生问题，如嵇康与向秀关于养生的辩难，嵇康写《养生论》和《答难养生论》，主张"清虚静泰，少私寡欲"，节欲养生；而向秀写了《难养生论》，主张顺欲养生。虽然养生的手段不同，其目的都是为了生命的长久。

此一时期更应值得关注的是士人重视生命的实践，服药就是其实际行动。虽然何晏服药表面看来是为了性爱，但是最根本的目的还是长生。因为在中国古代，有一种很重要的观念，认为御女也是重要的养生途径，所以传说自黄帝时起，就有房中术，主张用好房中术，可以达到养生长寿之目的。何晏服食五食散，从根本上说还是出于生命的意识。

生命意识的觉醒,不仅使魏晋士人追求生命的长久,还促使士人重视现世的物质享受。魏晋名士纵酒,也是因为生命苦短的苦闷催生了及时行乐的心理。刘伶的《酒德颂》就明确表示他纵酒乃是"以天地为一朝,万期为须臾"。《世说新语·任诞》:"张季鹰纵任不拘,时人号为'江东步兵'。或谓之曰:'乃可纵适一时,独不为身后名邪?'答曰:'使我有身后名,不如即时一杯酒。'""毕茂世云:一手持蟹螯,一手持酒杯,拍浮酒池中,便足了一生。"都是生命苦短、及时行乐思想的集中体现。过去讲魏晋士人,更多看到的是他们精神的层面,实际情况是魏晋名士既重视精神的调养,同时也重视肉体的享受。纵酒不必说,既是为了中圣人后陶然忘机的境界,却也有饱其口腹之欲的需要。向秀强调顺欲养生,就是为士人的物质享受找到理论依据。因此,在名士中也就留下许多追求物质享受,或极为吝啬,或奢华过度的故事。在中国历史上,西晋时期士大夫的奢靡之风是罕见的。其中,石崇斗富便是一个典型例证。从思想文化角度看,生命意识的觉醒,为奢靡之风的盛行从思想上起到了推波助澜的作用。

关于生命意识,即认识到生命苦短,无论各家都是一致的。然而关于如何对待生命的过程,比如关于人生的意义与价值,以及人应该如何对待生活,在中国历史上有不同的主张。儒家重视生命的社会意义,主张人生要有意义,生前建功立业,死后留名千古。庄子认为个体人的生命本身就是意义所在。人应顺应自然,而不是改变他的天性,主张自由自在的生存。魏晋时期,于儒家、道家之外,又出现了继承列子的纵欲派。"十年亦死,百年亦死,仁圣亦死,凶愚亦死。生则尧、舜，死则腐骨，生则桀、纣，死则腐骨，腐骨一矣，敦知其异？且趣当生，奚遑死后"，"丰屋、美服、厚味、姣色，有此四者，何求于外？"（《列子集释·杨朱》，中华书局2012年版）如此言论，充斥于《列子》之中。这种纵欲而生的生命意识，为门阀士族奢靡之风的盛行提供了理论依据。

追求适性的士人

魏晋士人不仅思考个体的人应该是什么样的人，应该怎样生活，而且出于士人群体的考虑，思考士人既不同于圣人、也不同于庶人的独特角色，以及作为这样一个阶层的生活态度和作风问题。他们找出了一个颇为惬意的心理：适性，想方设法满足自己的精神需要。

关于士人的名分。向秀和郭象的《庄子》注明确说明，人的名分来自自然，即命，所以顺从自然，就是要顺从命，作为士人不能有非分之想，这样你就会心满意足于个人的爵位、官职。

关于仕与隐。儒家主张入世，这自然是士人所认可的。但是在魏晋黑暗的政治斗争中，士人入世面临的是生命危险。怎么办？庄子主张出世，庄子的出世是完全绝对的出世，即隐于山林，与世隔绝。这样的生活，不符合魏晋大多数士人的理念，似陶渊明那样的隐居，毕竟要过贫困的生活，这是魏晋士人所不甘的。魏晋士人于是试图从理论到实践解决这个问题，那就是庙堂之上也可作湖海之思，关键在于身在庙堂之上，心游江海之间，物物而不物于物。郭象注《庄子》，对于庄子以拱默于山林为无为的观点，明确提出了反对的意见："所谓无为之业，非拱默而已；所谓尘垢之外，非伏于山林也。"（《大宗师》注，《庄子集注》，中华书局 2013 年版）"若谓拱默乎山林之中而后得称无为者，此庄老之谈所以见弃于当途。"而郭象提出的理想圣人，则是既居统治高位，又游心江海的人：

"夫圣人虽在庙堂之上,然其心无异于山林之中,世岂识之哉!徒见其戴黄屋,佩玉玺,便谓足以缨绂其心矣;见其历山川,同民事,便谓足以憔悴其神矣,岂知至至者之不亏哉!"(《逍遥游》注)君主既然不干预臣子的事,什么事情不必亲力亲为,所以,他才能够虽在庙堂之上,而能心游山林,达到逍遥的境界。郭象对《庄子》的改造,适应了魏晋士人的需要,通过改造《庄子》,为士人徘徊于入世与出世之间,创造了首鼠于儒道两端的理论。经过郭象的改造,《庄子》不再远离人间,远离士人,反而既能够维护君主权力,同时又不损害士人利益;既能给予士人享受荣华的理由,又能给士人的精神以回旋空间。正因为如此,此后《庄子》才会被士人广泛接受。而晋代以后士人所接受的《庄子》,已经不完全是庄周的原始的《庄子》,即那个反仁义,反人文化,崇尚原始自然,追求绝对自由的《庄子》,而是经郭象阐释而改造过的《庄子》。这个《庄子》打着自然的幌子,却承认社会差别,承认名教,认为此差别与名教亦是自然。在此之上,建立起的士人自由,即在差别和名教之内的自由。"物物而不物于物",既生活在世间,又不萦心禄位,超遥于行迹之外。所以阮籍不拒绝入仕,却也不认真做官。而魏晋士人悠游于清谈和山水之间,作朝中之大隐。这样做官既没有什么危险,又可以过舒服闲适的日子。

关于名教与自然。名教就是儒家所讲的家庭伦理和社会伦理,也就是士人所要遵守的家庭与社会规则。而自然,其实质是要个人的真性情,要个人的自由。二者之间的矛盾怎么解决?魏晋士人分为两派。竹林名士举起《庄子》的旗帜,主张"越名教而任自然",以真性情直接对抗礼教。"越名教而任自然"的代表是嵇康。他的《与山巨源绝交书》列出"七不堪""二不可"表明自己不愿为官的态度,因自己性格慵懒以及志在长生而不愿追求功名,公开宣扬自己"非汤武而薄周孔"。到了中朝名士郭象那里,开始调和自然与名教,认为名教也是出于自然,因此名教内自有乐地。道家的经典作家庄子重视对人的本性的保护,讲"安其性命之情",反对"易性"和"伤性"。那么,什么是庄子所说的人之本性呢?即《庄子·马蹄》所说:"同乎无知,其德不离;同乎无欲,是谓素朴。素朴而民性得矣。"素朴之性,就是自然人性,即人的天性。在庄子看来,自然人性是无知无欲的。只有无知无欲,人才能"形体保神,各有仪则"。如果不是这样,人求知有欲,就会失去人之本性。但是郭象所阐释的人性,已经不是庄子所说的不分君子和小人,甚至连与野兽及万物都不分的无知无欲的素朴本性,而是把后天人的一切都纳入人性之中,认为人性中就包含有君臣等级和贤愚之别:"夫仁义者,人之性也。"(《天运》注)在郭象那里,不仅人后天的身份成了本性;并且,即使是人伤害本性,只要能改正,也是不违自然的,《大宗师》注就传达了这样的观点:"夫率性直往者,自然也;往而伤性,性伤而能改者,亦自然也。"在这样的阐释下,人性已经远离了庄子所说的自然性,大大融入了社会性,名教也归于自然。

名教和自然本来是对立的,但魏晋士人把它调和起来了。名教就是礼教,讲君君臣臣、父父子子,这是最大的礼教。阮籍、嵇康讲"越名教而任自然",要反对礼教。但把性情与名教对立起来，要冒被杀头的风险，因此向秀和郭象把它们调和起来，认为名教自有乐地。实际上这些都是士人在试图寻找适合自己性情与身份的生活方式和生活态度。而这种种出儒入道的生活方式和生活态度，对后来特别是唐宋及明清时期的士人产生了很大影响，以至于我们说到后来士人的生活方式，很大程度上是从魏晋时期开始的。

魏晋士人的纵酒

古代士人有喝酒传统，但酒风之盛，莫过于魏晋。

魏晋士人饮酒有几个特点，此前稀见，而且此后也少有。阮籍之前，是否有过为酒而求官者？未闻，阮籍是唯一。阮籍闻步兵校尉有酒五百斛，求为步兵校尉，求职乃为好酒而来。自古以来醉酒者有之，多者不过一两天，常见宿酒未醒，也就是一夜而已；而阮籍却一醉就是两个月，在此前的历史上能找到这样的例子吗？绝无仅有。饮酒自然是人与人的交流，这也是从来就是如此的。但魏晋士人阮咸却与猪共饮，这恐怕也是前无古人、后无来者的。刘伶的《酒德颂》也可以断定是有史以来的一篇酒坛雄文。

从如此众多的第一甚至唯一中，呈现出的是魏晋士人颓放之美。似刘伶那样，把所有的时间都放到喝酒上，每天飘飘忽忽，土木形骸，这无疑是颓废的；但是这种颓废又非完全的消极，内里含着对礼法的蔑视，对权力的不屑，这就带有了狂放的豪气。嵇康醉酒后，"傀俄若玉山之将崩"；刘伶身长不过六尺，貌甚丑陋，但其喝酒后"悠然独畅，自得一时"；山涛之子山简任荆州刺史，"时出酣畅。人为之歌曰：'山公时一醉，径造高阳池。日暮倒载归，酩酊无所知。复能乘骏马，倒著白接䍦。举手问葛强，何如并州儿？'"（《世说新语·任诞》）都显示出了狂放不羁的美态。

魏晋士人饮酒，首先是为了避世、逃世，在政治极为黑暗、残酷的环境中，醉酒无疑成为逃避政治牵连的很好手段。

山简为何唯酒是耽？《晋书·山简传》说得很明白："于时四方寇乱，天下分崩，王威不振，朝野危惧，简优游卒岁，唯酒是耽。"最典型的就是阮籍。阮籍是一位胸有大志之人，《三国志·魏书·王粲传》记载他登广武古战场，观楚汉战争处，感叹说："时无英雄，使竖子成名乎？"《咏怀诗》第三十九首："壮士何慷慨，志欲威八方。"所以明人杨维桢说他"盖以英雄自命，不在刘、项之下。慨然有济世之志者"（《竹林七贤画记》）。但是，他生不逢时，正处在曹氏和司马氏残酷的政权之争的年代。四十岁时，发生了高平陵之变，曹爽被杀，何晏、邓飏等名士也都成了权力斗争的牺牲品。就在他去世的前一年，嵇康被杀。他一生所见，多是权力之争的血雨腥风。而在这场权力斗争中，阮籍也无法成为旁观者。对于名士，司马氏玩的是两手：一方面，残酷杀戮曹氏集团文士，毫不手软；另一方面，又施以手腕笼络那些骑墙或态度不鲜明的名士，包括阮籍。阮籍是建安七子之一阮瑀之子，竹林名士之一。如看政治渊源，阮籍自是曹氏集团的人，因此旧注阮籍《咏怀诗》，多附会以诗人同情曹氏政权的政治内涵。实则在曹氏集团和司马氏权力之争中，阮籍并没有以曹氏为正统、司马氏为篡逆的政治判断。但他对政治形势是有清醒认识的，他并不想为这两个政治集团的任何一方损害个人安危。他拒绝在曹爽底下任职，却先后做了司马懿、司马师和司马昭的从事中郎，并被封为关内侯，应主要是出于个人身家性命的考量。如拒绝司马氏的聘任，就是拒绝合作，就会招来杀身之祸，所以接受司马氏集团的任命当是他的无奈之举。阮籍耽于饮酒，为官极不认真，亦说明在极为凶险的乱世，他敷衍司马氏的态度。阮籍醉酒目的是为了逃世,有两件事亦可证明。第一,他醉酒六十天,推掉了司马昭为司马炎的求婚;第二,还是用同样的办法,欲逃避写劝进笺,"公卿将劝进,使籍为其辞,籍沉醉忘作",使者催促,籍无奈才写之。所以阮籍借酒逃避政治基本有效,却并非完全有效。

但是魏晋士人的纵酒,还有其更深层次的原因。首先是日渐惊醒的生命意识,使士人深刻感受到生命无凭,充满生命苦短的苦闷。曹操的"对酒当歌,人生几何",颇具代表性。魏晋时期,曾经在整个士人阶层中兴起以追求肉体快感为目的的逞情纵欲之风。张翰"使我有身后名,不如即时一杯酒"的任诞,毕卓"一手持蟹螯,一手持酒杯,拍浮酒池中,便足了一生"的放纵,都是以及时行乐的思想为基础的。

然而随着正始玄学之兴,士人中开始弥漫崇尚自然之风气。这种风气自然来自道家思想,虚静无为是其核心内涵。对于生命而言,秉持虚静无为的思想,就不再把肉体的长久与快乐视为人生的最高境界,生命最好的状态应是心灵的自由自在、精神的合性适意。无论嵇康的越名教而任自然,还是郭象的足性以逍遥说,都是立足于精神的"快然自足"之上的。在此背景下,饮酒也就成为士人寻找精神快适的行为,如刘伶《酒德颂》所描绘:"无思无虑,其乐陶陶。兀然而醉,豁尔而醒。静听不闻雷霆之声,熟视不见泰山之形。不觉寒暑之切肌,利欲之感情。"饮酒所达到的是遗外物、齐天地、绝利欲的快乐,实际上就是庄子提倡的自然境界。所以士人纵酒,既是及时行乐,又是为了排遣苦闷,寻求心灵的解脱。

还有比以上原因更深的文化内涵,那就是个体意识的觉醒和高涨，酒成为士人表达真性情、对抗礼教的武器。在中国历史上，魏晋时期政治最为混乱，而思想却最为解放、个性十分高扬。汉代成为体现国家意识形态的经学，从总体上看是抑制人的个性发展的。这是因为经学的核心内容之一是尚礼。孔子的思想之一就是克己复礼。礼是建立在中国古代血缘伦理之上的制度，强调的是从家庭到社会的等级与服从，所以礼既保障了社会的正常秩序，同时也是约制个体人的思想和行为的重要手段。名教的核心就是礼制，袁宏《后汉纪·献帝纪》："夫君臣父子，名教之本也。"可见名教就是讲君臣父子名分的体制规范和道德规范。具体说就是三纲五常。然而到了魏晋时期，经学衰落，儒家思想的禁锢稍有松弛，名教思想受到挑战。名士"指礼法为流俗，目纵诞为清高"（《晋书·儒林传》），表现为越名教而任自然，或以自然解释名教。自然是道家思想的核心，老子说："人法地，地法天，天法道，道法自然。"自然就是自然而然的状态，就是天然。就人来说，任自然就是要顺从而不是违背人的本性。孝应出于人的自然本性，而非礼法强加于人。父母死要居丧三年，不许吃肉，不许喝酒，在魏晋士人看来，均是强加给人的。所以阮籍丧母，罔视以上礼法，"阮籍当葬母，蒸一肥豚，饮酒二斗"，居丧食肉饮酒，似乎不孝。然"临诀，直言'穷矣'，都得一号，因吐血，废顿良久"（《世说新语·任诞》），实为至孝。所以《魏氏春秋》说他"性至孝，居丧，虽不率常礼，而毁几灭性"。在这里，喝酒是颇有深意的，它其实就是今之行为艺术，意在说明：名教如合于人的真情，即自然本性，就是合理的，否则就不应遵守。所以此时的纵酒就成为对抗虚伪礼法的一种手段。

再如，男女的关系，在旧的礼教中防范甚严，其实这也是违背人的本性的。男女之间，既有夫妻之关系，亦有情爱关系，还有其他的亲情、友情或者什么也没有的男女相处的关系。所以，在魏晋名士那里，突破礼教的男女大防，也是常有的事。其中阮籍的故事就有很多。《世说新语·任诞》："阮籍嫂尝还家，籍见与别。或讥之，籍曰：'礼岂为我辈设也！'"

魏晋名士不重礼法，却重真性情，因此罗宗强先生说这一时期是重情的时代。魏晋名士也多是情种，《三国志·魏书·荀彧传》注引何劭《荀粲传》：粲取曹洪女，天姿国色，感情甚笃，"妇病亡，未殡。傅嘏往唁粲，粲不哭而神伤，……痛悼不能已，岁余亦亡，时年二十九"。《世说新语·伤逝》："王戎丧儿万子，山简往省之，王悲不自胜。简曰：'孩抱中物，何至于此？'王曰：'圣人忘情，最下不及情，情之所钟，正在我辈。'"王戎正说出了魏晋人对于情的态度。所以玄学讨论的话题之一就是圣人有情无情之辩。《三国志·魏书·钟会传》注引何劭《王弼传》："何晏以为圣人无喜怒哀乐，其论甚精，钟会等述之。弼与不同，以为圣人茂于人者神明也，同于人者五情也。神明茂，故能体冲和以通无；五情同，故不能无哀乐以应物。然则圣人之情，应物而无累于物者也。今以其无累，便谓不复应物，失之多矣。"可见这一时期大家关心的是人之情存在的合理性以及如何应对的问题。玄学家为什么这样重视情的理论探讨，主要是这一时期的士人太多情了。

髑髅之乐

死生亦大矣，无论中外，自古以来生死都是终极的问题。生面临诸多困扰，是极难解决的问题；无论贤愚都终归一死，更是人难以释怀的死结。所以人类对生既充满渴望，又满怀困惑；对死则充满恐惧和诅咒。然而，中国古代却有例外，竟然有颂赞死亡之文，自《庄子》到张衡，再到曹植，都写有髑髅颂来歌唱死亡，这在世界文学中实为罕见。

写髑髅之乐，首自《庄子·至乐》。庄子去楚国，路见髑髅现形，于是用马杖敲了敲，问道："夫子贪生失理，而为此乎？将子有亡国之事，斧钺之诛，而为此乎？将子有不善之行，愧遗父母妻子之丑，而为此乎？将子有冻馁之患，而为此乎？将子之春秋故及此乎？"问罢髑髅死亡的原因，拿起髑髅，枕着睡去。夜半，髑髅出现于庄子梦中，说："子之谈者似辩士。视子之言，皆生人之累也，死则无此矣。子欲闻死之说乎？"庄子说："然。"髑髅曰："死，无君于上，无臣于下；亦无四时之事，从然以天地为春秋，虽南面王乐，不能过也。"庄子不信，曰："吾使司命复生子形，为子骨肉肌肤，反子父母妻子闾里知识，子欲之乎？"髑髅听罢，皱起眉头说："吾安能弃南面王乐而复为人间之劳乎！"（郭庆藩《庄子集释》）你瞧，它竟然把死后之乐比作南面称王的快乐。此篇无论其所表现思想之怪诞，还是对髑髅描写之生动，皆可称为奇文。

庄子之后，张衡又把髑髅的故事演绎为赋，不过这一次，路游而见髑髅者是张衡，髑髅就是庄子："张平子将游目于九野，观化乎八方。星回日运，风举龙骧。南游赤野，北陟幽乡。西经昧谷，东极扶桑。于是季秋之辰，微风起凉。聊回轩驾，左翔右昂。步马于畴阜，逍遥乎陵冈。顾见髑髅，委于路旁。下居淤壤，上有玄霜。平子怅然而问之曰：'子将并粮推命，以天逝乎？本丧此土，流迁来乎？为是上智，为是下愚？为是女人，为是丈夫？'于是肃然有灵，但闻神响，不见其形。答曰：'吾宋人也，姓庄名周。游心方外，不能自修。寿命终极，来此玄丘。公子何以问之？'对曰：'我欲告之于五岳，祷之于神祇。起子素骨，反子四肢。取耳北坎，求目南离；使东震献足，西坤受腹。五内皆还，六神尽复。子欲之不乎？'髑髅曰：'公子之言殊难也。死为休息，生为役劳。冬水之凝，何如春冰之消？荣位在身，不亦轻于尘毛？巢、许所耻，伯成所逃。况我已化，与道逍遥。离朱不能见，子野不能听。尧舜不能赏，桀纣不能刑。虎豹不能害，剑戟不能伤。与阴阳同其流，元气合其朴，造化为父母，天地为床褥。雷电为鼓扇，日月为灯烛，云汉为川池，星宿为珠玉。合体自然，无情无欲。澄之不清，浑之不浊。不行而至，不疾而速。'于是言卒响绝，神光除灭。顾盼轸恤，乃命仆夫，假之以缟巾，衾之以玄尘，为之伤涕，酹于路滨。"（陈元龙辑《历代赋汇》，北京图书馆出版社1999年版）张衡的《髑髅赋》显然是从《庄子·至乐》中化出，却借庄子的头骨阐释了庄子"死为休息，生为役劳"的生死观。

曹植显然极为赞同庄子和张衡对待死亡的态度，创为《髑髅说》，对人之死做出似是荒诞实则充满理性的审视："曹子游乎陂塘之滨,步乎蓁秽之薮。萧条潜虚,经幽践阻。顾见髑髅,块然独居。于是伏轼而问之曰:'子将结缨首剑殉国君乎?将被坚执锐毙三军乎?将婴兹固疾命殒倾乎?将寿终数极归幽冥乎?叩遗骸而叹息,哀白骨之无灵。慕严周之适楚,倘托梦以通情。'于是砰若有来,恍若有存。景见容隐,厉声而言曰:'子何国之君子乎?既枉舆驾,愍其枯朽。不惜咳唾之音,而慰以若言,子则辩于辞矣,然未达幽冥之情,识死生之说也。夫死之为言归也。归也者,归于道也。道也者,身以无形为主,故能与化推移。阴阳不能更,四节不能亏,是故洞于纤微之域,通于恍惚之庭。望之不见其象,听之不闻其声。抱之不充,注之不盈。吹之不凋,嘘之不荣。激之不流,凝之不停。寥落冥漠,与道相拘。偃然长寝,乐莫是逾。'曹子曰:'予将请之上帝,求诸神灵,使司命辍籍,反子骸形。'于是髑髅长呻,廓然叹曰:'甚矣,何子之难语也!昔太素氏不仁,无故劳我以形,苦我以生。今也幸变而之死,是反吾真也。何子之好劳,而我之好逸乎!子则行矣,予将归于太虚。'于是言卒响绝,神光雾除。顾将旋轸,乃命仆夫:拂以玄尘,覆以缟巾。爰将藏彼路滨,覆以丹土,翳以缘榛。夫存亡之异势,乃宣尼之所陈。何神凭之虚对,云死生之必均。"

(《曹植集校注》,中华书局 2016 年版)

关于这三篇文章所表达的思想,一般认为是乐死恶生。马积高《赋史》即认为张衡赋,"对死亡发出了赞叹,表现了严重的悲观厌世思想"(上海古籍出版社 1987 年版)。其实,庄子、张衡和曹植写髑髅的目的,是为了消除死亡给生人造成的恐惧与痛苦。此处所表达的向死而乐的思想,同基督教天堂、佛教来世以及道教仙境的作用一样，都是为了人能够平静地面向死亡，不再把死亡视为人的最大痛苦。郭象《庄子》注是深得庄了深意的："旧说庄子乐死恶生，斯说谬矣！若然，何谓齐乎？所谓齐者，生时安生，死时安死，生死之情既齐，则无为当生而忧死耳。此庄子之旨也。"（《庄子集释·至乐》）庄子主张齐生死，就是要化解人忧死的情结。而张衡之赋，关键在称死为"化"。何为"化"？"化"即"合体自然"，"与阴阳同其流，与元气合其朴"，就是回归自然。如此方无影无形，无情无欲，才能不受生之役劳，即庄子所说的生之"累"，做到"与道逍遥"。张衡赋所演绎的仍是庄子齐生死以逍遥之意。如此看来，曹植的髑髅说是直接承张衡以死为化、与道逍遥的思想而来，所以他把死视为归于道，并以此来阐释幽冥之情、死生之说。道之本性是无形，是虚廓，人死亦然。正由于无形，所以它才能与化推移，不为外所损益，"劳我以形，苦我以生"，自然也不受外物之影响，这样就从根本上解除了死给人带来的痛苦，这是此一时期士人不得不直面死亡这一残酷现实而寻找到的解脱之道。

阮籍的反游仙诗

讨论魏晋的游仙诗，常常把嵇康与阮籍并称，然深论之实不然。阮籍的《咏怀诗》多有羡仙诗句，如其四："朝为媚少年，夕暮成丑老。自非王子晋，谁能常美好？"（陈伯君《阮籍集校注》，中华书局1987年版，下同）其十："焉见王子乔，乘云翔邓林。独有延年术，可以慰我心。"其十五："千秋万岁后，荣名安所之。乃悟羡门子，噭噭今自嗤。"其二十二："王子好箫管，世世相追寻。谁言不可见，青鸟明我心。"其三十二："愿登太华山，上与松子游。"其四十："安期步天路，松子与世违。焉得凌霄翼，飘飘登云湄。"其七十六："兹年在松乔，恍惚诚未央。"这些羡仙诗句都有其特定环境，是与短暂的人生、无凭之声色、虚幻的荣名、忧患的人生对照而写的。其四是用仙人王子晋的"常美好"，反衬世人的"春秋非有托，富贵焉常保"；其十是有感于轻薄之徒的耽于逸乐；其十五是为荣名而发；其二十二主题在"存亡从变化"；其三十二则因"人生若尘露"而生逃离"世患"之思；其四十哀人命之微，飘然而逝，与其追求荣宠，不如得到"修龄"；其七十六从"纶深鱼渊潜，矰设鸟高翔"，可知追随松乔，不过是全身远害的表现而已。可以说，以上诸作的主旨不在游仙。

阮籍对神仙之事是半信半疑的，如鲁迅所说："他诗里也说神仙，但他其实是不相信的。"（《魏晋风度及文章与药及酒之关系》）因此他写了数首怀疑求仙的诗。《咏怀诗》其四十一表达了他既想游仙又感到神仙之说不可信的矛盾:"天网弥四野,六翮掩不舒。随波纷纶客,泛泛若浮凫。生命无期度,朝夕有不虞。列仙停修龄,养志在冲虚。飘飘云日间,邈与世路殊。荣名非己宝,声色焉足娱。采药无旋返,神仙志不符。逼此良可惑,令我久踌躇。"此诗明确表现出阮籍求仙的原因,是因为黑暗的政治环境如同张开的罗网,生命不可把握,随时都有意料不到的灾祸,所以羡慕仙人逍遥浮世的生活。但是"采药无旋返,神仙志不符",神仙之说不足凭信,使其陷于困惑犹豫之中,故所谓从松乔之游云云,不过是言自己要摒落世物以遂超遥浮世之想罢了。类似的诗还有《咏怀》其五十五:"人言愿延年,延年欲焉之。黄鹄呼子安,千秋未可期。独坐山嵓中,恻怆怀所思。王子一何好,猗靡相携持。悦怿犹今辰,计校在一时。置此明朝事,日夕将见欺。"此诗旧注多附会为隐喻高贵乡公密谋讨昭事,黄侃则如此释之:"神仙之事,千载难期,纵复延年,终难自保。晨期相悦,夕便被欺,方知预计明朝,犹为图远而忽近也。"黄侃之说得其旨焉。第七十八"昔有神仙士,乃处射山阿。乘云御飞龙,嘘噏叽琼华",然而却"可闻不可见""忽忽将如何",亦言神仙之事可闻不可见。《咏怀诗》其六十五更值得注意:"王子十五年,游衍伊洛滨。朱颜茂春华,辩慧怀清真。焉见浮丘公,举手谢时人。轻荡易恍惚,飘飘弃其身。飞飞鸣且翔,挥翼且酸辛。"此诗完全演绎《列仙传》周灵王太子晋被浮丘公接上嵩高山以成仙故事。陈祚明一眼即看出此诗之问题:"子晋得仙,何为有弃身之叹?千载而上,曷用伤之?"黄侃回答了这个疑问:"神仙竟无可信。子晋缑岭之游,人传仙去,然飘飖恍惚，竟与死去何殊！观于此诗，而阮公忧生之情，大可见矣。"虽然演绎王子晋的成仙故事，却又对其人是否成仙、成仙与死亡何别提出疑问，所以此诗应该是反游仙诗。

阮籍真正的游仙诗，只有《咏怀》其八十一这一首："昔有神仙者，羡门及松乔。噏息九阳间，升遐叽云霄。人生乐长久，百年自言辽。白日陨隅谷，一夕不再朝。岂若遗世物，登明遂飘飖。"因人生不得长久，故要放弃世间的一切，学神仙飘摇于世外。阮籍的游仙并非只是为了生命永续，亦有逃离世间的纷争与祸患的意图，"岂若遗世物"，游仙由是变成了逃世。阮籍的《东平赋》揭示了他游仙的意图："将言归于美俗兮，请王子与俱游。漱玉液之滋怡兮，饮白水之清流。遂虚心而后已兮，又何怀乎患忧？"游仙是为了逃离现实，摆脱忧患，使心境虚空。其三十二："朝阳不再盛，白日忽西幽。去此若俯仰，如何似九秋？人生若尘露，天道邈悠悠，齐景升丘山，涕泗纷交流。孔圣临长川，惜逝忽若浮。去者余不及，来者吾不留。愿登太华山，上与松子游。渔父知世患，乘流泛轻舟。"诗的主要部分都在讲因为人生若朝露一般短暂，所以希望与仙人赤松子游。但是诗之末二句却又冒出"渔父知世患，乘流泛轻舟"句，把升仙与渔父避世搅在一起，可见阮籍的游仙诗，游仙是想象，写游仙是为了表现他逃避世患的情感。

向死而生的挽歌辞

汉末魏晋时期,刀兵不歇,战乱连年,加之瘟疫横行,生民涂炭,百姓大量死亡。汉桓帝时,全国人口是五千六百四十八万,到晋太康年间,人口锐减到约一千六百一十六万,不及汉桓帝时的三分之一。"白骨露于野,千里无鸡鸣",死亡的幽灵徘徊大地,家家皆有丧亲之哀,以至于此一时期,唱挽歌竟然成为士人时尚。挽歌是挽灵柩者所歌,内容是生命短浅,人生必死,战国时即有。《左传·哀公十一年》言鲁哀公会吴子伐齐,"将战,公孙夏命其徒歌《虞殡》"。杜预注:"《虞殡》,送葬歌曲,示必死。"孔颖达正义:"送葬得有歌者,盖挽引之人为歌声以助哀,今之挽歌是也。"(《春秋左传正义》,《十三经注疏》本,北京大学出版社 2000 年版)汉代仍有此殡葬风俗。但据李公焕注陶渊明诗引赵泉山的话,挽歌竟然成为魏晋士人中的流行歌曲:"晋桓伊善挽歌,庾晞亦喜为挽歌,每自摇大铃为唱,使左右齐和。袁山松遇出游,则好令左右作挽歌。类皆一时名流达士习尚如此,非如今之人,例以为悼亡之语,而恶言之也。"

习尚如此,魏晋士人留下诸多挽歌诗。其中以魏时缪袭的《挽歌》最早:"生时游国都,死没弃中野。朝发高堂上,暮宿黄泉下。白日入虞渊,悬车息驷马。造化虽神明,安能复存我?形容稍歇灭,齿发行当堕。自古皆有然,谁能离此者。"此诗正面描写死亡,可注意者,"形容稍歇灭,齿发行当堕",始写死后身体之变,成为此后挽歌的一大内容。

两晋的代表作家陆机,是魏晋南北朝士人中写挽歌最多的诗人。他的《挽歌》显然是从缪袭的《挽歌》而来,所写内容与传统挽歌的主调基本相合。考虑到挽歌为殡葬时挽灵柩之人所歌的原始含义,所以陆机诗中有"中闱且勿喧,听我薤露诗"句,模拟挽柩人口吻。而人逝后的殡葬之仪、亲友奔丧的场面占有很大的篇幅,仪式感颇浓。"帷裧旷遗影,栋宇与子辞。周亲咸奔凑,友朋自远来。翼翼飞轻轩,骎骎策素骐。按辔遵长薄,送子长夜台。"(《挽歌》其一)"贵贱礼有差,外相盛已集。魂衣何盈盈,旐旒何习习。父母拊棺号,兄弟扶筵泣。灵輀动鏐辖,龙首矫崔嵬。挽歌挟毂唱,嘈嘈一何悲。"(《庶人挽歌辞》)汉晋人"死乃崇丧",发丧受吊之仪颇隆重,丧主发丧,其亲属虽在外地者亦奔丧,宗族知友则来吊丧;又送丧,亲友随灵柩行至墓地,且以客多为尚。《汉书·楼护传》:"母死,送葬者致车二三千辆。"陆机的《大暮赋》也描写了人逝后被祭奠和埋葬的场面:"于是六亲云起,姻族如林。争涂掩泪,望门举音。敷幄席以悠想,陈备物而虞灵。仰廖廓而无见,俯寂寞而无声。殽馔馂其不毁,酒湛湛而每盈。屯送客于山足,伏埏道而哭之。扃幽户以大毕,溯玄阙而长辞。归无涂兮往不反,年弥去兮逝弥远。弥远兮日隔,无涂兮曷因。庭树兮叶落,墓草兮根陈。"此赋与其《挽歌》颇类,亦敷陈状写殡葬场面,但最后归结为人死后的寂寞。虽然人之初死,有六亲相送,友朋哀思,但是年岁越远,死者与人世的隔绝越远,所住庭院唯见落叶,坟地亦已荒草萋萋,逐渐也就被遗忘了,此中写出了甚深的寂灭感。

《挽歌》写得最有特点的是其三:"重阜何崔嵬,玄庐窜其间。磅礴立四极,穹隆放苍天。侧听阴沟涌,卧观天井悬。圹宵何寥廓,大暮安可晨。人往有返岁,我行无归年。昔居四民宅,今托万鬼邻。昔为七尺躯,今成灰与尘。金玉素所佩,鸿毛今不振。丰肌飨蝼蚁,妍姿永夷泯。寿堂延魑魅,虚无自相宾。蝼蚁尔何怨,魑魅我何亲。拊心痛荼毒,永叹莫为陈。"颜之推《颜氏家训·文章》云:"挽歌辞者,或云古者虞殡之歌,或云出自田横之客,皆为生者悼往告哀之意,陆平原多为死人自叹之言,诗格既无此例,又乖制作本意。"恰恰说出了陆机挽歌不同于他人之处。此诗与其说是为他人所写的挽歌,毋宁看作是作者所拟的自挽辞。陆机发挥想象,描写了人死后居于墓穴的状况及其感受。尤其是把人生前死后作了生动的比较:生前居于民宅,死后与鬼为邻;生前凛凛七尺之躯,死后化为灰尘;生前佩金戴玉,死后鸿毛难举。肌肉被蝼蚁所食,美颜亦化为乌有。更令人不堪的是,虽然心中充满痛苦,却无法诉说。陆机不再泛泛写尸身之腐败,而是具体写其为蝼蚁所食。此自然有其现实基础。应劭《风俗通义》记载:"自灵帝崩后,京师坏灭,户有兼尸,虫而相食,《魁儡》挽歌,斯之效乎?"陆机逢来晋伐吴的战争及八王之乱,惯见死亡,尸身亦当曾经亲见,故有此详细描写。陆机《叹逝赋序》言之甚明,所以他不得不面对死亡的严酷现实。从另一个侧面看,魏晋文人敢于直面死亡,不仅敢于直视,而且以近乎冷酷的笔法描写死后之境况,其真实的心理就是"向死而生",要表明生命的意义在于它丰肌美颜的活生生肉体的存在,在于它可以思想、可以感知的精神存在,在于它披金戴银、与众人为邻的物质存在。生命是人的唯一,应该珍爱。就此,李泽厚的论断是对的:"在表面看来似乎是如此颓废、悲观、消极的感叹中,深藏着的恰恰是它的反面,是对人生、生命、命运、生活的强烈欲求和留恋。"(《美的历程》)陆机的《挽歌》在晋宋时期颇有影响,形成了生命主题中一个颇有特色的内容。

陆机在其身后的宋齐梁时期,文学史的地位极高,被誉为"太康之英"。沈约云:"降及元康,潘、陆特秀。"钟嵘《诗品》列陆机为上品,称其"才高词赡,举体华美",是"文章之渊泉",即文章典范。萧统编《文选》,陆机入选作品最多。以上皆可见其文坛地位之高。这样的评价自然与齐梁尚辞藻华美的文风有一定关系,但也证明陆机的作品"辞致侧密,事语坚明,意匠有序,遗言无失",有着很高的文学价值。以上所欣赏的陆机的挽歌辞,可以说明这一点。当代的文学史对其评价不高,不可排除是受了用形式主义来衡量作家作品的左右,其实有失于客观公允。

怎样读《文心雕龙》

《文心雕龙》是中国古代文论的代表作。它考察先秦至齐梁各体文章的写作，总结为理论，系统论述了文章的本质、起源，文体和创作，发展与流变等问题，影响深远。如鲁迅所评价："东则有刘彦和之《文心》，西则有亚里斯多德之《诗学》，解析神质，包举洪纤，开源发流，为世楷式。"今人对待《文心雕龙》，多把其视为文学理论著作，但严格说来，此书论述的范围大于文学，是包括文学在内的所有文章。既有诗赋这样的文学作品，亦有章表奏启等公文和应用文。中国古代文学，在齐梁时期虽有试图区分审美文体与应用文体的努力，但从始至终，审美文体与应用文体未能实现真正的分流。

读《文心雕龙》，自然首先从文本入手。之所以强调读文本，是《文心雕龙》文本的特殊性所决定的。《文心雕龙》既不同于文学理论，也不同于中国古代一般的诗文评，刘勰是用当时盛行的骈文写作了《文心雕龙》。作为一种文言文体，骈文讲究工整的四六对和用典，因此对这种文体，历代多有批评。批评的主要指向就是华丽的形式妨碍了内容的准确表达。而《文心雕龙》讨论的则是文学理论的问题，理论作为对知识的理解和论述，更需要逻辑严明，语言准确。骈文这种形式，自然给准确表达理论造成困难，也给阅读者的理解带来很大麻烦。因此，今人读《文心雕龙》必须借助前人对此书的注解。可参考者，有范文澜《文心雕龙注》、杨明照《文心雕龙校注》、詹锳《文心雕龙义证》。

读《文心雕龙》，要遵循古人知人论世的方法，了解作者刘勰的思想。刘勰，《梁书》和《南史》有传。他自幼贫寒，二十岁进南京附近的定林寺，投靠著名佛学家僧祐读书。到了梁朝，刘勰才步入仕途，曾任东宫通事舍人等职。后奉梁武帝萧衍之命，回到定林寺整理寺中所藏经卷，后申请出家，不一年而卒。刘勰撰写《文心雕龙》在其而立之年梦见手持丹漆礼器随孔子南行以后，其起因来自梦见孔子的启示。写成后，扮成小贩，负书于道旁等候时为齐重臣并文坛领袖的沈约，以此自荐，受到沈约的欣赏。刘勰一生的思想出入儒释两家，而在撰写《文心雕龙》时，受儒家思想的影响正深。他写书是为了学习孔子，弘扬文道。如此，我们才能理解，此书前五篇的"文之枢纽"部分，为何集中阐述宗经的主张，把"六经"视为文学之源和文学的典范。当然，刘勰一生多在寺庙中生活，而且阅读整理佛教典籍，耳濡目染，自然也影响到他的思维，尤其是佛教的因明学，直接影响到他建构《文心雕龙》庞大体系的逻辑思维。

读《文心雕龙》，可先读书的最后一篇《序志》。作为全书的序言，这是一篇了解《文心雕龙》写作动机和全书理论结构的关键文章。《序志》篇批评了齐梁文风："而去圣久远，文体解散，辞人爱奇，言贵浮诡，饰羽尚画，文绣鞶帨，离本弥甚，将遂讹滥。"认为近代的文风，不尊文体，追求奇诡，徒尚文饰。同时，还对此前的文论给予了评价，认为此前的文论"各照隅隙，鲜观衢路"，未能"振叶寻根，观澜索源"。所以读《文心雕龙》，不仅要把脉刘勰的思想，还要了解齐梁时期文学的状况以及此前文论的发展情况。

文至齐梁，各体文章都已比较成熟。偏重文辞的诗赋自不待言，五言诗由古体开始向近体转型，七言诗亦得到长足发展。而辞赋则由汉赋的铺采摛文，发展为六朝的抒情体物小赋。即使是章表奏议等应用文体，不仅文体越加全备，对文体的认识越来越自觉，而且越来越重视文章的修辞之美。自先秦至齐梁，文学的走势，从总体看是由质朴趋向华丽，以至于连对当代文风持批评态度的刘勰，都用骈文写作讨论文章的著作。

随着对文学的重视，魏晋南北朝涌现出大量总集、别集，尤其是《文选》，影响深远。文论也空前发达。魏之曹丕的《典论·论文》着眼从文气与文体，即主体和客体两个方面评论建安文人，提出"文以气为主，气之清浊有体，不可力强而致"的命题。晋之陆机的《文赋》则是首篇探讨文章构思与写作中"文""意""物"关系的理论著作。西晋和东晋，还有两部都已经失传的文论著作：挚虞的《文章流别论》和李充的《翰林论》，从其残存的佚文看，都是围绕文体评论作家作品的著作。齐梁时期的文论，越发重视文章之美的探讨，其主题大致可分两类，一类是关于"文笔"的划分，刘宋文人颜延之分文章为言、笔、文，经书是"言"，传记为"笔"，有文采且押韵的文章称"文"。而范晔则以无韵为"文"，有韵为"笔"。另一类是声律论的建立。声韵是汉语的自然属性，自有汉语言文字以来，就被广泛应用于诗文，但是对声韵的声律集中探讨，则在齐梁时期的王融、谢朓、沈约等人，主要成果就是沈约提出的"四声八病"说。刘勰虽然批评了此前的文论，但其《文心雕龙》却广泛吸收了这些文论的成果，所以才成就了这部集齐梁前文论之大成的著作。

中国传统的诗文评,多无体系,似《文心雕龙》这样体大思精、体系完整的著作十分罕见。因此读《文心雕龙》,必须掌握其结构完整、逻辑严明的理论体系,并在此基础上阅读重点篇章。

《文心雕龙》共五十篇,分上、下两编。此书的前五篇《原道》《征圣》《宗经》《正纬》和《辨骚》,为全书的"文之枢纽",即总纲。在总纲中,《原道》是核心,文本原于道,主要论述了两个问题:其一,"心生而言立,言立而文明,自然之道也","文"与人类共生的必然性与合理性。其二,"道沿圣而垂文,圣因文而明道",文原于道而又明道的重要性。这就为文章存在于人类社会生活中,找到了其终极依据。以此讨论文章,才算明确了人文的本然;以"原道"冠于《文心雕龙》之首,也为此书奠定了根本的写作原则。以下四篇所阐述的一个基本思想,就是确立经书在文章写作中的经典地位。儒家的"六经",既是各体文章的源头,也是文章写作的典范。因此,文章写作要效法经书,同时参酌以纬书和楚辞的奇丽,既"取融经意","亦自铸伟辞",做到"酌奇不失其贞,玩华而不坠其实"。文章追求新奇而不失其正,文辞华美而内容充实。文章学习经书,刘勰并不主张亦步亦趋,而是通中有变,既尊其体、坚持其刚健文风,同时文辞亦应应时创造变化。

《文心雕龙》从第五篇《明诗》到第二十五篇《书记》,是"论文叙笔",即文体论。不同的文体,按照有韵到无韵顺序排列,以"原始以表末,释名以章义,选文以定篇,敷理以举统"四大内容，分别论述了文体的起源与流变、文体的功能与意义、文体的代表作家作品、文体的基本规格要求，涉及文体达三十三种之多，基本可以作为唐前分体文学史来读。读《文心雕龙》，往往忽略文体论。即使是研究者，也多集中在下编的创作论。其实，文体论作为此书的有机组成部分，十分重要。这不仅因为古代有很强的重体观念，文体是文章的基础；而且就本书而言，文体论与创作论实则是互为表里的关系：文体论是创作论生成的基础，创作论是文体论的抽象与升华。刘勰批评六朝文风，也多在"文体讹滥"，因此读《文心雕龙》切不可跳过这一部分。

书之下二十五篇，是刘勰所说的"割情析采"部分，大抵可归为文术的范畴，即创作论。按照刘勰的篇章排列，参照詹锳先生《刘勰与〈文心雕龙〉》一书的梳理，《神思》《体性》《风骨》《通变》《定势》《情采》《熔裁》属于创作论，《声律》《章句》《丽辞》《比兴》《夸饰》《事类》《练字》《隐秀》《指瑕》属于修辞学，《养气》《附会》《总术》《时序》《物色》《才略》《知音》《程器》大抵归于文人修养。

今人研究《文心雕龙》，多从文学理论出发发掘其价值，讲的最集中的是《神思》《体性》《风骨》《通变》《情采》《时序》《物色》等篇。而这些篇又确实是《文心雕龙》中最有理论价值的部分。

文章写作，首在运思，故《文心雕龙》下篇的第一篇就是《神思》，重点论述文章构思中思维与外物的互为作用关系。"思理为妙，神与物游"，其关键是打通作者思维，调动辞藻等表现手段,实现对象的充分表现。《文心雕龙》虽然广论文章写作,但此篇所论,"神思方运,万途竞萌。规矩虚位,刻镂无形。登山则情满于山,观海则意溢于海,我才之多少,将与风云并驱矣",显然说的是诗赋等文学作品的艺术思维,因为此处所说的神思,要有情感,要联想,甚至虚构。因此读《神思》,还要参读同样涉及写作中作家主体与万物关系的《比兴》《物色》诸篇。

既然写作是写作主体与表现客体的关系,所以主客体都制约影响到文章的水平和风格,"是以笔区云谲,文苑波诡者矣"。《体性》篇专题探讨作家的才、气、学、习对文章风格形成的影响。这也是中国古代首篇研究作家主体与风格关系的文章,具有重要的理论意义。

刘勰主张文章尊"体",反对文体讹滥。"体"既是体裁,亦指体制、体统,其重要方面之一,就是文章写作中要处理好的内容与形式关系。故《文心雕龙》设《情采》篇专门论述此一问题。情,即情感内容;采,即辞藻文采。刘勰强调二者是互为依存的关系:"故情者文之经,辞者理之纬;经正而后纬成,理定而后辞畅,此立文之本源也。"刘勰把古今文章概括为两种写作取向,一是《诗经》作者的"为情而造文",一是近人的"为文而造情",并且批评了后者的"采滥忽真""繁采寡情"。文意与文辞涉及文风,针对六朝讹滥文风,刘勰提出了理想的文风:"风骨"。学界关于"风骨"争论很大,我认为重要的是把握住《文心雕龙》的主要论述:"结言端直,则文骨成焉;意气俊爽,则文风清焉","练于骨者,析辞必精;深乎风者,述情必显"。即文意鲜明,文辞凝练。

如本文开篇所言,《文心雕龙》涉及文之方方面面,此短文所举不过是其荦荦大端而已。

文章学的"神思"论

神思，集中讲文章的构思活动。刘勰之前，已经有人使用"神思"一词，如曹植《宝刀赋》："规圆景以定环，摅神思而造像。"此"神思"虽为造型前的意象，但非专指文章写作中的文思活动。将神思概念引入文章写作，并且专章讨论，《文心雕龙》是首次。稍晚于刘勰的萧子显在《南齐书·文学传论》中明确说，"属文之道，事出神思"，可见已经被广泛接受。刘勰列"神思"为《文心雕龙》下篇之首，主要认为它是"驭文之首术，谋篇之大端"，文章构思既是撰文之始，也是文章成败的关键。

《文心雕龙》为文章之学，研究的范围不限于文学，故《神思》篇涉及的文体，既有诗、赋等文学文体，亦有书、奏等公文，甚至包括了《论衡》这样的子书。不过，此篇立论的基础，即考察的主要对象，显然是诗赋等文学作品，由此可称"神思"为文学创作中的艺术构思。

作为专篇谈艺术构思的理论文章，此文的贡献有二。

首先，在中国古代第一次鲜明地概括出文章构思时思维活动的几个特征：

第一，思维超越时空的特征。构思时，人的思维是极为自由的，陆机《文赋》状之以"精骛八极，心游万仞"，刘勰则以"思接千载""视通万里"描绘其情形。这既是在描写文章构思时的思维特征，也是在说明作家所应具有的能力，有这种能力，才会获得思维的自由。在实际写作中，人思维的自由，要受到各方面的限制，其中最重要的是"志气"和"辞令"，即心志和语言。刘勰说："神居胸臆，而志气统其关键；物沿耳目，而辞令管其枢机"，心志是人精神的主导，语言是文章构思的枢纽。心志澄明，思维自然通畅；语言表达是否恰切，也直接影响到思维的顺畅与否。思维与语言是一对矛盾，思维的特点是想象自由，而语言则受词汇、语法的制约，不可能完全表达思维之物，因此才产生"暨乎篇成，半折心始"的尴尬。因此，保持思维的自由通畅，是神思的第一关键。

第二，精神附会于物的特征。刘勰论神思，依据的作品主要是诗赋。他从诗赋的创造规律，总结出文章构思时思维活动紧紧附会物象的特征："思理为妙，神与物游。"此话有两个含义：外物激发了艺术想象，即赞中所说："神用象通，情变所孕。"艺术想象以完美表现物象为极致，即赞曰："物以貌求，心以理应。"正因为如此，艺术构思的思维活动，又是直感的活动，"吟咏之间，吐纳珠玉之声，眉睫之前，卷舒风云之色"，即形象的捕捉、重塑与表现的活动，"写气图貌"与"属采附声"，都离不开形象。所以，神思的另一个关键，是构思的意象，如何符合作者的意图，使"物无隐貌"。

第三，情感参与与浸透的特征。"登山则情满于山，观海则意溢于海"，显然是从登高而赋总结出来的构思特点。情感生发了艺术想象，而艺术想象又伴随着情感，情感既是作品表现的内容，又是作品表现的手段。

其次，为文思顺畅与否把脉，揭示出文章构思思维畅通的主要问题和解决途径。文章构思的核心问题是思、意、言的关系，构思的目的是表达作者的思想情感，语言则用以表达构思之意。思维障碍与滞涩的主要表现就是言不达意，意不达心。解决思维滞涩与障碍的办法有几点：保持精神虚静、掌握写作要术和积累学识、斟酌事理、加强阅历及训练语言。意不达心，显然与作者的学识、阅历和判断力密切相关，而言不达意，则关乎写作要领和语言表达能力，其间的逻辑关系，刘勰把握很准。刘勰认为，作者的文章构思，有迟速之分，这固然与作者个人的才情和所使用的文体有关，但无论才情迟速和文体大小，文章要写得丰富而又中心一贯，都离不开作者的学识阅历和他所掌握的写作要术。

当然，以上所谈，都是构思中思维的一般特征和保持思维畅通的一般方法。刘勰认为文章写作，有其更为微妙之处，如"思表纤旨，文外曲致"，并非语言所能表达，也非一般理论所能说清的，需要作家达到更精微的境界，才能领会。

"风骨"的理论内涵

"风骨"一词,六朝已经流行,主要用于描写人物。《世说新语·赏誉》刘孝标注引《晋安帝纪》:"羲之风骨清举也。"《宋书·武帝纪》:"风骨奇特。"王韶之和沈约以"风骨"标举人物,这与魏晋南北朝盛行人物品评有关。但也正因为如此,"风骨"的内涵并不清晰,是带有明显的印象式描绘风格的语词,而且很少见到用于诗赋评论。刘勰使用"风骨"讨论文章,其功不仅在于把品评人物和绘画的语词,转移到诗文理论上来,更在于他使这样一个印象式的语词,变成了内涵清晰而又丰富的理论概念,并以此建构了系统而又独特的风骨理论,最具中国传统批评的特色。

在《风骨》篇,刘勰赋予"风"和"骨"以明确的理论内涵。

"风"对应的是"述情",即情感表现。什么样的情感表现才形成"风"?就情本身而言,文章所表现的情感要"意气骏爽",它不应是低沉阴郁的,而是昂扬清朗的,这是其情感基调。而就情感表现来说,首先,有"风"的文章"述情必显",一定是表达鲜明的,意气骏爽不仅是指所要表达的情感的基调,同时亦指情感表现的明快;其次是思维周密,富有条理,具有逻辑的力量;再次,是文章要才气充沛,生气勃勃,极富感染力;最后是音韵流畅,因为这也直接关系到情感表现是否具有感化读者的力量。刘勰讨论问题,多有例证,所及作品,除了作为典范的经书,主体是汉魏以来的文章,"割情析采"部分所引文章集中在诗赋,而且多具有代表性。但此篇所举二例却颇遭诟病。不过,刘勰称司马相如的《大人赋》风力遒劲,显然是强调作品对读者的感染力。汉武帝读《大人赋》,"飘飘有凌云之气,似游天地之间意"。可证辞赋有了风力,对读者的影响有多大。就此可以看出,刘勰论"风",重在阐述情感表现,而非情感本身。

"骨"对应的是"铺辞",即辞藻的运用。如何使文章备"骨"?"结言端直"是其一。这里既涉及措辞要使用正确的语言问题,同时也关系到使用语言的态度必须端正。六朝文风之中,有一种现象引起刘勰的高度关注,即追求使用奇字,认为奇字怪字可以起到出其不意的效果。刘勰认为,出奇不是不可以,但必须能够准确表现情感变化,非此就是写作时使用语言的态度有了偏差,不是为文的常态。对此,刘勰批评说:"岂空结奇字,纰缪而成经矣。"练"骨"其二,是"析辞必精",选择文辞要精当,这就需要反复推敲锤炼,使文字坚实到一字不移。文字的精准,自然是针对文义的表达而言的。刘勰用以描述"骨"的特征,就是"刚健"。刚健就是文辞表达思想情感简练有力,没有游离的多余的辞藻,即所谓的"丰藻""肥辞","若瘠义肥辞,繁杂失统,则无骨之征也"。文义贫乏,徒然堆砌辞藻增饰,那就使文章变成了拖着肥肉、举翅无力的野鸡。刘勰赞许潘勖《策魏公九锡文》,也是因为此文在文字上取法经书,呈现出文字"昭灼"的特点。

刘勰创造的"风骨"概念,究竟是何性质,学界分歧很大,有代表性的意见可归纳为"理想的艺术风格"和"美学要求"。二者皆接近这一概念的内涵,但似乎失之过泛。具体而言,"风骨"论述的核心是文章的艺术表现问题。所以,刘勰把创造"风骨"定性为"文术"和"文用"。刘勰借"风骨"所确立的为文"正式",就是鲜明而又刚健的艺术表现力量,有了这一表现力量,文章会传播得更广,影响力更大,刘勰形象地把其比喻为"征鸟之使翼"、鹰隼之"翰飞戾天"。

《文心雕龙》设立的话题,既来自文学史现象,也生发自现实中文章写作的具体实践。"风骨"这一概念的提出亦然,它的出现并非偶然。齐梁整体文风是追求新奇,文章盛藻饰,文体讹滥。在文士,追逐这种文风,无非是为了提高文章的表现力,这恐怕是比较普遍的认识。刘勰拈出"风骨"这一概念就是表明,文章的表现力量,产生于情感的鲜明表达和文辞的精准确实。花样翻新、辞藻泛滥,非但不能增加文章的艺术表现力,反而会淹没文意、买椟还珠,损害文章的表现力,丧失其感染力量。正是出自这种考虑,《风骨》篇用了很大篇幅讨论"风骨"与文采藻饰的关系:"若风骨乏采,则鸷集翰林;采乏风骨,则雉窜文囿。唯藻耀而高翔,固文笔之鸣凤也。"文章有风骨而缺藻饰,固然还有强大的表现力,如鹰隼之高翔,但是色彩不鲜艳;而文章虽有文采却缺乏风骨,则似野鸡在地上乱窜,基本没有什么表现力。由此可见,比较风骨与藻饰,风骨对于艺术表现发挥着决定性的作用。当然,文章具备了风骨,再加以文饰,那就会更增加其艺术表现力,就应该是文苑的鸣凤,属于文章精品了。

文变则通,通则久

"通变"所借用的概念,来自《周易·系辞上》:"参伍以变,错综其数。通其变,遂成天地之文。"又:"一阖一辟谓之变,往来不穷谓之通。"《系辞下》:"通其变,使民不倦;神而化之,使民宜之。易穷则变,变则通,通则久。"用通变论述文章的发展,始自《文心雕龙》。其后用通变言文章的可见萧绎《金楼子·立言》。

《周易》言通变,是讲不变则穷,只有变化才能通久,立足于变。刘勰设立《通变》篇,是立足通,还是强调变?此一问题,是学术界争论的焦点。细读此篇文字,可知刘勰不仅借用了《周易》通变的概念,同时也接受了《周易》"变则通,通则久"的观点,也就是说刘勰《通变》篇是立足于文章的长久的生命力来研究因承与创新关系的。

自保持文章长久的生命力的角度来看文学,"文律运周,日新其业","变则其久",唯有不断的创新,才会文运长久。所以刘勰不仅不反对新变,反而把新变视为文章发展的趋势。此篇梳理九代文章,对周代之前的文章从质朴到有文采的发展趋势是持肯定态度的。这一方面是因为其"序志述时,其揆一也",即文章未离开抒写情志和叙述时事的道路,另一方面就是因为不断的新变,才保持了文章的生命力,发展了文学。所以刘勰认为,创新必须果敢。而对于汉初辞赋的文字循环相因袭的现象,刘勰则提出了批评,认为枚乘、司马相如、马融、扬雄和张衡的辞赋,描写物貌五家如一,是极不可取的。因此刘勰总结出"参伍因革"的"通变之数",不断变化,在因承中创新,才是通变的路数。

当然,新变也是有范围、原则和方法的,而这也正是此篇重点论述的问题,刘勰的理论贡献也多出于此。

首先,刘勰为新变划定了范围:"文辞气力,通变则久。"文章的创新范围在文辞气力。文辞即文章的艺术表现,自然以出新出奇为文章的生命力,因此是著文最为活跃的部分。文章的气势和骨力,是文章修辞所呈现出的艺术表现力,而此艺术表现力,直接来自文士的气质个性。诚如《体性》篇所论,文士的气质个性是千人千面的,亦是著文之事中极为活跃的部分,"是以笔区云谲,文苑波诡者矣"。故刘勰称"文辞气力"为"无方之数",可以变化万千,使文章更加具有生命力。

其次,文章的新变必须是在因承的基础上进行,否则就会使创新变成了无本之木、无源之水。刘勰认为,文章之道,有应变可变的部分,也有比较稳定必须代代因承的部分,"凡诗、赋、书、记,名理相因,此有常之体也",文体的规格要求就是不可应时随意改变的部分。事实上考察文章发展的历史,文体也是发展变化的。旧的文体有的会失去其功能意义,新的文体也会随着社会的需要而出现。即使是一直沿用的文体,其规格要求也应根据时代变化而或多或少有调整。但是整体而言,相对于文辞,文体大体是相对稳定的,它是漫长的文章演进进程中逐渐形成的文体规则,它是历代文章"序志述时"即表情达意经验的总结,对文章的写作具有规制作用。正因为如此,刘勰提出"名理有常,体必资于故实",文体要凭借旧的成规。基于这样的认识，刘勰批评了楚汉以来尤其是当代"竞今疏古"的写作风气，指出其根本的问题就在于忽略了古人在文体上的写作经验，造成了"从质及讹，弥近弥淡"。不遵守传统的文体规格，片面追求文辞的翻新求奇，其结果是道路越走越窄，文气衰微。所以刘勰主张，文士要广泛阅读古今的作品，尤其应精读作为典范的经书，把握住文体的规格要点，"凭情以会通，负气以适变"，如此文士的写作之路才会走得更远。

为了使文章具有久远的生命力，刘勰提出了通变总的原则："参伍因革，通变之数也。"文章唯有不断变化，不断创新，方能发展。而创新是在因承中的创新，如此才符合通变的原则方法。在"赞"中，刘勰精炼地概括为"望今制奇，参古定法"。根据当今文坛的变化创作出新颖的作品，参酌古代文章的体制以确定写作的规则。而所谓的古代文章，主要指经书。"禀经以制式"是《宗经》篇的主要思想。在刘勰的观念中，经书既是各种文体的源头，也是文体写作的典范，文能宗经则"体约而不芜"，"参古定法"就是参照经书确定文章的规则。基于此，刘勰批评了近代"多略汉篇，师范宋集"的竞今疏古的文风，表面看也是向前人学习，但实际上未学到根本，文坛发展的空间变得更小，无益于文坛的创新。刘勰主张学习经典，所论主要在文章的体制，更深的层次是树立一种可使文章得到长远发展的文风："矫讹翻浅，还宗经诰。斯斟酌乎质文之间，而櫽括乎雅俗之际，可与言通变矣。"宗法经书是要文士学习到处理质文、雅俗关系的正确方法，这才是刘勰讲"通变"的真正目的。

文采自然说

在现代文学理论中,文学作品由内容与形式构成,因此二者是文学理论的基本范畴,当然也是核心范畴。就此而言,中西、古今文学理论是相通的,刘勰在构建其理论体系时,也把情与采作为其理论的核心范畴。因此诸多《文心雕龙》注本或研究文章,径直把情采翻译为内容与形式。不过《文心雕龙》考察的对象以诗文为主体,因此情和采涵盖的范围,同内容与形式有所不同;论述情与采的关系,其揭示的基本原则,与内容决定形式相近,但也有一定的差异。

此篇所说的"情",主要指情感,在具体表述中,刘勰多用"情性"二字,如"文质附乎性情","辩丽本于情性","吟咏情性,以讽其上"。有时也用"志",如"述志为本","言与志反"。无论是"情""情性"或"志",其内涵基本一致。但有时刘勰又用"理":"联辞结采,将欲明理","情者文之经,辞者理之纬","理定而后辞畅","理正而后摘藻"。一般而言,古人言理,多在意义层面,所以情采的"情",既指情感,亦指事理,即情感所显示的意义。就此来看,的确如周勋初《文心雕龙解析》所言,情的内涵只是内容的一部分,小于内容。而刘勰所说的"文",就更简单,讲的是文章的藻饰文采,涵盖的范围更小于形式。

《文心雕龙·情采》篇讨论文章中情感与文采的关系,有三个方面既特色鲜明又极富有创造性。

首先,创造了文采自然说。同《原道》篇研究"文"产生与存在的必然性一样，刘勰讨论文采，也用自然来解释文章之所以需要文采的必要性和必然性。他认为，圣贤的著述之所以命名为"文章"，就是因为它有文采。由此可见，文采虽然属于形式，却决定着文章的性质和属性。没有文采，就不会有文章，文章因为有文采才得以"立文"。文采为何如此重要和必要？这是因为人类抒写感情的需要，"五色杂而成黼黻，五音比而成韶夏，五情发而为辞章"，既然感情要抒发是人性之自然，那么组织文辞以修饰之，使其表达得明确充分，也是自然的。这个道理涉及人的心理问题，有些玄妙，刘勰因此称之为"神理之数"。刘勰把文采的必然性抽象为自然，提升到决定文章属性的高度，是中国文学史上一件极有意义的理论事件，是文学观念的一大进步。中国古代文学与欧洲文学有很大不同，欧洲文学以小说、戏剧等叙事性文学为主，因此以人物、事件为主的形象是文学的主要特征。而中国古代文学是以诗文等言志抒情文学为主，即六朝时期所说的"文笔"。志与情不似人物、事件那么生动具体，因此文学的审美性特征在相当大程度上决定于作品所描写的事象、物象，决定于语言文辞的表现，因此刘勰所创造的文采自然说，在一定程度上标志着这一时期文人追求文学独立的努力。

其次，文采自然说，不仅确立了文采在文章中的重要地位，同时也规定了文采"本于情性""附乎性情"，即从属于情性，为抒写情性而服务的属性。围绕这一问题，此篇重点论述了情感和文采的关系："情者文之经，辞者理之纬；经正而后纬成，理定而后辞畅：此立文之本源也。"在文章中情感是表现的对象，是文章的主体，文采次之。所以文章优劣，首先要看情感是否真实、深厚，此为一篇文章成功与否的关键。而文采存在的意义在于表现情感，衡量文采优劣的标准是其是否准确而又充分地表达了情感。关于情感与文采的关系，刘勰总结出两种类型。一种是《诗经》为情而造文的类型。诗人心中郁结着不得不发的情感，发而为诗。诗的文采是吟咏性情而自然形成的，故语言极为精炼，情感亦真实。另外一种类型是辞赋为文而造情的类型。作者本没有情感，却为了写文章而虚拟情感，结果造成文章的浮华艳丽。可见文章中文采是否得当，关键还是在于作品的情感，即内容。"繁采"原因在于"寡情"，"真宰弗存，翩其反矣"，情感真实，内容充实，文采就不会浮滥。刘勰论述情感与文采的关系，并非割裂孤立地讨论文采，而始终是从情感及其表现出发加以考察和论述，这是《文心雕龙》的高明之处。

最后，从文采自然的观点出发，刘勰还提出了文采的最高境界，或曰理想的文采，是"贲象穷白，贵乎反本"，最好的修饰是返回本色。而文章的本采是来自情感本身的魅力："夫铅黛所以饰容，而盼倩生于淑姿；文采所以饰言，而辩丽本于情性。"这样的观念，与孔子"辞达而已矣"的思想是相接的。文采不在多，而在适当。文采之美决定于情感，而不在辞采的自身。在六朝重文采辞藻的风气下，刘勰提出这样的情采理论，自有其纠正讹滥文风的意义。

文章之"势"

"势"这一词语，刘勰显然是借用自《孙子兵法》，同时也借鉴了崔瑗《草书势》、蔡邕《篆势》《隶势》等书法理论。此有詹锳《文心雕龙义证》、周勋初《文心雕龙解析》揭示之。《孙子兵法·计篇》："势者，因利以制权也。"《势篇》："激水之疾，至于漂石者，势也。"《虚实篇》："兵无常势，水无常形，能因敌变化而取胜者，谓之神。"直接影响了《定势》篇的理论。《孙子兵法》的"势"，是在特定的主客观条件下所形成的一种态势和趋向。"势"具有不确定性，因条件变化而变化。而刘勰把此词汇引进文论所建立的文势理论，主要讲的是什么性质的问题，学界颇有不同的解释。范文澜注"势"为标准，此来自黄侃《文心雕龙札记》以"势"为法度。刘永济《文心雕龙校释》解释为姿态。周振甫解释为风格、定势，就是"按照不同的内容来确定不同的体制和风格"。詹锳的解释与此近似，"指的是作品的风格趋向"。周勋初解释为文体的张力。这些解释，都为我们理解此篇理论打开了思路。

刘勰借用兵法理论的"势"，也借用了"势"的基本含义，他用"机发矢直，涧曲湍回"作比喻，说明"势"是在一定条件下形成的事物的趋势，用于文章即讲受特定条件影响而形成的文章趋向。而此趋向也有其特定的内涵，就是调配"宫商朱紫"，呈现出的文章风貌。就此而言，说其是姿势，说其是风格，皆近之。

对于影响文章之"势"的条件，刘勰设定为两个方面。其一是文体。不同的文体有不同的规格要求，使用不同的文体写作，自然会呈现出不同的文章体貌："章表奏议，则准的乎典雅；赋颂歌诗，则羽仪乎清丽；符檄书移，则楷式于明断；史论序注，则师范于核要；箴铭碑诔，则体制于弘深；连珠七辞，则从事于巧艳。""此循体而成势。"其二是文士的习得和写作习惯："模经为式者，自入典雅之懿；效骚命篇者，必归艳逸之华；综意浅切者，类乏酝藉；断辞辨约者，率乖繁缛。"这就是《体性》篇所讲的作家个性决定了文章风格。范文澜讲"此篇与《体性》篇参阅"，就是看到了这一点。文章体貌虽然是受以上两个条件影响自然而然形成的，但文士在写作中并非被动等待文势的出现，他不仅要遵循根据感情选择文体、再因循文体要求而形成文势的规律，还要总体把控写作中出现的不同风貌，化解矛盾，使其归于统一。

《文心雕龙》论文体风格，有文体论；论作家风格，有《体性》篇，既然如此，为何又创立《定势》篇？实则此篇沿《通变》篇而来，所关注的重点仍然是文变的问题，所以开篇即讲"夫情致异区，文变殊术，莫不因情立体，即体成势也"。文章新变，表现为文章的不同风貌，而这种变化走的是什么途径，因何而形成的？此篇就是要揭示在具体的写作中文章新变的规律："因情立体，即体成势"，根据情感兴致确立体制，因体制而形成文章的风貌。因循这条道路，就会自然形成不同的文章风貌，这是"执正以驭奇"，是新变的夷坦通衢。刘勰一再讲"乘利而为制""因利骋节"，都是在强调文章的新变是顺势而成的。相反，不是"因情立体，即体成势",不顾历史传统而形成的文章体制,只在文字上下功夫,"颠倒文句",那即是"逐奇而失正",失体而成怪,创新误入歧途,影响到发展。

声律的自觉

刘勰声律论的设立，实非偶然，与魏晋以后韵文文体的发展及声律的自觉密切相关。魏晋之前诗的声韵，主要依附于乐律，文论中谈到的宫商，是指比较音高的宫、商、角、徵、羽五音。诗的声律还停留在自然的状态，并未形成自觉意识。魏晋时期，五言古诗已经与乐府分离，成为独立的并且是诗人主要应用的诗体，作为非入乐的徒歌，诗律依附于乐律的现象失去了继续存在的基础，探寻诗歌文字的声韵之美也就势在必然。此一时期盛行的骈文，也提出了韵文文体的声律问题。而就在这一时期，汉语音韵学兴起，三国时魏人孙炎作《尔雅音义》用反切注音，"声有声类可归，韵有韵类可归"（黄侃述、黄焯编《文字声韵训诂笔记》），此后李登撰《声类》十卷，吕静撰《韵集》五卷。到了永明时期，佛经转读之风盛行，受梵文三声分别的启发，汉语音调发现了四声，刘宋末周颙著《四声切韵》行于时，王斌也著有《四声论》，为韵文声律的探讨打下基础。

关于诗文声律的探讨，最早传为曹植。梁代僧人慧皎《高僧传》十三《经师·论》中说："始有魏陈思王曹植深爱声律，属意经音，既通般遮之瑞响，又感渔山之神制，于是删治《瑞应本起》，以为学者之宗，传声则三千有余，在契则四十有二。"此说是否可信，已不可考。钟嵘《诗品序》即言："昔曹、刘殆文章之圣，陆、谢为体二之才，锐精研思，千百年中而不闻宫商之辨，四声之论。"可见与刘勰同时代的钟嵘认为曹植是不辨声律的。其后陆机《文赋》论文，明确提出"暨音声之迭代，若五色之相宣"，即主张调整声韵以使文章增色。但在诗文中自觉探讨声律则是在南齐永明时期。《南齐书·陆厥传》："汝南周颙善识声韵，约等文皆用宫商，以平、上、去、入为四声，以此制韵，不可增减，世呼为'永明体'。"钟嵘《诗品序》云："王元长创其首，谢朓、沈约扬其波。三贤或贵公子孙，幼有文辩，于是士流景慕，务为精密，襞积细微，专相陵架。"可知竟陵八友中的王融、谢朓和沈约都是讲声律的新体诗的实践者，而王融最早将之用于诗中。沈约的声律理论主要见于《宋书·谢灵运传论》："夫五色相宣，八音协畅，由乎玄黄律吕，各适物宜。欲使宫羽相变，低昂互节，若前有浮声，则后须切响。一简之内，音韵尽殊；两句之中，轻重悉异。妙达此旨，始可言文。"此段话具有声律论总纲性质，具体体现为"四声八病"说。沈约撰有《四声谱》，已失传。"八病"见于遍照金刚的《文镜秘府论》。对于新起的声律说，士林的反应不一。从钟嵘的论述看，追求声律已经成为新潮。但是也有不懂、不解或反对者。同列"竟陵八友"的萧衍就不辨四声，钟嵘也说自己"平上去入，仆病未能"。尤其是沈约的"四声八病"说，过于繁细，被后人批评为"酷裁八病，碎用四声"（皎然《诗式》）。

沈约于永明五年（487）春奉诏修撰《宋书》，次年二月完成纪传七十卷，随后续成诸志。刘勰撰写《文心雕龙》时应熟知沈约的声律理论及士林的不同反应，所以对以沈约为代表的声律理论从不同方面有所回应。

首先论证声律的自然合理性。"声含宫商，肇自血气"，人的声音里就含有自然音律，它是人的生理特征，这就为文章讲究声律，寻找到根据。从此篇看出，刘勰显然是声律理论的支持者。但是与就文章声律说声律者不同，他是从声律合于人的发音自然立论，这是刘勰理论的一贯做法，也是他的高明之处。由于刘勰所处的时期，正是从诗的声韵依附于音乐乐律向文字声律发展转变之际，所以，此篇不免仍从乐律本于人声入手，进而讨论诗文声律形成的自然合理。当然由于乐律已经十分成熟，靠乐器可以准确定音，而文字声律还处于探索阶段，语言声律不容易与内心情感相协调，所以刘勰也论述了调整文字声律的困难。

其次是讨论声律的基本规则。刘勰认为声律的基本规则是句中不同声调的搭配和句尾同韵相和，此篇用两句话予以高度概括："异音相从谓之和，同声相应谓之韵。"第一句话实际上就是沈约"若前有浮声，则后须切响"之意。刘勰应该接受了沈约的"四声"说，"声有飞沉"，"沉则响发而断，飞则声飚不还"，就是对四声声调特征的生动描述。而且他也熟知沈约设立的"八病"，"双声隔字而每舛，叠韵杂句而必睽"，显然与"旁纽""正纽"有联系。但是，刘勰并未完全复制沈约的声病理论，而是进一步强调了"押韵"这一传统的声律理论："同声相应谓之韵"，说明对沈约的声病说，刘勰不是完全赞同的。

从此篇的文字分析，刘勰所提倡的声律，是"左碍而寻右，末滞而讨前""并辘轳交往，逆鳞相比"的比较自由的声律，目的是使文章不拗口，"声转于吻，玲玲如振玉；辞靡于耳，累累如贯珠"，即追求文字圆转流美。

唐诗选本的价值

唐诗在中国古代文学史中，占有极为突出的地位。它既是有唐一代文学的代表，也是中国古代文学的代表之一。清代康熙朝编定的《全唐诗》达九百卷，诗四万九千四百零三首，据陈尚君等学者辑佚所得亦超过八千首。而在《全唐诗》面世之前，唐诗实际上自其产生之初，就是以诗人别集和总集两种形态传世。自唐代至今的一千四百多年间，不断有唐诗选本问世，也不断有选本亡佚。仅有唐一代，吴企明《唐人选唐诗传流散佚考》考及唐人选唐诗三十七种，见《唐音质疑录》。孙琴安《唐诗选本提要》（上海书店出版社 2005 年版）考及四十一种，陈尚君的《唐人编选诗歌总集叙录》（收入上海古籍出版社 2018 年出版的《唐诗求是》），考及一百三十七种，可见选本自唐时起就是存录唐诗的重要载体。

历代编选的唐诗总集究竟有多少，还待深入调查。孙琴安《唐诗选本提要》从古代类书入手，通过广泛钩稽，共获得唐诗选本六百五十九种，而据我们初步调查，数量还要多，应该在七百余种。到目前为止，在国内公私收藏单位究竟有多少种唐诗选本存世，仍是一个谜。《唐诗选本提要》收唐诗选本三百九十二部，附录九十三部是只有存目而无书的，著录收藏地的有二百三十七部，也就是说有二百三十七部存世。其中标明亡佚者二百四十二种（作者标示为"已亡佚"或"今未见"），作者认为可能亡佚者六十九种（标示为"余未见"），了解收藏地但未能寓目者七十三种，经过目验者二百七十五种。据此,《提要》著录现存唐诗选本共三百四十六种。《唐诗选本提要》是《唐诗选本六百种提要》的修订本,"调整了若干行文,补充了《唐三舍人集》,对初版以后出版的唐诗选本书目进行了增补",实际上书目基本没有变化。而陈伯海、朱易安《唐诗书录》收入唐至清唐诗总集三百一十九种,附录九十一种。《唐诗六百种选本提要》和《唐诗书录》都成书于20世纪80年代,距今已逾二十年。受当时条件限制,时至今日这个结论显然已不准确。仅据2012年出版的《中国古籍总目》,未见《唐诗选本提要》收录的就有四十五种。据我们不完全统计,存世唐诗选本有四百六十种之多。当然,这还仅仅是初步的调查结果。

  唐诗总集同唐代别集一样,都是唐代文学研究的基础文献,具有很高的文献价值。总集保存了唐代大量诗歌,尤其是唐宋时期,选编者或身处唐朝,或去唐不远,唐人之诗还没有多少亡失,如《文苑英华》成书(公元987年)去唐亡(公元907年)仅八十年,所录唐诗多保持原貌,文献学价值极高,是校勘唐代别集的重要文献。另有名望不高、诗量少的诗人,若非选本保留,恐怕早已亡佚。宋洪迈编选的《万首唐人绝句》,据陈尚君查验,有三十九家二千二百二十二首诗,是赖此书而得以流传至今的(见《唐诗求是》,上海古籍出版社2018年版)。正是因为选本保留大量诗歌,才为清代编纂《全唐诗》提供了珍贵的材料。因此,唐诗选本是唐诗研究赖以开展的重要基础文献。然而,由于学术界对此一部分文献不甚重视,唐诗选本的文献搜集整理,仍是唐代文学研究的薄弱环节。

  文学选本除了具有"文章之衡鉴,著作之渊薮"的文学文献意义外，还是重要的文学批评形式。总集中有一定数量的"网罗放佚，使零章残什并有所归"的唐诗汇编类和别集合刊类，但大部分是作品选编类。选本中作品的编选，体现出选家的文学主张和审美趋向，并通过阅读过程作用于读者，对诗歌创作产生影响。文学选本参与了文学的经典塑造，是文学经典作品形成的重要推手之一。如殷璠编成于天宝十二载（753）的《河岳英灵集》，它之于李白诗歌的经典化，有两个方面值得注意。其一，是对李白其人及其诗文个性特征的揭示。"白性嗜酒，志不拘检，常林栖十数载。故其为文章，率皆纵逸，至如《蜀道难》等篇，可谓奇之又奇，然自骚人以还，鲜有此体调也。"（《唐人选唐诗新编》，陕西人民教育出版社1996年版）"志不拘捡"，是对李白思想个性的概括，认为李白思想不受世俗约束，纵情任性。这应该是对李白思想个性最早的概括。对李白的诗文，殷璠则概括为"纵逸"及"奇之又奇"。纵逸，即情思与表现风格的奔放不羁。"奇之又奇"，则是李白代表作的独特意象、情感给人造成的出人意表的惊异感。这两个方面的概括，准确把握住了李白诗歌的特征。其二，是对李白代表作的遴选。《蜀道难》《将进酒》《行路难》《梦游天姥吟留别》《远别离》《忆旧游寄谯郡元参军》《答俗人问》《乌栖曲》等代表作多数在编。而这些代表作又印证了李白"纵逸"与"奇"的风格。由殷璠的《河岳英灵集》，我们看到，从李白经典化之初，选家就捕捉到了这位伟大诗人思想纵逸、诗歌豪放的特点，突出了其作品奇之又奇的艺术价值。从此后历代评价李白的言论来看，最初的评价基本上奠定了历史评价的基调。

鲁迅先生曾对选本的重要性予以很高评价："评选的本子，影响于后来的文章的力量是不小的，恐怕还远在名家的专集之上。""选本所显示的，往往并非作者的特色，倒是选者的眼光"，因为选本"可以借古人的文章，寓自己的意见"（参见鲁迅《且介亭杂文二集·题未定草》及《集外集·选本》）。唐代很少专门的诗学理论著作，选本是唐人表达其诗学观点的重要手段，所以借助选本阐明诗学主张，自唐代开始风行，影响宋元明清。唐诗选本蕴含的诗学理论价值非常丰厚，因此是研究历代诗学的重要载体。学诗作诗以至研究唐诗，唐诗选本都发挥了重要作用。

李白笔下的奴才

对唐代伟大诗人李白的评价，或贬或扬，历来存在争论，其焦点是其对现实的关注及在作品中的反映。而且凡涉及这一问题，必然与杜甫形成对照，由此自然而有李杜优劣之论。南宋赵次公《杜工部草堂记》云："至李杜，号诗人之雄。而白之诗，多在于风月草木之间、神仙虚无之说，亦何补于教化哉！"罗大经亦云："李太白当王室多难、海宇横溃之日，作为歌诗，不过豪侠使气，狂醉于花月之间耳。社稷苍生曾不系其心膂，其视杜少陵之忧国忧民，岂可同年语哉。"（《鹤林玉露》丙编卷六《李杜》，中华书局1983年版）胡适20世纪20年代所著《白话文学史》，一方面承认"李白是一个天才绝高的人"，最可以代表盛唐那个浪漫的时代，转而又指出他"是个出世之士"，其人生态度远离人间生活，"所以我们读他的诗，总觉得他好像在天空中遨游自得，与我们不发生交涉"。相反，胡适对杜甫给予极高评价。他认为：八世纪下半叶和九世纪上半叶的文学是中国文学史上最光华灿烂的时期，此一时期的文学是态度严肃、见解深沉的文学，内容是写实的，意境亦是写实的，表现的"是那实在的人生：民间的实在痛苦，社会的实在问题，国家的实在状况，人生的实在希望与恐惧"，而"这个时代的创始人与最伟大的代表是杜甫"（《白话文学史》，新月书店1928年版）。胡适的态度可见十分鲜明。

任何作家的生活都有其局限性。李白虽非出身贵族，但一年可挥金三十万，亦非一般的百姓之家可比。所以他对民间百姓的生活和疾苦不甚了解，体会也不如杜甫深刻，自然就无法写出"朱门酒肉臭，路有冻死骨"那样深刻揭露出社会不公的诗句。

不过，李白的诗在关注现实方面自有其独特之处。李白所交往者多达官贵人，尤其是在两次长安之行和居东都洛阳期间，曾出入宫中，直接与上至帝王下至王公显贵接触，对他们的生活有所了解。李白是生命快乐论者，"人生得意须尽欢，莫使金樽空对月"，就是他追求快乐的名言，堪比曹操的"对酒当歌，人生几何"，应该说他并不排斥荣华富贵的生活。但他出于功成身退的出处观，揭露并讥刺了王公贵族只知道追求奢华、横行社会而迷不知返的生活。《古风五十九首》其十六写于洛阳："天津三月时，千门桃与李。朝为断肠花，暮逐东流水。前水复后水，古今相续流。新人非旧人，年年桥上游。鸡鸣海色动，谒帝罗公侯。月落西上阳，余辉半城楼。衣冠照云日，朝下散皇州。鞍马如飞龙，黄金络马头。行人皆辟易，志气横嵩丘。入门上高堂，列鼎错珍羞。香风引赵舞，清管随齐讴。七十紫鸳鸯，双双戏庭幽。行乐争昼夜，自言度千秋。功成身不退，自古多愆尤。黄犬空叹息，绿珠成衅仇。何如鸱夷子，散发棹扁舟。"此诗是诗人亲见时贵生活有感而发。由于了解达官贵戚的生活，洞悉他们填不满的欲望，所以描写其豪奢生活之生动，在唐诗中极为突出。这些人上朝下朝，意气洋洋，马如飞龙，使路上行人为之惊退，气焰嚣张至极。退朝之后，食列珍羞，齐讴赵舞，美色满堂，游乐宴饮，夜以继日，家庭生活也奢华至极。对时贵沉溺于奢侈生活而迷不知返的人生态度，李白显然是持讽刺之意的。开篇八句寓言，言桃李虽然灼灼其华，但朝开暮落，终逐流水而去，了无踪影。天津桥下的流水前后相续，但天津桥上的行人，却是新人代替了旧人。此寓言暗含杀机：看你今日权势熏天，看你此时享尽荣华，然盈满招损，今日的权相也许就是明日刑场的李斯，今日的豪门也许就是明日不保所爱的石崇！《唐宋诗醇》将此诗与杜甫《丽人行》相比："杜甫《丽人行》，其刺国忠也微而婉，此则直而显，自是异曲同工。"又云："读此能令权门胆落。"揭示出此诗的价值所在，讽刺权贵，异曲同工，李白锋芒毕露。

当然，李白最鄙视的是那些靠取悦玄宗而暴贵的奴才们，对他们的揭露也最为深刻。《古风》其二十四："大车扬飞尘，亭午暗阡陌。中贵多黄金，连云开甲宅。路逢斗鸡者，冠盖何辉赫。鼻息干虹蜺，行人皆怵惕。世无洗耳翁，谁知尧与跖。"陈鸿《东城老父传》记斗鸡小儿贾昌故事：玄宗乐斗鸡戏。及即位，治鸡坊于两宫间。后出游，见贾昌，召入为鸡坊小儿，甚爱幸之，金帛之赐，日至其家。当时天下号为神鸡童。时人为之语曰："生儿不用识文字，斗鸡走马胜读书。贾家小儿年十三，富贵荣华代不如。能令金距期胜负，白罗绣衫随软舆。父死长安千里外，差夫持道挽丧车。"（《太平广记》引）是知李白此诗乃为实笔，笔锋所向就是玄宗身边如贾昌等佞幸者流。这些得志的嚣小，搜刮财富，广开甲舍名苑，如连云成片。出门时更是显赫骄横：车所过处，灰尘暴起，日月为之昏暗，气焰逼人。

李白此诗的价值在于生动地描写出皇帝身边奴才的本性和特点。他们是一人之下，万人之上，为人永远是两个面孔，对主子奴颜婢膝,极尽讨好之能事,对百姓却颐指气使,鼻息干虹霓。而这些时贵所仗恃者何?只因为作出奴才相讨好主子、取得主子的欢心而被宠幸而已。这样,李白矛头所向,就不仅仅是那些皇帝身边的奴才,而是皇帝老儿自身了。其实,此诗最厉害的还有最后一笔:"世无洗耳翁,谁知尧与跖。"皇帝昏庸,不辨邪正,天下之人,皆不识好歹,这不更可悲、更无望吗!这样辛辣的诗笔,实为罕见,杜诗恐亦无多。

诗人与镜子

　　文学史宏大叙事策略和古代文学研究重主流、宏观的研究视角，往往会遮蔽或忽略一些细节，而这些细节实际上十分重要，比如李白诗中的揽镜自照。

　　古人最早应是临水为镜，《说文解字》释"鑑"（鉴）："大盆也……可以取明月于水。"三代时的瓦监就是水盆。商代才发明了铜镜，一直使用到了明清时期玻璃镜子引入。镜子的功能就是自鉴，即通过镜子查看自己的仪容。不过同是照镜子，古代文人的动机却又不同，一般而言，有看自己仪容整齐与否者：唐太宗李世民"以铜为鉴，可以正衣冠"即是；有自我欣赏者：曹魏名士何晏美姿仪，面至白，《魏略》说他"性自喜，动静粉白不去手，行步顾影"，留下"顾影自怜"的成语，虽然未写他喜照镜，揆度之，随身携带铜镜以自照是极有可能的。

　　李白亦喜照镜，却又与上述二者有别。李白固然很自恋，但是他自恋的是自己的才具，而非容貌："君看我才能，何似鲁仲尼？""长才犹可倚，不惭世上雄。"他自以为傲的是自己的才能，所以他经常揽镜自照，并非似魏晋时的何晏之流的顾影自怜，欣赏的是自己的美男子相貌。他的揽镜自照，表现出的是对日月如梭、人生易老的焦虑。所以对李白这一生活细节的考察，可以探讨他诗文中的生命意识。

　　李白诗中时见照镜子的细节。《秋日炼药院镊白发赠元六兄林宗》："木落识岁秋，瓶冰知天寒。桂枝日已绿，拂雪凌云端。弱龄接光景,矫翼攀鸿鸾。投分三十载,荣枯同所欢。长吁望青云,镊白坐相看。秋颜入晓镜,壮发凋危冠。穷与鲍生贾,饥从漂母餐。时来极天人,道在岂吟叹。乐毅方适赵,苏秦初说韩。卷舒固在我,何事空摧残。"天宝九载(750)秋,李白到高凤石门山寻访元丹丘,即元林宗。二人二十岁时即为好友,李白《将进酒》写过与他的豪饮。此炼药院或即元丹丘的道观。此诗中李白写自己对镜摄掉一根白发,并且发现不仅长了白发,而且脱发厉害,所谓"壮发凋危冠"。此一细节最早见于鲍照的《拟行路难》其十三:"流浪渐冉经三龄,忽有白发素髭生。今暮临水拔已尽,明日对镜复已盈。但恐羁死为鬼客,客思寄灭生空精。"不过,我们要注意,当人初生白发时,常常拔去白发,此时多是壮年之时;而到了老年,白发满头时,拔之不胜,也就任其自然了。李白这一年五十岁,如不是少白头,还未到满头华发的年岁。离开长安六年,李白并未失去追求功业的愿望,对一时的穷窘不以为意,"时来极天人,道在岂吟叹。乐毅方适赵,苏秦初说韩。卷舒固在我,何事空摧残",虽感慨时光荏苒,已生华发,但对未来仍满怀希望。

《赠别舍人弟台卿之江南》写于唐肃宗乾元二年(760):"去国客行远,还山秋梦长。梧桐落金井,一叶飞银床。觉罢揽明镜,鬓毛飒已霜。良图委蔓草,古貌成枯桑。"诗人在夜梦中,听到梧桐落叶飘落井旁的飒飒之声,醒来后的第一件事就是揽镜自照,看看自己头发白了多少。令诗人伤心的是,头发不仅白了许多,而且脱落了许多,这一切都说明自己又衰老了许多,已经"古貌成枯桑"了。此时的李白已经60岁,且因从永王璘被流放，遇赦后至零陵。故此诗中有"因为洞庭叶，飘落之潇湘"之语，说自己似一片孤零零的树叶，飘落到潇湘水中。又因为已近暮年，所以"古貌成枯桑"，容貌像枯桑般枯槁。

李白生命意识极强，对季候感受也极为敏感，他笔下的春容与秋景凝结着时光易逝的焦虑。两个照镜子的细节，相隔十年，的确可以证明李白在相当长的时间里患了时间焦虑症。季节的转换，对他人也许稍有感触，也许漫不经心，但是对李白来说则是触目惊心，所以他经常揽镜自照，时时关心的是时间流逝，焦虑个人的衰老。

与他人不同，出现在李白镜子中的诗人形象，皆是衰老的白发意象。

除以上二诗，还有《秋浦歌》。此组诗作于天宝十三载（754）之时。其一云："秋浦长似秋，萧条使人愁。"其二云："秋浦猿夜愁，黄山堪白头。"可见李白游秋浦时，真是愁肠百结，既有功名失意的惆怅，又有久居他乡的不适。再有就是他逢秋之际所产生的迟暮之感，《秋浦歌》其四："两鬓入秋浦，一朝飒已衰。猿声催白发，长短尽成丝。"整首诗围绕白发这一意象展开：写白发生长之快，只在一朝之间；写白发生长之多，无论长短尽成白丝；写头发之衰老，干枯而且脱落。表面看诗意，似乎是秋浦秋色和哀猿之声，催生了诗人的华发，使诗人两鬓顿时皆白。实则是秋水秋声秋色与诗人内心无数的失意和惆怅猝然相遇相合，使诗人顿起迟暮之感。白发意象是为了表现诗人内在世界的无限惆怅。《秋浦歌》其十五抒写愁之深重，更成千古绝唱："白发三千丈，缘愁似个长。

不知明镜里,何处得秋霜。"三千丈的白发意象,形容心中无限之愁肠,前无古人,后无来者。而其实,读者只看到了此诗写愁之妙,却未必理解此时李白缘何而愁。其奥秘恰恰在读者忽略的后两句"不知明镜里,何处得秋霜",诗人临镜,惊诧自己不知何时何地,竟然添此霜雪般的白发。"不知""何处",是真疑问,还是明知故问?何时、为何生的白发,诗人自然不会浑然不觉,经常揽镜自照,说明他对自己的容颜是多么关注,所以此问当是明知故问。然而,也正是此问,反映出李白对壮年功业无就、年华老去的百般不甘!

说到生命意识,欧美学者更多关注的是死亡:"历史上只有一件事是肯定的,那就是衰落;生命只有一件事是肯定的,那就是死亡。这可能是老年的大悲剧,若带着倒置的浪漫之眼回顾过去,只能看到人类的痛苦。"([美]威尔·杜兰特《落叶:威尔·杜兰特的生命沉思》,重庆出版社 2016 版)所以西方生命哲学最发达的是死亡哲学,向死而生,是他们面对死亡恐惧所采取的态度之一。古罗马皇帝马可·奥勒留曾说:"你微粒般的生命在宇宙中只是一瞬,如果不趁此短暂时光将灵魂点燃,它和你就会永远消失在茫茫宇宙,永远不会重返再生。"威尔·杜兰特也说:"即使是在生命丢弃我们的时候,我们也能赞美生命,那就是因为我们希望我们可以重新找回生命,找回一个更为公平的生命,那时的我们与肉体脱离,拥有不死的灵魂。"

李白的生命意识则不然,与其说是恐惧死亡,不如说是恐惧衰老更为确切。他的哲学虽非向死而生,由死亡而反思如何生活得更好、更有价值;却是向老而生,由人将老去,而反逼少壮之时，如何生活得更有价值、更有意义。这也许就是李白诗中揽镜自照，或拔去白发，或对白发而哀叹的细节所显示的意义。

庄子梦蝶与李白梦游

李白是天才诗人。天才自然有其禀赋之因,但也离不开后学。李白天纵自由的诗风,即受了《庄子》思维的影响。

《庄子·齐物论》:"昔者庄周梦为蝴蝶,栩栩然蝴蝶也,自喻适志与,不知周也。俄然觉,则蘧蘧然周也。不知周之梦为蝴蝶与?蝴蝶之梦为周与?周与蝴蝶,则必有分矣,此之谓物化。"(郭庆藩《庄子集释》)《庄子》中的庄周梦蝶,是讲庄子的物化理论。"化则无常也"(《大宗师》),就是讲事物的变化。郭象注:"夫时不暂停,而今不遂存,故昨日之梦,于今化矣。死生之变,岂异于此,而劳心于其间哉!方为此则不知彼,梦为蝴蝶是也。取之于人,则一生之中,今不知后,丽姬是也。而愚者窃窃然自以为知生之可乐,死之可苦,未闻物化之谓也。"成玄英疏:"夫新新变化,物物迁流,譬彼穷指,方兹交臂。是以周蝶觉梦,俄顷之间,后不知前,此不知彼。而何为当生虑死,妄起忧悲!故知生死往来,物理之变化也。"郭、成二家的解释,都把握住了庄子梦为蝴蝶的寓意。

李白一生颇受庄子影响,《古风》其八重新演绎了庄子梦蝶之故事:"庄周梦蝴蝶,蝴蝶梦庄周。一体更变易,万事良悠悠。乃知蓬莱水,复作清浅流。青门种瓜人,旧日东陵侯。富贵故如此,营营何所求。"李白此诗也主要是表现世上万事万物因为"新新变化,物物迁流"而带来的不可确定性。一体尚且可以变易,更何况宇宙间的万事万物?故汪洋浩瀚的蓬莱之水,也可以干涸为小小的溪流。《神仙传》麻姑云:"接待以来,见东海三为桑田。向到蓬莱,水又浅于往日会时略半耳,岂将复为陵陆乎?"(葛洪撰、胡守为校释《神仙传校释》,中华书局2010年版)这是中国古代人借神仙之眼所表达的沧海桑田的观念,在世界上是独具智慧之思的宇宙观和世界观,而这一宇宙观和世界观被李白凝聚为六句诗,以表现其世事沧桑感。李白的历史沧桑感,是立足于变化、有感于无常的思想情感。

其实李白受庄子的影响不仅在其思想,还在于庄子的思维方式。庄周梦蝶不仅影响了李白世事无常之感,也影响了李白诗歌创作的艺术思维方式,即借外物尤其是自然山水作为移情之物,释放其自由逍遥的情感,《梦游天姥吟留别》即为此类诗之代表。庄子梦为蝴蝶,"栩栩然蝴蝶也,自喻适志与,不知周也",在梦中,庄子化为蝴蝶,而蝴蝶成为庄子逍遥适志的表现之物。李白诗中的天姥同样如此,也是李白逍遥适志的表现之物。李白天宝初入长安,后得赐金放还,此诗即写于放还之后的天宝五载(746)。此诗穷极笔力,创造出奇山幻境:

> 海客谈瀛洲,烟涛微茫信难求。越人语天姥,云霞明灭或可睹。天姥连天向天横,势拔五岳掩赤城。天台四万八千丈,对此欲倒东南倾。我欲因之梦吴越,一夜飞度镜湖月。湖月照我影,送我至剡溪。谢公宿处今尚在,渌水荡漾清猿啼。脚著谢公屐,身登青云梯。半壁见海日,空中闻天鸡。千岩万转路不定,迷花倚石忽已暝。熊咆龙吟殷岩泉,慄深林兮惊层巅。云青青兮欲雨,水澹澹

兮生烟。列缺霹雳，丘峦崩摧。洞天石扉，訇然中开。青冥浩荡不见底，日月照耀金银台。霓为衣兮风为马，云之君兮纷纷而来下。虎鼓瑟兮鸾回车，仙之人兮列如麻。忽魂悸以魄动，恍惊起而长嗟。惟觉时之枕席，失向来之烟霞。世间行乐亦如此，古来万事东流水。别君去兮何时还，且放白鹿青崖间，须行即骑访名山。安能摧眉折腰事权贵，使我不得开心颜。

梦中的天姥，势拔五岳，压倒赤城与天台。因是借梦写山，实写不足，继之以仙，山林变幻奇景，仙境瑰丽神奇。而从诗人梦醒后长嗟的"安能摧眉折腰事权贵，使我不得开心颜"看，李白创造的超拔宏伟的天姥之境，是有意识的。他写天姥，正是要释放他曾经在长安遭到压抑的自由天性。天姥的横天之势，我们是否可以看作李白的目空一切、为所欲为性格的象征？而梦中见到的奇幻山水，遇到的飘然来去的仙人，全是与羁缚人的自由、屈曲人的天性的世间生活相对照的意象，依然是李白尚自然的性情与理想的一种形象反映。

李白的山水诗中，多有这类不拘于实境、飞驰艺术想象创造出的山水诗境。这样的山水诗境多为雄奇的诗境，而这种雄奇的诗境就是李白豪放超逸的自由天性的物化。请看《西岳云台歌送丹丘子》中描写山水的诗句："西岳峥嵘何壮哉！黄河如丝天际来。黄河万里触山动，盘涡毂转秦地雷。荣光休气纷五彩，千年一清圣人在。巨灵咆哮擘两山，洪波喷流射东海。三峰却立如欲摧，翠崖丹谷高掌开。白帝金精运元气，石作莲花云作台。"《庐山谣寄卢侍御虚舟》："庐山秀出南斗旁，屏风九叠云锦张,影落明湖青黛光。金阙前开三峰长,银河倒挂三石梁。香炉瀑布遥相望,回崖沓嶂凌苍苍。翠影红霞映朝日,鸟飞不到吴天长。登高壮观天地间,大江茫茫去不还。黄河万里动风色,白波九道流雪山。"华山和庐山自然高峻,但诗中突出的是二山的超拔和峥嵘,即华山和庐山不受天宇掩压的摧天凌云之势。自然界的黄河自有其汹涌流长的特点,但诗中强调的则是黄河擘山喷流、一泻千里,即黄河不受阻约的撼地之威。李白这样写华山、庐山和黄河,无论是潜意识还是显意识,都是要释放他不受束缚和约制的自由天性,华山、庐山和黄河等山川不为一切所迫压的自由之态和纵逸之势,使李白豪放纵任的天性找到了可以释放、表现、宣泄的自然物。《庐山谣寄卢侍御虚舟》写于李白流夜郎中途遇赦返回江夏重游庐山之时。至德二载(757)夏秋之间,李白坐从永王璘罪系寻阳狱,幸得宋若思营救出狱,乾元元年(758)流放夜郎,乾元二年遇赦得还。这二年间,李白过的是"独幽怨而沉迷"的生活,豪纵自由的天性受到了无情的压抑。因此,一旦来到了庐山,李白纵任狂放的性情遂被雄奇的山水所唤醒,并借描写山水得到了尽情的释放。

  研究古代诗人,求其诗义,辨其诗体,是我们熟知的研究路数。但若求取诗人的艺术风格,更应进入诗人的艺术思维。可惜这方面的工作,鲜有所见。李白受庄子影响,其山水诗的思维自然如此。又如杜甫诗,多以写实为主,以史笔写时事,寓褒贬于叙事之中,自然会使我们联想到儒家经典《春秋》,其艺术思维亦离不开这部经典的影响。

苍凉的孤旅之悲

孤旅的意象常见于李白的诗文。"一身竟无托,远与孤蓬征",这与诗人大半生客居他乡,时常处于流浪之中相关;也和他功业追求不能如意、仕途总是漂泊无依有联系,《门有车马客行》:"叹我万里游,飘飘三十春。空谈霸王略,紫绶不挂身。雄剑藏玉匣,阴符生素尘。廓落无所合,流离湘水滨。"诗中感叹飘摇半世,才不为世用。但最根本的,是来自李白对个体生命本质的感悟。

关于生命的本质,西哲叔本华有一著名的论述,他说:"事物所有的存在方式都在向我们展示着生存的虚无。它表现在时空之无限与个体存在之有限的相对论中;表现在现实存在的唯一方式——转瞬即逝的刹那间;表现在万事万物的相互依存和相互关联中;表现在绵绵不断的'有'化为'无'的永恒变易中;表现在人的无休希冀和永不满足的欲望中;表现在形成人类历史的长期斗争中——面对阻碍,努力不息,奋斗不止。时间吞没一切,万物都在时间的长河中消逝。时间是一种形式,在此形式中,作为自在之物恒常不灭的生命意志,展现了自己所有努力的徒劳无功。时间的魔力使我们手中的所有东西化为乌有,并丧失其所具有的任何真正的价值。"(《孤独通行证》,江苏凤凰文艺出版社 2017 年版)现实存在的唯一方式就是转瞬即逝,世界运转的规律就是"有"化为"无"的永恒变易过程。不仅仅是人,在时间的形式中,万事万物皆归消逝,人和人的意志亦将化为乌有。在浩瀚的宇宙之间,任何生命都是一个短暂的过程，都是过客。天地如此，人类如此，个体生命更是如此。所以，一旦触及这个终极的问题，便会触发无限的哀叹。张若虚《春江花月夜》："江畔何人初见月？江月何年初照人？人生代代无穷已，江月年年只相似。不知江月待何人，但见长江送流水。"初见月的个体人，何时来，何时去，无人可知，因为"岁岁年年人不同"，这就是个体人生的有限性。江月何年初次照见人类，照见人的个体，亦无人可知，因为"江月年年只相似"，与人相比，月是永恒的。刘希夷的《代悲白头翁》："古人无复洛城东，今人还对落花风。年年岁岁花相似，岁岁年年人不同。"年年岁岁花总是要开，四季是常；岁岁年年看花之人不同，个体人是变。与花相比，人为过客。陈子昂《登幽州台歌》："前不见古人，后不见来者，念天地之悠悠，独怆然而泪下。"前不见古人，后不见来者，写的就是个体面对天地和人类历史的孤绝感受。这种被闻一多称之为"更复绝的宇宙意识！一个更深沉、更寥廓、更宁静的境界"，就是个体生命面临宇宙所感悟到的无限与有限的生命意识，此中含有甚深的孤旅之悲。离开生命意识来谈这样的诗，并未触及诗意的根本。

李白的诗中亦常见一种孤旅之悲。《拟古》之九："生者为过客，死者为归人。天地一逆旅，同悲万古尘。"在李白看来，人是无根的，人生不过是独行天地间的一个过客，他孤独地走过逝者的身边，转瞬消逝于茫茫大化之地，成为新的"归人"。这里的人，既是每一个个体，同时也是整个人类。对于天地宇宙而言，人类如同过客，终归寂灭；对于人类而言，每一个个人亦是过客，他们不但不会永久地留下来，反而转瞬即逝。

在时间之中消失的不仅是人的肉体，还有人的灵魂。无论中国还是西方，都有人死灵魂不死的认识，宗教自不必言，哲学亦不乏此论，柏拉图即认为："灵魂必定是在生前就已经存在的"，而人死后，"死者的灵魂是在某个地方存在着的，并且会按适当的顺序再回到地上来"。"他还描述了人死以后灵魂的命运：善者升天，恶者入地狱，中间的则入炼狱。"（罗素《西方哲学史》，商务印书馆2012年版）但在李白看来，"旷野多白骨，幽魂共销铄"（《拟古十二首》之七），人的躯体同灵魂都会湮灭于漫漫的时间之中，这比灵魂不死说对生命的认识更为彻底，他把人的生命断然置于此生、当世，不给人留下任何妄念。

不仅人要消逝，天地也是如此，"日月终销毁，天地同枯槁"（《拟古十二首》之八），天地日月也有尽头，终归虚无。李白的这种认识，就不仅超过了灵魂亦死的认识。在一般人看来，人生不过百年，而天地则是永恒的。《庄子·盗跖》就说"天与地无穷，人死者有时"，天地无穷，不是就空间来说，而是指时间上的永存，即成玄英疏之"天长地久"之意。此种认识颇有代表性。但李白的认识则不然，他在此处说出了一个近乎真理的思想：没有天地之间不朽的事物，即使是日月星辰和宇宙天地，亦有其终了之时。当然李白也说过"天地无凋换，容颜有迁改"的话，但从此诗的语境看，李白显然是把人与天地放在同一个时间段来考察的，即在同一个时间段，人的容貌从年轻到衰老有很大变化，而天地却无任何改变。但如把事物放在无尽的时间长河之中，即使是天地宇宙也必然有其消亡之时。由此可见，诗人李白对事物的认识是很清醒、很彻底的。无根之过客的孤独，是李白思考人的生命与天地生命过程而生成的终极孤独寂寞感。人之生命的短暂使其不能与天地终极为伴，所以人在宇宙之间是孤独的生命之旅；而天地又何尝不然！天地亦有从生成到销毁的过程，与时间无尽的长河相比，它也是短暂的，也是孤独的生命之旅。对此，李白有独特而又清醒的认识。但也正是这种清醒与彻底，使李白陷入更深的孤独，而此时诗人的孤独是人永远无法与时间达到和谐的绝望。

李白的感受，与西哲的论述异曲同工。生只是短暂的一瞬，然后就是重返虚无，回到漫漫的长夜。生的归属就是虚幻，所以相对于漫漫长夜，人的生命是如此之孤单，如此之无望，这种寂灭感是人类也是深思人类命运的天才终极的寂寞，终极的无以摆脱的孤独。所以，李白的孤旅之悲，寻找其因，即来自对生命以及万事万物终归寂灭的认识。这种天地间一过客的孤旅之悲，从根本上说是一种来自李白觉醒的个体生命意识与宇宙意识的深刻孤独感。《日出入行》："日出东方隈，似从地底来，历天又入海，六龙所舍安在哉？其始与终古不息，人非元气，安得与之久徘徊！草不谢荣于春风，木不怨落于秋天。谁挥鞭策驱四运？万物兴歇皆自然。"只有诗人认识到生命有限与时间无限的不可逆转的自然法则，才可能在这有限与无限、迁逝与永恒的强烈对比中，感悟到这种苍凉的孤旅意识。

出身与书写的立场

在文学研究界,数十年来,有一种观点主导着文学史研究,即出身决定论。文学史的事实比较复杂,作家个人的出身所形成的负载文化,的确影响到作家书写的态度,但也不能一概而论。考察经典作家,其伟大之处,恰恰在于他对于出身的突破。

最有说服力的是曹雪芹的《红楼梦》。在对待女性的态度上,曹雪芹实现了两个突破。一是突破了中国古代社会固有的男权主义的立场。在这部经典中,作者把他反抗传统的理想寄予女性,借贾宝玉之口说出"女儿是水做的骨肉,男人皆是泥做的骨肉,见了女儿,我便清爽;见了男人,便觉浊臭逼人"的惊人之语,即认为男人都是世上的污秽浊臭之物,而女人才是钟天地之灵秀的美好生命。在此种观念之下,曹雪芹塑造出一大批或寄托了理想,或寄予了同情的女性形象。尤其是大观园这个女儿国中的少女,无论是贾家的"三春"、黛玉、宝钗、湘云、妙玉,还是作为奴婢的袭人、晴雯、紫鹃等,都成为宝玉美好生命体验中的重要组成部分。曹雪芹倾注心血塑造的这些女性形象,既表现出作者对女性美好生命的赞美,同时亦表达出作者对这些女性人生悲剧的愤懑与同情。

再者就是突破了作者贵族的身份立场。从《红楼梦》所描写的女奴形象中可以看出,曹雪芹不仅在男权社会中把女性作为人,甚至是优于男人的人;而且在贵贱分明的阶级社会中,把奴婢也看作人。《红楼梦》既有"金陵十二钗"正册,全为贾府中的小姐太太们，如林黛玉、薛宝钗、元春、迎春、探春、惜春、王熙凤、史湘云、秦可卿、妙玉、巧姐和李纨。而在副册中，身为女奴的晴雯和袭人就厕身其中。这一安排说明，在曹雪芹的心中，晴雯和袭人等丫头们，也是水做的骨肉，也是得天地间的灵秀之气的。在作者的笔下，这些奴婢虽然出身低贱，但是却有为人的尊严，如晴雯的任性使气，鸳鸯的誓死捍卫个人尊严。而从作品中贾宝玉对待丫鬟们的态度，亦可解读作者对待奴婢的平等心理。因此曹雪芹对待贾府的丫头们，并不能完全理解为作者出于同情怜惜之心，还有对于这些出身卑贱者作为人、作为女人的尊重。王昆仑在《红楼梦人物论》中说："作者从各方面表现出宝玉是一个反对自己出身的阶级、同情被迫害者、具有自己独特思想的一个新的人物典型。他对于丫鬟们、学戏的女孩们和其他受压迫的女子，不采取主子对奴才的态度，而且经常深切地给以同情、关切和支持。王夫人迫害晴雯致死，他写出悲愤的祭文，这是突出的表现之一。平常他和一般小厮们相处，也不意识到自己的主子地位。从这上面，反映出他对于人压迫人的等级观念是反对的。通过他和黛玉争取自由恋爱的斗争以及同情别人的自由恋爱的态度，通过他对于姐姐元春入宫、对迎春被丈夫虐待而死、对探春远嫁等所取的态度，表现出他反抗封建婚姻制度的思想。他衷心赞美少女的纯洁天真的品质，反对男性摧残妇女，表现出他男女平等的观念。"（王昆仑《红楼梦人物论》，北京出版社2004年版）在讨论晴雯时写道："《红楼梦》作者对于凤姐、宝钗、探春、平儿、袭人是采取政治史的写法，而对于黛玉、晴雯、司棋、芳官、尤三姐，却是几首极哀艳的诗篇。一个作者对自己所偏爱的人物,往往禁抑不住主观情感之汹涌,不期然而流入吟咏式的抒写,使得读者也跟着他歌唱,跟着他悲哭,不能冷静旁观。""对于丫鬟晴雯优美的性格,强烈的反抗,惨痛的牺牲,作者的笔端,就随时充满了欣赏、抚爱、忿怒和痛惜之情。"由上所述可以说明,身份是不能完全决定作家写作立场的,因此仅仅从经典作家的身份来判定其代表了何种人的立场,并进而分析其经典的合法性,是缺乏说服力的。

第三辑 启予者文

写在《任继愈文集》出版之际

时间倏忽而过,任继愈先生离开我们已经五年了。

先生以 93 岁高龄谢世,不能说是天不假年,但是对于中国的学术界和图书馆界来说,对于先生的亲人朋友、共事同仁和晚辈学生来说,他的离去始终是永远都不能弥补的损失,永远都不能忘怀的沉痛。

先生是 20 世纪中国著名的哲学家、宗教学家和历史学家,是中国马克思主义宗教学的开创者和奠基人,中国哲学、宗教学领域中高瞻远瞩的学术研究领导者和优秀的学术活动组织者。同时,先生还是图书馆界最受敬仰的领导者,是图书馆界的一棵参天大树。先生在学界、馆界地位如此,生前却没有出版过文集或全集,原因有二。一是先生生前贯彻三不主义,不赴宴,不过生日,不出全集。我们想给先生过生日,先生一直不同意。先生九十寿辰的时候,我说九十岁,这么大的一个寿辰,就是不过生日,给您开一个学术思想研讨会行不行,他坚决反对。任先生不出全集有他自己的理由,说别人的全集我都不看,因为全集把精华收进去了,不是精华的也收进去了,所以说还是不要出全集。当他病重的时候我也考虑图书馆给先生编全集,后来还是尊重了先生的意愿。第二个原因是,先生从来都把自己的事情看得很淡,很低,从来不拉着别人为自己的事忙活。在先生晚年,只要在京,我每周都去先生那里看一看,有幸聆听了先生的很多教诲。在先生 90 多岁的时候,他说自己要写一部哲学史。他一再强调,自己要写一个哪怕薄一点的,把自己的思想写出来,但是他说我不能做,因为现在要做的文献整理工作还没有做完。文献整理是给后人打基础,因为他曾经预测,我们文化发展的高峰期、鼎盛期会在20年以后出现,他认为我们这一辈人最应该做的就是文献的整理工作,为这一个高峰打基础。他说如果能活到96岁就够了,因为剩下的3年他就可以完成手上的工作,写一点自己的东西了!在近20年的时间里,先生坐镇国家图书馆,皓首穷经,年高德劭:他以国家图书馆馆藏《赵城金藏》为底本,主持编纂107卷《中华大藏经》。就在去世前,他还在主持规模达2亿字的《中华大藏经续编》编纂工作;他主持实施了新中国成立以来最大的文化工程,编纂总计7亿多字的古籍文献资料汇编《中华大典》;他主持的镇馆之宝文津阁《四库全书》、150册《国家图书馆藏敦煌遗书》影印出版;点校本"二十四史"、《清史稿》也在重新修订之中……然而,先生却将自己全集的出版放在了这些古籍整理项目之后。可见,先生是为了国家文化发展的理想而放弃了自己的学术计划,放弃了整理自己文稿的意愿。

但是现在,我们打算出版任先生的文集。先生一生致力于中国哲学、宗教学的教学和研究,著有《中国哲学史》(四卷本)、《汉唐佛教思想论集》、《天人之际》、《学术文化随笔·任继愈卷》等,先生自20世纪40年代开始即在各种期刊、报纸及内部刊物上发表文章。这些文章代表了中国哲学、宗教学及历史学等研究领域里的较高水平,具有里程碑式的重要意义。作为我国当代著名的马克思主义人文学者,先生著作宏富，但先生的著作和文章较零散，未进行过系统的分类与整理，已出版者只达到其全部著作的三分之一左右，大量的未刊稿未能与读者见面。尤其是大量的书信和为各书作的序言，很多都是散于各处，未加整理。如果不进行系统整理，那么很多珍贵的未刊文字将有可能散失，这肯定是学术界的重大损失。在我们这个缺少大师的年代，像先生这样一位学术大师的宏富著作本身就是中国文化发展的重要组成部分，是先生博大思想、治学思想和治学路径的集中表现。这些思想和路径，一生中会有许多变化，会积累丰富的经验教训，如果能够将先生这些文字以"全集"或"文集"的形式公之于世，必将是对文化学术的一大贡献。损益之间，希望先生泉下有知，能够接受我们这样的安排。

任继愈先生融汇中西，贯通古今，为人为学，高风亮节；他一生低调，不图虚名，成就卓越，举世同仰。先生是我们这个民族从争取独立走向复兴过程中的千百万知识分子中的一位，是与时代同行、反映着时代精神的优秀代表。在抗日烽火中，从北平流亡到西南联大充实后方，他积累知识，时刻准备着；在两个中国之命运的决战中，他坚持在北大的教学岗位上，迎接新中国的诞生；在共和国号召"向科学进军"中，他加入了中国共产党；在知识分子普遍学习马克思主义的热潮中，他结合科研和教学实际，成就斐然，影响深远。先生在传统哲学和宗教学的研究领域，在抢救、保护和整理祖国的优秀文化遗产领域，其发现和创见，深邃和广博，对下一代的教育和学风的建设，都起到了承先启后的标志性作用，无愧为一代师表。先生在 20 余年的图书馆工作实践中，还形成了个人对于国家图书馆的成熟认识，并以此来领导国家图书馆的发展，为国家图书馆乃至全国图书馆事业的发展做出了重要贡献。他为国家图书馆的职能地位、学术定位和社会定位至今为国图人奉为圭臬。他埋首书山，整理古籍，为传承中华文化做出了杰出贡献。在先生看来，中华文化不仅积累丰厚，还是有生命力的、活着的文化。而正是这种活着的文化，支撑着中华民族在几千年的历史中屹立不倒。正因如此，先生安然离世之时，我所撰挽联亦特为先生的学术研究与整理双重贡献而标榜："老子出关，哲人逝矣，蓬莱柱下五千精妙谁藏守；释迦涅槃，宗师生焉，大藏大典四库文明有传人。"

《任继愈文集》的出版历时四年。2010 年 4 月，《我们心中的任继愈》新书发布与座谈会在国家图书馆新馆举行，李申（任先生学生，上海师范大学哲学系教授）邀请了一些任先生的家人、友人及学生等参加，并在与会发言时提出编纂《任继愈文集》的设想。后经多次协商最终决定《任继愈文集》由先生工作过的国家图书馆的出版机构——国家图书馆出版社出版。在四年时间里，出版社经由国家图书馆图书检索系统检索、查找，及在各大相关报纸刊登征稿启事等方式，共搜集到先生的文章约 600 篇左右（其中包括先生的讲话、访谈等）。按照学科及研究方向，将这些文章分为八编：第一编，宗教学与科学无神论研究；第二编，中国哲学史研究；第三编，佛教研究；第四编，儒教研究；第五编，道教研究；第六编，论古籍整理；第七编，史学研究；第八编，杂著。全书 10 册，字数约 500 万字。《任继愈文集》的出版，是将先生一生的学术思想和研究成果进行系统整理和总结，为后人学习与研究先生的思想提供系统性的参考资料。亦期望研究先生的为人与为学后继有人，并能不断发扬光大。

西南联大与"五四"传统
——任继愈先生《自由与包容：西南联大人和事》序

"西南联合大学"是一所特殊的大学，既前无古例，亦后无来者。

说其特殊，首先是寿命之短。1937年，北平沦陷，平津的北京大学、清华大学和南开大学迁往长沙，组建临时大学，半年之后又迁昆明，组建"西南联合大学"，直至1946年迁回平津，恢复原三所大学建制，前后不过八年。

说其特殊，更在于它所取得的成就。短短八年，又是在抗日战争极为艰苦的条件下，培养了一大批卓越的人才，诺贝尔奖获得者杨振宁、李政道，数学家陈省身、华罗庚，物理学家周培源、吴大猷，化学家曾昭抡、杨石先；人文社会科学亦无不例外，任继愈、王瑶、阴法鲁、冯契、杨志玖、逯钦立，皆卓然成家。

西南联合大学创造了办大学的奇迹，成为中国教育史上极为独特的教育现象。

任继愈先生既是西南联大的学生，又曾任西南联大的教师。北京大学南迁长沙时，任继愈先生是哲学系三年级学生，他从山东千里迢迢赶赴长沙报到。1938年，临时大学迁校云南，闻一多率领二百四十名学生从长沙徒步至昆明，历时两个多月，行程三千五百里，可称抗战时期大学的"万里长征"，任先生是其中的一员壮士。1939年，任先生考取了西南联大北京大学文科研究所研究生，毕业后留在北大任教。

如任先生所说，西南联大这一段经历，在他人生中占有十分重要的位置，直接影响到他选取中国哲学史作为一生的研究方向。"由湖南到云南，我参加了学校组织的'湘黔滇旅行团'。徒步旅行，走了两个多月，行程一千三百多公里。有机会看到农村败落和农民贫困景象。靠了他们承载着这个又穷又大的国家。人生的归宿，最后的真理，如何与当前广大贫困的农民和败落的农村发生关系，对我来说一直是个问题，无法解决。我深信探究高深的学问，不能离开哺育我的这块灾难深重的土地。从此我带着一种沉重的心情来探究中国传统文化和传统哲学。"（《自传》）对于西南联大的老师、同学和那一段学习经历，他老人家怀有特殊的感情，生前写有多篇文章，与我聊天时也常常讲到，给我留下极为深刻的印象。现在重读任先生的文章，我领会到，任先生怀念、总结西南联大的历史，不完全也不能简单归结为怀旧情结，实有对中国教育的理性反思，寓意甚深。

十余篇文章，有谈人，有忆事，用一句话概括其要义，就是西南联大靠"五四"精神创造了奇迹。"如问西南联大何以能创造奇迹，可以明确回答，这奇迹来自1919年'五四'爱国运动，西南联大关心天下大事（外抗日寇，内争民主），实事求是的科学精神，尊重别人的民主传统，'五四'的火炬在联大师生手中传承下来。"（《我心中的西南联大》）

论起教育，所谓"大学乃大师之谓也，非大楼之谓也"，都被大家讲滥了。然以此话喻西南联大，才最为切当。任先生回忆，西南联大的校舍极度简陋。1938年刚到昆明，理工两院暂借校舍，文法学院则在云南南部的蒙自设立分校。1939年始建成新校舍，一百余间平房，土墙泥地茅顶，教室、实验室和学生宿舍就挤在这低矮简陋房内，图书仪器设备，也只能勉强应付教学的最低需要。因为用房紧张，文科研究所的研究生和导师同住在一个宿舍，同吃在一个饭厅。而当时师生的生活，多在半饥半饱的状态，生活极为困苦。闻一多先生一家，每天只能喝两顿稀饭，靠治印补贴家用。一些教授只好到中学兼课维持生计，似刘文典那样为人撰写墓志赚些润笔，已是相当不错的了。与今之大学高楼广厦的富丽堂皇、教授的衣食无忧相较，几乎是天上人间，不可同日而语。

不过，由于三校合为一校，西南联大集中了一批优秀的学者。看看阵容：一年级语文老师余冠英、李广田、沈从文；英语老师王佐良、李赋宁、查良铮；文科研究所导师陈寅恪、傅斯年、向达、姚从吾、郑天挺、罗常培、罗膺、杨振声、汤用彤、贺麟，可谓集一时之盛。所谓大师者，此之谓也。对于这些老师，任先生都怀有深深的敬意，写了《贺麟先生》《回忆金岳霖先生》《刘文典先生》《钱穆先生》《闻一多先生》《西南联大时期的郑天挺先生》等多篇回忆文章。

不过大师云集，实乃机缘凑合。但如何保护好学者研究与教学的权利，活跃学术风气，激发学术的创造力，才是大学办学的关键。在任先生心中，"北大之'大'，不是校舍恢宏，而是学术气度之大"，"能容纳不同的学术观点"（《北大的"老"与"大"》）；"西南联大值得怀念的是它的自由宽容、博大深宏的学风"（《我心中的西南联大》）。据不完全统计，联大八年所开的课程，竟然达一千六百门以上。同一个课程，闻一多和罗膺都讲唐诗，观点却不相同；罗膺讲楚辞，闻一多也讲楚辞；一样的古文字学，唐兰和陈梦家不同。沈有鼎为哲学系开《周易》课，闻一多来听；数学系教授程毓淮听郑昕的"康德哲学"课，至于陈寅恪讲"佛典翻译文学"，听者多为中文、历史、哲学的老师，陈寅恪遂有"教授的教授"之称。联大的课外学术活动丰富多彩，学术演讲几乎每天都有，学术社团经常组织各种学术活动，文科研究所罗常培组织了一系列学术报告会，任先生听过的就有汤用彤的"言意之辩"、向达"唐代俗讲考"、冯友兰"禅宗思想方法"、贺麟"知行合一新论"、陈国符"道藏源流考"。活跃的学术风气，最终获益的还是学生。

"百家争鸣，学术民主，不但在同辈中盛行，师生之间也不乏这种宽容求是的事例。"（《抗战时期西南联大散记》）任先生的文章，生动地叙述了联大师生学术平等的故事。文科研究所的研究生自然是得天独厚，在研究所的小天地里与导师吃住在一起，朝夕相处，如古代的书院，既可四时请安，又可随时问道。一般的大学生虽不似研究生，与老师如此亲密，但与老师亦有经常的交流，而且撰写论文，可以与导师的意见相左，只要持之有故，论文就可以通过。历史系二年级学生王玉哲不同意文科研究所所长傅斯年关于《齐物论》作者的意见，发表文章提出商榷，考研究生时，壮胆报考文科研究所研究生而被录取，并未因学术观点不同受影响。杨振声指导本科四年级学生写论曹禺的论文，学生迟迟不能交论文。杨振声约学生谈话，原来学生不交论文，是因为学术观点与杨先生不同，怕在杨先生那里通不过。杨振声告诉学生，只要掌握原始材料，认真研究，言之成理，持之有故，不必和老师的观点一致。"学术面前，只重证据，不论资格。"这就从学术的本性上，给予学生以创新的胆气。

宽容的学术环境，是学术研究的温床。虽偏居西南一隅，闻一多利用西南地区民族、民俗的活化石研究《诗经》《楚辞》和古代神话，开创了研究的新生面。罗常培亦利用西南民族的语言资源，开辟了少数民族语言学的新领域。贺麟创立了"西洋哲学编译会"，主持编译西方哲学。金岳霖的《知识论》是他在联大的讲稿，汤用彤的《汉魏两晋南北朝佛教史》、熊十力《新唯识论》、钱穆《国史大纲》也都完成于此一时期。以上所著多为传世经典，何止是成就斐然而已！

西南联大继承"五四"传统的另一体现是爱国和民主。任先生回忆联大生活，总结联大的办学精神，既讲学术自由，又讲爱国和民主。冯友兰先生撰写的西南联大纪念碑文也说，"联合大学以其兼容并包之精神，转移社会一时之风气，内树学术自由之规模，外来民主堡垒之称号，违千夫之诺诺，作一士之谔谔"，乃是西南联大精神。而这也正是"五四"的精神，西南联大继承了这一传统。

联大的师生虽然有不同的政治立场，或"左"或"右"，见解分歧，但是却都有共同的爱国信念，都主张抗击侵略、争取民族独立。爱国成为西南联大师生的凝聚力，也成为学生克服困难、砥砺成才的动力。所以，虽然天天有日寇飞机轰炸，物价飞涨，师生食不果腹，联大却为中华民族培养了一大批卓越的人才。

争取民主也是西南联大精神所在，而这一精神亦来自"五四"传统。1944年，重庆政府把"青年节"的日期，由

5月4日改为3月19日,以此防范学生的民主运动。联大学生鄙视、无视政府的通令,举办了一系列"五四"纪念活动;1945年,又举办了更盛大的"五四周",联大学生精神由此而出现复兴。1945年,国民党政府发动内战,联大学生开展了血与火的反内战学生运动,展现出他们不屈的壮志,教授闻一多的鲜血亦染红了西南联大这片土地。西南联大的民主运动,证明西南联大的老师不是"死读书"的学者,西南联大培养的学生亦非"读死书"的学生,而是关心天下大事,关心国家命运的志士,这也是西南联大不朽的遗产。

1943年12月,林语堂从美国回国,到西南联大演讲,他用"不得了"感慨西南联大师生生活的艰苦,又用"了不得"赞誉联大取得的成绩。林语堂是文学家,搬弄文辞,是他的本事,也是他的常态,而此"不得了"和"了不得",确实表达了人们对西南联大由衷的敬佩。

2017年4月2日

著者不朽

詹锳先生1998年逝世，当时给我的感受是天倾西北，地陷东南，河北大学古代文学学科失去了擎天柱。

本来不是大病，胆囊炎。天津总医院的医生叫他做手术，告诉他现在摘除胆囊很简单，不用开刀。但詹先生拒绝手术，叫家里人打电话给我，过去给他定治疗方案。我正在石家庄参加省里会议，听说詹先生住院，马上请假赶到天津，但总医院的主治大夫告诉我，已经过了最佳手术期，只能尊重患者的意见，保守治疗，用抗生素输液。

詹先生1997年得过一场大病，住院近一年，曾经与南开大学王达津先生住在同一个病房。后来慢慢痊愈，恢复健康。詹先生能从严重的心脏病里脱离危险，相信胆囊炎不会把他怎样。有了治疗意见，我看詹先生病情还比较平稳，又回到石家庄继续开会。谁知仅仅过了一天就报病危，心脏、肾脏都告衰竭，及至我赶到天津总医院时，先生已经驾鹤而去。

詹先生带领我们整理完李白全集，由百花文艺出版社出版。拿到书时，詹先生说："我这一辈子，该做的工作都做了。"听到这句话，我心里一沉。想不到，竟然成了谶语。

1996年，詹锳先生八十华诞时，河北大学中文系和古籍所共同为詹先生举行了很小的庆祝活动。葛景春师兄整理出詹锳先生论著论文目录，林大志整理出詹锳先生年谱。詹先生去世后，我一直留心詹先生零散发表而未收入论文集中的文章，就是想有机会、有条件时整理出版詹锳先生全集。2006年，当詹锳先生诞辰九十周年时，我们师兄弟及其他弟子参加了河北大学主办的詹锳先生学术成就与学术思想研讨会，会间大家都与我商量能否编詹锳先生的全集，但我觉得时机还不成熟。2013年，河北教育出版社出版顾随先生全集后，与任文京说，以詹锳先生在国内外的影响，他们很想一鼓作气出版詹锳先生全集。出版社有眼光，学校也有了出版著名学者全集的举措，出版詹锳先生全集的机会终于来到。果然，河北教育出版社很快完成报批程序，纳入出版计划，河北大学也以高效的审批速度，将资助出版詹锳全集纳入文学院学科建设规划。

出版詹锳全集，自然是河北大学应该做的事情。詹锳先生1948年到美国留学，1953年取得博士学位，不顾美国的阻挠，毅然回国，由高教部分配到河北大学的前身天津师范大学工作，直到逝世。20世纪80年代，华东师范大学成立古籍所，曾以很高的待遇请詹先生去工作。河北大学知道了这个消息，派组织部长到詹先生家做工作，劝阻詹先生离开河北大学。组织部长问詹先生有何困难，学校帮助解决。那时，詹先生蜗居在河北大学留在天津的校产和平楼，用的是公共厕所，没有坐便桶，詹先生身体胖，坐立极为吃力。詹先生就提出了这个问题。河北大学马上派人来改造了便桶，詹先生回绝了华东师大的聘任。詹先生对河北大学的要求就是如此简单。

但他为河北大学做出了重要贡献。河北大学有"三老"，教育系的滕大椿先生，历史系漆侠先生和中文系的詹锳先生。在80年代刚刚恢复学位制度之初，以三位先生为学术带头人的学科，分别获批外国教育史、中国古代史和中国古代文学博士授权点。而这三位先生申请获批博士点，端赖其学术成就和学术声誉，因为无论是滕先生的美国教育史研究、詹先生的李白和《文心雕龙》研究、漆先生的宋史与农民起义史研究，在国内外都极有影响，有的堪称首屈一指。因此有人说，这三个博士点，不是争取来的，是国务院学位委员会送来的。自招收研究生后，詹锳先生为国家培养了一大批优秀人才，詹锳先生也被评为全国教育系统劳动模范，荣获"人民教师"称号。

当然，詹锳先生不但属于河北大学，他也属于中国古代文学界和教育界。出版詹锳全集，既是河北大学的事，亦在中国学术界的期盼之中。

詹锳先生从40年代初，就在西南联大开展学术研究，主要领域在魏晋南北朝隋唐诗文，李白是他研究重点，《李白诗文系年》和《李白诗论丛》即于此一时期开始撰著，并有《李白集版本叙录》《李白之生平及其诗》《李白家世考异》《李白〈蜀道难〉本事说》《李白〈菩萨蛮〉〈忆秦娥〉辨伪》《李诗辨伪》《曹植〈洛神赋〉本事说》《〈玉台新咏〉三论》《四声研究》发表。此后留学美国，詹锳先生改学心理学，但他并未中断古代文学研究。1957年由作家出版社出版了《李白诗论丛》，1958年作家出版社出版了《李白诗文系年》，后者被称为新中国李白研究的奠基之作。此后，詹锳先生的研究主要集中在李白和《文心雕龙》方面，陆续出版了《刘勰与〈文心雕龙〉》（中华书局1980年版）、《〈文心雕龙〉的风格学》（人民文学出版社1982年版）、《文心雕龙义证》（上海古籍出版社1989年版）、《唐诗》（上海古籍出版社1979年版）、《语言文学与心理学论集》（齐鲁书社1989年版），主编《李白全集校注汇释集评》（百花文艺出版社1998年版）。此外，还在《文学评论》《文学遗产》《中华文史论丛》等刊发表数十篇学术论文。这些著作和论文，代表了这两个领域研究的最新成果，也代表了其最高研究水平，因此在国内外学术界具有广泛影响。《〈文心雕龙〉的风格学》被评为河北省社科研究优秀成果一等奖，《文心雕龙义证》被评为河北省社科研究优秀成果一等奖、全国古籍整理优秀著作一等奖、全国首届优秀古籍整理图书，《李白全集校注汇释集评》被评为国家图书奖、教育部高等学校人文社会科学研究优秀成果二等奖。

此次整理詹锳先生全集，原则是务求完整，尽可能呈现詹锳先生著述全貌，但未收入詹锳先生的讲稿和书信。詹锳先生逝世后，他的遗物一直没有人整理。师母谢道瑜先生故去后，詹先生的儿子一家移居海外，这就给我们搜集整理詹锳先生的遗稿带来很大困难。所以决定此次出版全集，暂不收入这两部分内容。《李白全集校注汇释集评》是代表了詹锳先生晚年学术成就的重要著作。1978年，国家出版局立项新校新注八大作家集，詹锳先生承担了李白集的任务。其间编写过程颇多周折，但詹锳先生锲而不舍，最终带领自己的学生完成这部三百四十余万字的巨著。此书虽然是詹锳晚年倾注全部心力完成的著作，但因为是集体编写，因此也不能列入全集。

此书编辑由我和任文京担纲，但具体整理工作主要由文京来做。詹锳先生著作跨越近八十年，行文、引文、书名等规范要求有了变化。因此，我们聘请了专家张圣洁先生进行审阅，张先生为此做了大量细致的文字校对工作。还有出版社的刘相美等，为编辑此书也付出了大量劳动。这些，詹锳先生的在天之灵都会看到的。

今年是詹锳先生 100 周年诞辰，整理出版他的全集，也是我们对他的真诚纪念。人无论贤愚，总要归去，只有精神可以永存，如曹丕说："年寿有时而尽，荣乐止乎其身，二者必至之常期，未若文章之无穷。"詹锳先生已经故去，但他的著作终会永存。

一代学人的良知
——在纪念詹锳先生百年诞辰学术研讨会上的发言

从20世纪70年代末恢复学位制度,老一辈学者开始招研究生,到现在已经有了近40年的历史。如果按代计算,也应该有四五代了。所以,学界习惯于把某一师门称为某某门,如詹锳先生的詹门。我要强调的是,我们所说的某某门,不是一个人,而是一个学术团队。如詹门这个团队,不仅有詹锳先生,还有顾随、韩文佑、魏际昌、高熙增、胡人龙等先生。我们纪念詹锳先生,纪念的是这个学术团队,纪念的是老一辈学人,缅怀的是上一代学人的人格和学品,更扩而大之,总结的是一代学人的际遇、命运,一代学人的学术传统,而詹锳先生则是这一代学人的代表之一。

关于上一代学者,我已经拜读了诸多总结他们学术成就、学术道路和学术思想的文章,我尤其关注到蒋寅研究员关于四代学人的划分以及分析第一代学人特点的文章,那是一篇客观分析、评价我们的老师辈,即第一代学人得与失的文章。因为时间关系,我这篇发言,不拟全面展开,只是从"良知"的角度,谈谈詹锳先生这一代学人给我们留下的学术遗产。

从道德角度来看詹先生这一代学人,最值得关注的是他们关注社会民族与人民命运的情怀,我认为这是老一辈学人与当代学者的最大差别。老一辈学人,从选择了人文学科这个职业,就受了淑世思想的左右。鲁迅最早学医,受了中国人麻木无知的刺激,知道与其治中国人的病,不如拯救中国人的灵魂，而且是如此之急迫，所以毅然改为从事文学。詹锳先生的老同学任继愈先生也讲过他为什么要专治中国哲学史："1934年考入北大哲学系，旧社会读哲学很难找到合适的职业。那时年轻，不考虑那些，一心想寻找真理，追求人生的归宿。""大学三年级，暑假期间发生了'七七'事变，北大南迁。文学院设在湖南衡山脚下。半年后又迁往云南蒙自县。由湖南到云南我参加了学校组织的'湘黔滇旅行团'。徒步旅行，走了两个多月，行程一千三百多公里。有机会看到农村败落和农民贫困景象。靠了他们承载着这个又穷又大的国家。人生的归宿，最后的真理，如何与当前广大贫困的农民和败落的农村发生关系，对我来说一直是个问题，无法解决。我深信探究高深的学问，不能离开哺育我的这块灾难深重的中国土地。从此我带着一种沉重的心情来探究中国传统文化和传统哲学。"（《自传》，《任继愈文集》第10册，国家图书馆出版社2014年版）

老一辈学人，如胡适鼓吹的平民文学那样，要把在天上歌吟的诗人，拉到地上来，与人民一起歌唱，而今天的学人却反之，要"不问苍生问鬼神"。仔细盘点老一辈学人取得成果最丰硕的领域，主要是屈原、李白、杜甫、白居易等经典作家和作品。为什么他们的研究热点在此？这只能去问老一辈学者的良知。传统的士人气质的熏陶培养了他们"天下兴亡，匹夫有责"的责任担当，"五四"以来欧美新思想的教育，又使他们具有了追求自由与民主、追求真理的理想。而这一代人正处于社会大变革、大动荡、大转折时期，他们亲眼看到了各种思想、各种政治势力的兴衰沉浮，亲身经历了民族的危亡与复生，这些又把他们与民族、民生紧紧地联系在一起。所以他们研究古代文学，无不浸透了当世的民族、民生关怀。詹锳先生自传说：他上高中时，发生了"九一八"事变，他参加了1931年冬天北方学生南京请愿团，请愿团后来改成示威团，砸了外交部。在北京大学读二年级时，参加过"一二·九"学生运动。全面抗日战争爆发，他随学校迁往昆明的西南联大。1953年，他在哥伦比亚大学取得心理学博士学位后，还没领得证书，就冲破美国移民局的阻挠，回到中国。从詹先生的经历可以看出，他的前半生，是主动而非被动与国家、民族的命运紧紧地联系在一起的。这可以解释，老一辈学者为什么热衷于研究屈原、研究李杜。也可以解释，我们整理《李太白全集》，詹锳先生在给《李白全集校注汇释集评》写"前言"时，为什么写了"李白诗中的爱国情操"这样的题目。而且我读詹先生这篇文章，也弄清了詹先生爱国的内涵，"我们标出李白诗中的爱国热情，则是从另外的角度进行探讨的"，那就是"关怀人民的爱国精神"，就是"写征夫思妇离别之苦，而含无限的同情"，就是"代表了被压迫人民的心声"，就是"从爱护人民关怀人民出发"的"反战主张"。（《李白全集校注汇释集评》，百花文艺出版社1996年版）总之，詹先生所说的爱国，就是关怀人民、同情人民、爱护人民。这就是詹锳先生作为人文学者的良知，也是那一代学人的良心。

王阳明论良知，把其说成是人的先天质素，"吾心之良知，即所谓天理也"。如果人果然有先天的良知的话，如孟子所说："学问之道无他，求其放心而已。"那么学者读书，是为了找回已经丢失或者被埋没的良知；而学者研究的目的，则是为民众启蒙良知。

如果就专业角度来谈良知,詹锳先生这一代学人的良知,表现为对所从事专业的"惟精惟一"的精进恒一精神。

首先表现为对治学的一种坚守,以生命投入其中的热爱,恒久的钻研和探索的毅力。詹先生1935年在北大学习中国语言文学,其时刚刚年过二十,从胡适学中国文学史,从罗常培学音韵学,后到云南西南联大,从陈寅恪学元白诗,从闻一多学《诗经》,从刘文典学《庄子》、朱自清学陶诗、罗庸学杜诗。1941年,詹先生25岁时即从事李白与六朝文学研究,发表李白研究的系列文章,写成《李白诗文系年》。到70年代后期,开始李白全集的整理,前后跨越近40年。詹先生1943年在国立白沙女子师范学院任教时,讲授《文心雕龙》,1961年在《光明日报》发表讨论"风骨"的文章,到1980年出版《刘勰与〈文心雕龙〉》、1982年出版《〈文心雕龙〉的风格学》、1989年出版《文心雕龙义证》,前后也经过了40多年。可以说,詹锳先生把其一生都献给了古代文学研究。我清楚记得,地震后的一个夏天,我在天津见到詹锳先生,他坐在一个马扎上,穿着汗水湿透的背心,围着一条毛巾,前面就着茶几整理《文心雕龙义证》的书稿,从此,这一形象如石刻画像一般深深镌刻在我的记忆中。从事任何职业,都需要对职业的热爱,对所从事工作的执着。而古代文学研究尤其如此。研究古代文学自然需要悟性,这是文学特性所决定的。如果说研究文学需要有天资的话,悟性就是天资。詹锳先生、韩文佑先生都是过目不忘的人,才为天资。但是研究古代文学,面对的是浩如烟海的文献,仅靠天资成就不了一个好学者。而后天的坚持与执着,就是学者所应具有的素养。

而这 40 年，是太平的 40 年吗？詹先生他们这一代学人又经历了哪些？1949 年前的时事前面已经说过，1949 年以后，他们又经过了历次政治运动的"洗礼"，确切地说是磨难。詹锳先生还算比较幸运的，似南京大学程千帆那样被打成右派的老一辈学人，以及 1949 年后所培养出的学者如傅璇琮、裴斐等，处境就更加悲惨。但是，无论遭遇多少挫折与打击，都未能泯灭他们从事古代文学研究的初衷，这是一代学人更为可贵的良知。

其次表现为对学问的敬畏之心。敬畏是一种态度。詹先生他们那一代学人，敬畏学术，敬畏真理，敬畏对手，对古代文学研究，表现出严肃、认真、一丝不苟的态度。詹锳先生的一个基本观点，即认为文学研究是一门科学。作为科学，文学研究有它必然追求的学术目标，那就是为所研究的问题寻找到最科学合理的答案。人文科学不同于自然科学，同一问题，答案可能有多种，但是最合理、最接近于问题实质的答案，只能有一种。好的学者，就是以追求这一最佳、最合理的答案为目标的。

人文科学也有它必须遵循的规范，技术方面的规范自不必谈，研究路径与方法方面，则必须坚持历史主义的原则、客观的实事求是的原则。詹锳先生做学术研究，特别强调无征不信，有一分材料说一分话，就是贯彻他文学研究乃是科学的观念，力求研究的客观性、可信性。詹锳先生研究李白，重在李白生平事迹的考订和诗文系年，在此方面，詹先生做得十分谨慎。比如李白几入长安的问题，他的《李白诗文系年》写于 40 年代初，1962 年稗山提出二入长安说，后经郭沫若、安旗、郁贤皓诸位先生考证补充，影响很大。在编撰《李白全集校注汇释集评》时，詹锳先生与参编人员反复讨论这一问题，逐渐倾向于李白有两次进长安，但在何年、自何地进入长安，还待进一步考证，为谨慎起见，暂时未写入《李白全集校注汇释集评》。有人也许批评詹锳先生比较保守，但是我却感受到了他固守无征不信原则、毫不退却的性格。

为了寻找问题的科学解答，詹锳先生的学术研究表现出不迷信权威、不迷信古人的学术自信，也表现出不小视今人和后辈的学术民主与谦恭。《文心雕龙义证》就是如此。关于"隐秀篇"补文的真伪问题，詹锳先生与杨明照先生和他的老朋友王达津先生有激烈的争论，他坚信自己的考证，也希望能把论争的对手说服。我在一篇文章里，讲过裴斐先生50年代与他的老师林庚先生争论李白是青春豪放还是悲豪的问题，也说明坚持真理，是优秀的学者的良知。而在另一方面，詹锳先生在《文心雕龙义证》中又本着片善不移的精神，打破古籍整理传统的规矩，充分吸收了当代人的研究成果。这样做，就是希望对文义求得更为满意的解释，体现出一代学人学术至上、唯真理是务的良知。

《李白全集校注汇释集评》的编撰及成就

李杜被称为唐代诗人的双子星座,然而二人集的注本却相差悬殊。宋代号称千家注杜,而李白只有宋末元初的《分类补注李太白诗》(嘉靖二十五年玉几山人校本),其后有价值的注本,只有明末胡震亨《李诗通》(顺治七年刊本)、清代王琦的《李太白集辑注》(乾隆二十四年聚锦堂刻本,中华书局1977年排印)。另有明代朱谏《李诗选注》(隆庆六年刊本)、清代《李诗直解》(乾隆四十年刊本),皆为选本。

1949年后,李白集校注有了很大进步,先后出版了四部注本:瞿蜕园、朱金城编《李白集校注》(上海古籍出版社1980版)、安旗主编《李白全集编年注释》(巴蜀书社1990年版)、郁贤皓《李白全集校注》(凤凰出版社2016版)。再有就是詹锳先生主编的《李白全集校注汇释集评》(百花文艺出版社1996版,2010年再版)。

詹锳先生是20世纪李白研究的代表性学者。他1916年出生于山东聊城,1938年毕业于西南联合大学,1948年赴美国留学,1953年获哥伦比亚大学师范学院心理学博士学位。他先后在西南联大、安徽大学、浙江大学、山东师院、天津师院、河北大学任教,曾任国务院古籍整理规划领导小组成员、李白研究会会长。李白研究著作主要有《李白诗论丛》(作家出版社1957年版)、《李白诗文系年》(作家出版社1958年版),主编《李白全集校注汇释集评》(百花文艺出版社1996年版)等。

1977年,国家出版局组织全国出版工作座谈会,制定了整理出版中国历代大作家集的规划，詹锳先生承担了整理李白全集的任务，1982年又被国务院古籍整理规划小组列入全国古籍整理重点规划，项目正式启动，历经15年完成。此书本来列入人民文学出版社出版计划，但因为便于联系、开展工作等原因（河北大学古籍所时在天津），改由百花文艺出版社1996年出版，2010年再版。

　　此书是首部带有集校、集注、集评性质的整理本。其特色和取得的成就有如下方面：以静嘉堂宋本为底本，以明正德影宋咸淳本、元刊萧本、何校陆本等十六种刊本并唐、宋、元、明重要总集及选本进行校勘。注释部分，分题解、注文、串解等三项内容。对较长诗文，都加上题解，说明写作背景、撰写时地以及诗文义旨。注文主要参照杨、萧注和王琦注，但首次对旧注作了全面清理，去其烦琐，出以精炼简明。旧注不确之处，换为新注，所引古书，一律核对原书，并注明篇名、卷数。为使读者弄明诗句上下的串连和取义，注文部分采纳了朱谏《李诗选注》及清人《李诗直解》等书，分段串讲。集评部分收录了著者所能搜集到的历代对李白诗文的评论材料。备考一项收集了古人和今人对作品的不同解释意见，以备研究者参考。

　　首先是李白集版本的调查、清理与校勘。这是李白集整理最基本的工作。李白集版本的调查首先是由詹锳先生开始的。论及詹锳先生李白研究的成就，都会谈到他的李白诗文系年，其实他的李白集版本研究、诗文辨伪与诗文系年几乎同时开展。1943年8月，他在《浙江大学文学院集刊》第3期发表《李白集版本叙录》一文，对唐宋时期李白集的编辑、刊刻与版本源流作了全面梳理与叙录。另有《李白〈菩萨蛮〉〈忆秦娥〉辨伪》辨二词非李白之作，发表于1944年《真理杂志》第1卷第1期；《李诗辨伪》发表于《东方杂志》1945年第41卷第2期，对《长干行》其二、《少年行》、《猛虎行》、《去妇行》、《戏赠杜甫》等16首诗及《比干碑》一文，作了真伪之辨。此项研究工作后再无人开展，到了70年代，才有接续，而且研究的主力还是詹锳及其弟子。今传宋蜀本有宋甲本，此为国家图书馆藏《李太白文集》，为南宋高宗时蜀地刻本，缺卷十五至卷二十四。另有日本静嘉堂文库从陆氏皕宋楼所得《李太白文集》，称宋乙本。杨桦发表于《天津师范大学学报》1983年第5期文章《宋甲本宋乙本〈李太白文集〉为同一本版》，比对行格与款式，边栏与版口版心，体例与编次，字体与误字、衍字、脱字、讳字等，考定甲乙本俱为南宋时刊本。詹锳发表于《文学遗产》1988年第2期文章《宋蜀本〈李太白文集〉的特点及其优越性》进一步考证证明宋甲本和宋乙本是从一副书版印出来的，并全面论述了宋蜀本优于其他通行本子之处。此文还提供了很多有价值的文献信息：李白作品的分类、李白诗文最早的编年和李白游踪的最早考证等。这些都为李白集版本校勘打下坚实基础。

《李白全集校注汇释集评》首次以日本静嘉堂文库藏宋蜀本为底本，采用国家图书馆藏宋蜀本残本、清缪曰芑影宋本《李翰林集》、元刻本《分类补注李太白诗》、明正德八年鲍松编《李翰林集》等十六个本子对校，几乎包容了现在所能见到的全部李白诗文集；除以上刊本外，还采用了《四部丛刊》影印述古堂钞本《才调集》、明隆庆刊本《文苑英华》等十七部唐宋元明重要总集及选本进行校勘,为读者提供了迄今为止校勘最为精审的本子。目前看,在版本校勘方面,还未有注本超过《李白全集校注汇释集评》。

其次是文本的注释。《李白全集校注汇释集评》充分吸收了杨、萧本和王琦注本的成果。凡采纳之旧注,皆查找引用原书,核对原文,改正旧注与原文不合之处,并标明书名、卷数和篇名,以便使用者核查。哪些是杨、萧和王琦自注,亦一一标明。凡旧注不确切之处,此书则换新注。尤其是地名,既引用旧志注明地理沿革,而且注明今所在区划。杨、萧注和王注常引古诗文以标明李白诗字句的来历出处,瞿、朱注多去之,此书则注出来历,标明作者和篇名。考虑到旧注有时"释事忘义"之弊和今天读者理解诗意的困难,此书收录了《李诗选》《唐诗解》和《李诗直解》等书的串讲。引用文献之丰富、准确,超越了旧注本,也是其他新注本所不及的。

与旧注相比,此书增加了"题解""集评"和"备考"部分。"集评"始于瞿、朱《李白集校注》,其"评笺"部分收录了一部分评语,但数量有限。安注本又有所增加。此书则增加了"严评本"、《李诗纬》、《李太白诗醇》及历代诗话、笔记中的大量评语。

最有特色的是此书首设的"题解"和"备考"。设"题解"主要是说明作品的写作背景、撰写时地及对于诗文主要内容的提示。撰写时,充分研究了李白研究的最新成果,凡认为可采信的,吸收到"题解"中。自然,李白的生平、诗文系年和诗文内容,都有许多争论,为了充分反映这些内容,凡编者认为不能作为确论、尚可作为参考的,都放到"备考"中。

《李白全集校注汇释集评》出版后,得到了学术界的好评,获第三届国家图书奖和教育部社科优秀成果二等奖。限于此书成书时的条件和研究水平,尚有未完善之处:其一,注释有不准确或可商之处;其二,因为当时李白二入长安尚在讨论之中,未成定论,编者谨慎起见,编年未能吸收新的研究成果;其三,古人评点诗文文献,当时虽尽可能搜集,但限于条件,所收条目并不完备。尽管如此,迄今为止,此书仍是校勘最精审、注释最完备、提供学术信息与文献最广博的李白集注本。

张立斋《文心雕龙》研究著作两种序

张之宇女士因主持张学良口授历史而闻名中外。但是在未见面之前，因我孤陋寡闻，并不清楚她就是台湾著名学者张立斋先生的女儿。2007 年，张之宇、张之丙女士来国家图书馆访问，我接待她们，以为是例行公事。但是，当我得知她们就是张立斋先生的贤媛，并且看到先师詹锳先生写给之宇的信件时，一下子就消除了距离，没了客套，聊得比较投缘。

张立斋先生清末师从罗振玉和金梁，研究训诂考据、殷墟甲骨，致力于书画活动。1949 年迁海外，后回到台湾，曾经任教于东吴大学、政治大学和文化大学，讲授金石、训诂之学，《论语》《老子》《文心雕龙》也是他的主讲内容。1967 年在台湾正中书局出版《文心雕龙注订》，1974 年出版《文心雕龙考异》。这两部书在台湾颇有影响，著名学者王更生先生即高度评价《文心雕龙考异》，认为对校勘颇有贡献。1995 年台湾"中研院"首次收集古籍文献电子资料，《文心雕龙》研究著作选了三部：除范文澜《文心雕龙注》、詹锳《文心雕龙义证》外，张立斋先生的《文心雕龙考异》亦列其中。可惜 20 世纪的 60—70 年代，由于两岸交流尚少，张先生的《文心雕龙注订》《文心雕龙考异》这两部书，在内地很少得见。1982 年，先师詹锳先生在北京科学院图书馆发现《文心雕龙注订》，借到家中细读，抄录了很多"卓越的见解"。1984 年，詹先生到美国讲学，又在威斯康星大学图书馆借到了《文心雕龙考异》，詹锳先生编著《文心雕龙义证》，对二书多有征引,"以便在大陆传播"。

《文心雕龙注订》和《文心雕龙考异》是两部侧重不同而又可以互补的书,《考异》侧重于不同版本文字的考校,而《注订》则致力于文意的注解。

《文心雕龙考异》据英国藏唐写本残卷、涵芬楼影印之嘉靖本、哈佛图书馆藏万历杨升庵批点梅庆生音注本、哈佛藏凌云本、哥伦比亚大学图书馆藏黄叔琳集注及纪评合刻本五种,旁参《太平御览》以及范文澜注本、杨明照校本、王利器新书,考校《文心雕龙》文字:"兹就唐本十余篇中,王氏失校者,有廿余条,杨氏失校者,达三百四十余条。""且唐写本原为草体,娟秀有法,西陲古卷上品,盖中唐学士大夫之笔,二氏于诸篇中之天与之、祀与祝、復与履、诘与诰、晳与晰、秘与祕、弥与珍、照与昭、祝与说,间率依稀莫辨,以意误从。""至于亡忘、勋绩、解懈、唱倡、撰選、宛婉、旁傍、曜耀、郤郄,皆于古为通之字,有典籍可按,而二氏率以应从某从某者,何疏略至于是欤。"对范注及杨明照和王利器校,多有补充和订正。如《宗经》引班固《东都赋》"天下之奥区",以证"洞性灵之奥区"唐写本和范注作"区奥"之误。《体性》"仲宣躁锐",旧本皆作"锐",范注以《程器》"仲宣轻脆以躁竞",疑为"竞"。王利器和杨明照校改"锐"为"竞"。《考异》则引《左传·哀公十一年》:"子羽锐敏。"注:"锐,精也。"又《方言》:"鈚、锐亦犹躁锐也。"以证王校和杨校改字之非。《通变》"夏歌雕墙",梅本、凌本和黄本皆作"雕",而杨校据《玉海》引"雕"作"彫"。《考异》按:雕彫古通,《广韵》彫又作雕,证杨校之非。又如《程器》"潘岳诡祷于愍怀",黄本"祷"作"诗"。《考异》指出:"此指潘岳草祷神之文,受贾后之旨,以害愍怀太子也。诡祷本此,祷字不误。……黄本作诗非,王校从黄本改尤非。"判断多有据,足可与范注、王校、杨校相互补充。

《文心雕龙注订》,其"前言"说明目的甚清,就是"一以正诸本之为失,与补其所未备"。张立斋先生数年讲授《文心雕龙》期间,对文义的研究,积累"不下千有余则",这些都在书中得到体现。按其体例,实则分为两个部分,其一是解题,揭示每一篇的篇旨,对我们把握篇旨颇有启发。如首篇《原道》,"立斋按……本者,溯其根本之谓。此原道者,原文心之道,文心之言道,自然之道,原其自然成文之道也"。而在随文注释中,著者一再申明此意:"道本自然,文由天成。故彦和屡言自然,此文心为书,第一要旨。"这样的诠释的确是正确把握到了《原道》的理论核心。又如《宗经》题解:"宗,主也。首章原道,言文章之由来,概本自然。此章宗经,言文章精练,概主群经。"不枝不蔓,紧紧扣住文章来讲题旨,抓住了根本。其二是注释,对旧注多所补正,并且时有胜义。比如关于《原道》篇"文之为德也"这句话的理解,范文澜注:"按《易·小畜·大象》:'君子以懿文德。'彦和称文德本此。"《注订》指出,《小畜》之言与《文心雕龙》的"文之为德"不相侔,"文德"与"文之为德"有殊,文德重在"德"字,文之为德重在"文"字,德与得通,"言文之为德者,观其效,而察其所得也"。"言文之为德,明斯文之体与用,大可以配天地也。"在这段注里,著者一方面纠正了范注之误，另一方面，对"文之为德也"，作出了个人的解释，应该是我们见到的各家解释中，关于体用说最早的解释之一。

20世纪的60—70年代，《文心雕龙》研究成果尚只有为数不多的几部，如大陆的范文澜注、王利器校证、杨明照校注等。所以这两部书的面世对于龙学研究就显得尤为珍贵，它与大陆这个时期的几部龙学著作一起，代表了那个时期的研究水平。

当然，诚如作者在《考异》序中所言，由于著者身处环境的限制，见到的版本不多，在进入20世纪80年代以后，《文心雕龙》作为古代文学理论的重要著作，引起了学术界广泛关注，研究著作如雨后春笋般一下子就冒了出来，龙学无论在大陆还是台湾，都成为显学。其代表性的成果，在前贤研究的基础上有了新的突破，研究之深细，自然也是后来居上。

《中国国家图书馆馆史》跋

编写《中国国家图书馆馆史》的设想，不始于现在，而在 20 世纪的 90 年代。据李致忠先生回忆，90 年代初，国家图书馆成立了业务研究委员会，原副馆长鲍振西先生从文化部局领导岗位退下来，和几位馆里的老同志都到了这个委员会工作。就是在这期间，开始了馆史资料的搜集工作，编写了《北京图书馆馆史资料长编》1909 年至 1949 年卷和 1949 年至 1966 年卷，由北京图书馆出版社影印出版。并在此基础之上，开始编写 1949 年前段的馆史，由李镇铭执笔。初稿写出后，大家提了一些修改意见，由朱南修改。朱南的修改稿经讨论后，又交由张明华修订。此稿讨论仍需修改，此后结果就不得而知。

我们回忆这一段馆史编写的经过，意在说明，编写一部馆史，早就是馆里同仁的迫切愿望。同时也要告诉大家，现在出版的这部馆史，也有他们的一份功劳在。

今年的九月九日，中国国家图书馆即将迎来她的百年诞辰。百年，对于人类文明发展史而言，不过是一瞬之间，即使对于中华民族五千年的发展史来说，也不过是极为短暂的一刻。然而对于中国国家图书馆来说，这一百年走过来，真可以用漫漫长路来形容，她实在经历了太多太多。我之所以有如此的感慨，乃是因为这一百年正处在中国天翻地覆的历史时期。正是在这百年间，中国结束了几千年的古代社会，进入到现代社会。而这一历史的转型，是如此之惊天动地，如此之悲壮惨烈。这里既有中西文化的激烈碰撞冲突与融合，有民族的遭受侵略杀戮与反侵略的卓绝斗争，也有不同信仰不同制度的矛盾和其所引起的社会激烈对抗。如此，我们才会看到国家图书馆这百年馆史的特殊和重要。可以这样说，中国国家图书馆馆史就是中国这段百年历史，尤其是文化发展史的缩影。翻开馆史，就会看到有多少在近现代史上扮演着重要角色的风云人物，如梁启超、蔡元培、鲁迅同时也出现在国家图书馆的馆史中；就会看到有多少重大的历史事件，直接间接地影响到了国家图书馆的发展，甚至有的事件就与国家图书馆有关。

　　回顾国家图书馆走过的世纪历程，许多事情会引起我们深深的思考。在中国近现代史上，梁启超是改良派的代表，鲁迅是革命者的先驱，然而就是这样两种不同主张的人，却有先有后，在建设国家图书馆这件事情上走在了一起。我们看梁启超的一生，从最早的1890年师从康有为设立万木草堂书藏，1895年在强学会成立学会图书馆，1923年创立松坡图书馆，到1926年出任京师图书馆馆长，他的一生都与图书馆事业紧密相连。再看鲁迅，1912年应聘到中华民国临时政府教育部社会教育司任职，为京师图书馆的选址、调拨文津阁《四库全书》以及京师图书馆分馆建设，做了大量具体工作，留下不可或缺的一笔。两位前贤如此热衷图书馆事业，是偶然相合吗？不是。就是因为他们在国家败落、民族衰微之际，看到了国民素质对于国家强弱、民族兴衰的重要作用。他们认识到，国家、民族的兴衰取决于国民素质的高低。梁启超说，"西人之所强者在兵，而所以强者不在兵"（《译书论》），"开民智，强国基之急务也"（《敬告留学生诸君》）。鲁迅改造国民性的努力，更给大家留下不可磨灭的印象。而图书馆则是国民教育的重要设施。诚如梁启超在《论图书馆与开进文化一大机关》文中所说的那样,图书馆可以辅助在校学生"得知识之利",也可以使"不受学校教育者得知识之利","不知不觉使养成人才之利也"。事实证明两位先贤的认识是深刻的。近百年来,我国各种类型的图书馆,在普及科学、民主、知识、文化与提高国民素质方面发挥了重要作用,已经成为公共文化服务体系的重要组成部分,并且成为国民终身教育的重要场所。尤其是国家图书馆,作为中华民族文化的重要保存机构,在保存保护中华民族文化乃至世界文化方面,具有其他文化机构无法代替的重要功能,已经是社会公认的中华古籍保护中心。而在社会教育、知识传播、文化交流、为国家立法决策提供参考咨询等方面,更是中国文化、教育领域以及信息资讯领域不可或缺的重镇。因此,我在《百年国图赋》里感慨道:"民之有国图,是民之幸也;国之有国图,是国之祥也。"

当然,我们感受更深的是,图书馆事业的发展,离不开国家的发展,也离不开人民的需要和支持。在京师图书馆初建之际,由于财力不足,不得不暂借广化寺开馆。1917年搬迁到方家胡同的国子监南学,1929年再迁中南海居仁堂,直到1931年文津街馆的建成,可以说居无定所。全面抗日战争爆发,书籍蓬转,大量珍贵古籍南迁南京、上海,其中部分善本又辗转寄存美国,流落台湾,至今未能回归。北平沦陷,又有馆务南移长沙、云南。国无宁日,馆无静时,发展又从何说起?只有到了新中国成立,尤其是改革开放30年来,国家图书馆才有了大发展、大繁荣。现在,国家图书馆的建筑面积已经跻身世界国家图书馆的第三位,文献收藏居于第五位,而数字图书馆，无论数字资源拥有量以及技术水平、服务理念，都处于国际前沿行列。国家图书馆再也不是六十年前积贫积弱的小馆，她已经成长壮大为世界著名的图书馆。

国家图书馆的百年历史，是反映了我国近现代由传统走向现代历史进程的社会史，是中华民族文明在危殆中奋起、走向复兴的文化史。国家图书馆的百年历史，同时也是我国图书馆事业发展的缩影。所以，我们有必要用一系列的活动来纪念国家图书馆的百年诞辰，回顾国家图书馆这一个世纪不平凡的历程，而编写一部馆史也就成为纪念活动的应有之义。

经过馆长办公会研究，决定把编写馆史列入馆庆活动的重要内容，成立馆史编写委员会。经过慎重考虑，聘请李致忠先生为主编。这样做，固然有李先生是我馆知名专家，同时又是在馆里工作了几十年的老馆员的原因；另外也是考虑到：馆史既要写百年历程，就要涉及当下，而我们馆领导都在任上，出任主编，唯恐评价古往今来人物、事件，有失客观公允。评价解放前还好下结论，写解放后就难，尤其是搬入新馆以后的20年就更难。自己写自己更是史书之大忌。

当然作为编写馆史的领导者，我们班子成员还是尽职尽责，从始至终参加了馆史的讨论，并且三次审稿，有的甚至亲自操刀修改。所以，这部馆史成败得失，自然也有我们的一份责任。

李致忠先生是一位学者，有着学者治学的认真和执着。虽然年过七十，但仍致力于版本之学，承担着古籍保护和馆内的教学科研任务。这两年来，李先生荷此馆史重任，实际上是担起了两方面责任。起草大纲，组织编者写稿、改稿，自然是主编的分内工作；此外，他还要催馆领导看稿，控制整个馆史的编写、发稿进度，工作很繁重。所以每次审稿会，我尽管要当面表示谢意，但仍觉得过意不去。

馆史编写组的成员由几个部门的馆员组成，除少数的退休人员外，大部分人都有自己岗位的工作，写馆史，实际上是在业余时间加班进行。尽管每个人的水平不尽相同，但是他们对所承担的任务都很认真负责，这也保证了馆史的如期完成。

馆史编写因为是临时性的工作，也就临时分工由张雅芳副馆长负责。为了这项工作，她付出了大量精力和心血。现在她已经调离国家图书馆，到文化部机关党委工作。我相信，她无论走到哪里，都会留恋这个图书馆，并且为她的付出而感到自豪。

最后还要感谢周和平副部长，感谢他在百忙中为馆史作序。当然，我们都知道，他在 20 世纪 80 年代曾担任国家图书馆的党委书记和负责全面工作的副馆长。而在进入部领导岗位后，又负责全国图书馆工作。我们更感谢他为国家图书馆的发展所做出的贡献。

2009 年 8 月 5 日

文学地理学的启示

参加杨义先生的新书座谈会，令人很高兴。我与杨先生相识很多年了，自称他的老弟。

前些年杨先生送我"文学地理学"的书，我已拜读。我觉得，文学地理学，重要的是从文学史方法论的意义来看。刚刚在合肥开过《文学遗产》的座谈会，我和陆建德所长都去了。这次《文学遗产》的编委会实际上也主要是讨论中国古代文学研究如何再往前推进的问题。有人提出创新，也有很多人说不要提创新，最好提"推进"。

那怎么推进呢？这里面就涉及一个研究观念和方法的问题，在会上大家也提了很多很好的意见。张剑提出"四通"。在我看，"四通"和杨先生所讲的文学地理学很相近：首先要通文本，然后要通文史，还要通古今，通中外。这实际上是对古代文学研究如何推进——在当前普遍焦虑的情况下——提出的新途径。看看我们这些年的中国古代文学研究，老实说，我们在文献整理和文献研究方面，每一年都会有新的发现、新的收获。但是，文学观念、文学方法上却没有什么大的变化，应该说没有什么突破。在某些具体领域中，我们经常会有一些新的成果，这些新的成果其实也是在传统的研究方法下做出来的。这样的话，我们中国古代文学如何发展？这是大家比较关注的问题，也是这次《文学遗产》编委会扩大会讨论的一个核心问题。杨义先生作为文学所的老所长，他从研究现代文学起步，之后涉足于中国古代文学，包括中国古代文史。深入的涉足，给中国古代文学、文学史的撰写和研究方法的创新做了很多开拓性的工作。

文学地理学，我认为它主要的意义就在于，它是文学观念和文化方法上的开拓与创新，对整个文学史今后的研究发展在方法论层面有规划的意义。我想，对中国古代文学研究，它至少有三方面的开拓。

第一，主要是突破了中国古代文学传统研究中，以朝廷为中心这样一种考察视野。过去在中国古代文学研究中，我们基本上没有离开过朝廷，我们考察的作家，主要是士人，更确切地说是士大夫。文学地理学提出了边缘活力，认为整个文学的生产，中国古代文化的生产不仅仅是在朝廷这个中心，它还有一些在边缘地带。这实际上对开拓中国古代文学研究的视野是很重要的。我最近这几年带的学生实际上也想在这两个方面来扩展：一方面，我让学生做朝廷的文学活动。今年两个学生，一个在研究康熙的文学观，一个在研究乾隆的文学观。过去我们对这方面注意得不够，研究以后发现，朝廷的文制，不仅仅是通过大臣，更主要的是通过皇帝自己的示范在发生作用，这点此前我们注意得不够。另一方面就是士大夫之外处于边缘地区的文人和文人团体以及家族文学。我也指导学生做"二冯"（冯舒、冯班）研究，应该说他不属于士大夫阶层，但他在一个地区是有很重要文学影响的。文学地理学实际上就从观念和方法上把这个问题给我们提出来了，杨义先生通过这些年自己的学术研究，亲身实践了这样一个观点和方法。这是第一个开拓。

第二，就是他突破了我们传统古代文学研究或文学史研究中以汉族文学为主体的研究格局，广涉到其他少数民族。实际上，在《中国古典文学图志》里面，杨义先生已经明确提出这个问题，这次在《文学地理学会通》里作为一种理论思路，系统地提了出来。

前年在香山，我们开有关大文学史观的研讨会，杨义先生会上的演讲也谈的是这个话题。整个中华民族的文学不仅仅有汉族文学，少数民族文学也有它极为精彩之处。从文学地理学角度特别强调格萨尔的意义，是荷马史诗、印度史诗之外第三大史诗，关注点从原来的汉民族文学拓展到少数民族文学对整个中华民族文学所做出的贡献。这一点对今后的文学史的书写有很重要的意义，有必要把它作为一个地理学的概念提出来。文学地理学是一个整体。我们过去写文学史，简单地搞条块分割，这一大块写汉族，然后写一章或者一节少数民族作为补充，互相之间没有什么关系。从地理学的角度进行的研究，实际上是一个总体的综合的研究，我认为它没有中心和边缘这样一种等级差异，完全突破了以汉族为中心的传统模式，这一点，我认为是对整个文学史研究在方法和观念上的突破。

第三，就是文学地理学突破了传统文学史撰写和研究中以传世文献为载体和主要依据的模式。当然，传统文学史研究，也注意到了地下文献、口头文献，王国维就已经提出了"二重证据法"，但在研究界并没有形成风气。在文学地理学视野中，不仅仅强调传世文献和出土文献，同时也系统地关注来自民间的口头文献。这是中华文学记忆里面很重要的组成部分，对中国古代文学研究是一个全新的方法论的启示。就目前来说，我们的中国古代文学研究不太注意田野调查，也不太注意口传，还是和以往研究一样，以士大夫文学为主，这种观念约束了我们的研究视野。

　　从这三个方面来说，文学地理学会为我们整个中国古代文学研究打开视野，提供一种新的文学史观念和文学史研究方法。我个人认为，这会有很深远的意义。再次感谢杨义先生带给我们这么一本厚重的、在观念和方法上具有示范意义的书。

研究的文化
——写在《林继中文集》出版之际

此处所说研究的文化，不是学界经常讲的在古代文学研究中引入文化，是说研究本身所呈现出的文化。此文化表现为研究观念、路径方法与学风，更深层则反映的是研究者的学识、才气和情怀。这是我读林继中先生文集的深刻感受。

学识实则是由学与识两个部分组成，大致近于刘勰"积学以储宝"和"研阅以穷照"。古人讲学养，今人讲知识积累与结构。林继中先生之学，基础在杜诗学，他的出道之作也是成名之作即其博士论文《杜诗赵次公先后解辑校》。此书考证赵次公生平，探究赵注之原貌及版本源流，并遍及杜诗历史文献，辑佚恢复赵注前半部原文，校订后半部赵注明钞本，此为传统的辑佚校勘考证之学。足见林继中先生入学即正，传统之学功力深厚。有的学者凭此即可做一生的研究，成就事业，学界不乏此类学者。林继中先生的学养却不止步于此，或曰他的格局不在此，进一步推测，也许志不在此，兴趣不在此。他的杜诗研究、唐诗和文学史研究，都表现出极强的理论性和逻辑思辨色彩。《沉郁：士大夫文化心理的积淀》一文研究沉郁风格，首先讨论弗洛伊德"宣泄说"的局限，进而借鉴荣格"人人共同感受的经验"心理学，以探究忧患意识作为士大夫的共同文化心理，以及沉郁风格形成集体无意识的原因，进而研究杜甫的沉郁风格，赋予了杜诗沉郁风格更为深巨的历史责任感。他发微钱注杜诗，借鉴了西方释义学；研究杜甫诗律，受苏珊·朗格"表现性形式"启发,创为"生命的形式",揭示杜律的艺术魅力。以上所举都可见出林先生绝非老夫子旧书生,他心境开放,不分中学、西学,皆为我有,理论修养深厚广博,故于论述中左右逢源,顺手拈来,圆满阐释问题,而且不隔,亦不夹生。还有就是林继中先生的鉴赏能力也非一般,此点可看其《杜诗选评》。

学养是知识积累和知识结构,识见就是这种深厚的学术积累和合理的知识结构所造就的学术视野、价值判断力和问题穿透力。学术创新,多原发于识见。有胆有识,识见既来自学养,也来自胆量。胆量表现为敢于怀疑,亦呈现为善于另辟蹊径。自1897年窦警凡编《历代文学史》以来,一百余年,文学史几如过江之鲫,层出不穷,然其模式即时代背景加作家作品介绍,几无二致。林继中先生显然不满意这种一以贯之的文学史模式,在20世纪80年代,开始研究文学史,梳理其撰写模式。他在文学史发展的内外因素之间寻找中介系统——文化心理,在文学肌理之间发现心与物的中介——情感结构,从而大胆提出文化建构的文学史观。其图式是:"由经济基础所决定的文化目的通过传统、时尚及外来文化之影响,形成文化心理,同时作用于作者的情感结构与读者的期待视野;二者交汇于文本而共构作品,并因二者的交往而使期待视野发生演变,反过来又对文学进行文化选择和整合,形成以形式嬗变为标志的文学史运动。"在此文学史观指导下,林继中先生撰写了《文化建构文学史纲》,演绎了这一运动模式。关于林继中先生的文化建构文学史,已故赵昌平先生有精到的评论。我以为它有两大突破:在方法论上,文化中介论,突破了经济基础决定上层建筑的简单模式;情感结构论,突破客观世界决定主观世界的简单模式。在文学史发展阶段划分上,士族文学与世俗地主文学的整体把握,突破了以朝代为划分标准的单一形式。而在不同时期文学具体现象的介绍上,凝练主题的论述,突破了以作家作品为主要内容的模式。这里既可看出林继中先生开阔的学术视野,亦可了解他力图揭示文学史发展秘密的雄心,更可感受到他敢于打破成说的胆识。陈伯海先生用"宏通的识见来熔铸史料"的史识评价《文化建构文学史纲》,赞之为"超卓的"识见,实事求是,颇得我心。

再说才气。才,既为学者先天禀赋的才质,亦包含后天修为的才力。气则是每个人独有的研究个性。一般而言,古代文学研究者都会具备一定的学识,不同者或多或少,或高或低而已。然才气却不同,未必人人具备。同为治文学者,有的才华横溢、个性鲜明;有的则平庸无奇。如果说学识主要体现在判断力和洞透力,才气似乎表现在文学的感悟、理解和想象。音乐讲乐感,我们常说某人乐感很强,或无乐感。文学亦然,也存在有无文感的问题。读今人著述,常常感到作者对作品没有丝毫的文学感,文章干瘪乏采,味同嚼蜡,千人一面,不见个人生气。因此,我感叹,文学未必人人皆可做,虽平平之才经过努力亦可成家,但成为大家却难。今天的名家中也有自称才力平平者,实则是个人自谦之辞,我以为不能作为凭证。读林继中先生文集,加之我与他交往二十余年的感受,他的文章著作,虽非才华外放、飞扬跋扈,但林先生文章文思之开放,文情之浓郁,文笔之恣肆,都很难掩抑其才情。我尤其偏爱他的《栖息在诗意中——王维小传》,写诗人也是士人、佛教徒的王维，融事迹考证、唐代儒道佛文化背景于娓娓道来的人物叙事中，真小说高手，讲故事的才华脱颖而出。书中对王维佛禅微妙心境的捕捉、对其诗心灵境的体会与揭示，常见生花妙笔："'松风吹解带，明月照弹琴。'不是松，不是风，也不是月，不是琴，不是任何一个单独的'象征'，而是那松风吹解带的逸致与无拘束的神态；是那山月下弹琴的悠然的气氛，风吹解带，月照弹琴，何等随意、自在！"既是心境，又是情境的把握，如此之细微，呈现的不仅是研究对象，而且也见研究主体的诗心。又如《唐诗与庄园文化》对王维、孟浩然诗中画境的分析，皆见鉴赏之才性。林继中先生诗书画兼擅，所以才有这样的才力。此是对研究对象以诗心求诗心的才华。再看林先生的文章，论述既讲逻辑，又文笔跳脱，章法自然，已经形成自己的书写风格。《我园杂著》收林先生不同时期的随笔散文，或议事，或记事，其笔老练精到，知学术文章之风格与其散文随笔是相通的。

情怀似是文章之外事，却也直接影响到研究的走向与程度。家国情怀是古代士大夫的情结，形成了文人的传统。作为当代的人文研究者，其研究和著述，未必一定直接联系家国大事，但胸襟怀抱一定要有。"浩浩长天，茫茫大地，岂能无心！千年儒者，耿耿拳拳，不就为的是给天地安个搏动的心吗？"林继中先生的随笔纵论古今世间之事，其入世之天下情怀甚深，此且不论。作为研究者，他的论著都表现出"试图拥有一种充分理解传统文学与文化的精神高度，一种具有普遍意义和价值的思想逻辑"（孟泽《林继中文集·总序》）。这段话概括地指出了林继中先生作为古代文学研究者的情怀。这样自觉的研究意识,这样以研究作为理解传统文化、追求人类普遍意义和价值的情怀,在当代学人身上已然不多见了。

2020 年 11 月

默默耕耘的学者

当今学界,仅就名实而论,学者可分三类。有名无实类:名头很大,所谓天下何人不识君者,个人亦作名士状,端平架子,貌似宗师,而究其实,并无多少学问,徒有虚名而已。名实相济类:名由实来,所谓不求名而名自至者,多少年苦干实干,学术上颇有建树,桃李不言下自成蹊,腹有诗书名自华。有实缺名类:默默耕耘,学问甚好,然或处边远,或成果晚出,或所研不入时流,一时不为学界所重。但既有其实,为学术做出贡献,其名终不灭。我以为王志彬先生就属于最后一类学者。

王先生是 50 年代开启学术生涯的学者。他在内蒙古师院读书,毕业后留校任教,教写作课一生,研究亦是写作学,著述甚丰,主编、参编写作教材曾获教育部普通高校优秀教材一等奖和内蒙古自治区优秀社科成果奖,知名于写作学界。然在《文心雕龙》研究界,虽然王先生 80 年代初即随吴调公先生学习《文心雕龙》,开设《文心雕龙》选修课,然学术界知之者不多。90 年代开始,王先生陆续出版《文心雕龙创作论疏鉴》(1997)、《文心雕龙文体论今疏》(2000)、《文心雕龙批评论新诠》(2002),亦未马上在学术界引起较大反响。2013 年,方菲先生介绍我读王先生的弟子万奇、李金秋所著《文心雕龙探疑》,两位作者对《文心雕龙》研究史的熟稔,对《文心雕龙》研究中存在问题的准确把握,引经据典,对疑点的逐一破解,都使我为之刮目,所以为之作序,肯定了其创新价值。

　　《文心雕龙探疑》是王志彬先生主持的《文心雕龙》研究系列之一，此书引起我对内蒙古师大《文心雕龙》研究团队的关注。王先生一生生活在内蒙古，工作在呼和浩特，从未离开，也从未想过离开。半个世纪以来，他为少数民族地区培养了一大批人才，包括万奇、方菲这样知名的学者。《文心雕龙》现在已是显学，但实则仍属冷门绝学，一般读者很难读懂，更何况研究与传播了，所以圈子甚小。王先生像一头老黄牛，默默耕耘于杏坛，为内蒙古这样的少数民族地区，同时也是在为全国文学理论界、写作界培养了一批又一批教学、研究人才，我深深为王先生的精神所感动。正是这样的学者们，使《文心雕龙》薪火相传。他们未必获得当代的盛名，却可名传后世，是可上《文心雕龙》麒麟阁的。

　　作为《文心雕龙》的功臣，王先生的贡献不仅在传播工作，还在他的《文心雕龙》研究。他的《文心雕龙》"三论"，即创作论、文体论和批评论，表面看仍是多少年来《文心雕龙》研究的老话题，实则颇有新建树。

　　首先，王先生是以写作指导为中心研究《文心雕龙》的，显然视《文心雕龙》为文章学。自20世纪初高校开设《文心雕龙》课以来，就是把其作为文学理论来讲授、研究的。1919年黄侃在北京大学讲授《文心雕龙》，后成书《文心雕龙札记》。因为处于中西文化交汇之时，黄侃讲《文心雕龙》已经有了"革命性"变化，注重理论的阐释，开近代文学批评之先河。其后黄侃学生范文澜在南开讲《文心雕龙》，写成《文心雕龙讲疏》，并在此基础上修订为《文心雕龙注》。虽为注本，却颇注意刘勰的理论体系及其概念内涵的解释，显然也是把刘勰的著作作为文学理论加以注释的。虽然也有学者如王运熙、蒋寅等先生主张《文心雕龙》是文章学，业师詹锳先生1986年亦言"通过几十年的摸索，我感到《文心雕龙》主要是一部讲写作的书"，但其声寥寥，所以王先生的研究及讲授立场在《文心雕龙》界不预主流。然不预主流，正是王先生研究《文心雕龙》的价值所在，因为求其实，《文心雕龙》就是文章学。中国古代文章学的内涵涵盖了今之文学理论的范畴，而又不同于文学理论。刘勰《文心雕龙·序志》揭示书名时说："文心者，言为文之用心也。""古来文章，以雕缛成体，岂取邹奭之雕龙哉？"可知他著此书的目的就是为了写好文章。所以王先生立足于写作讲授、研究《文心雕龙》，准确地把握住了此书的性质。

以文章学的性质研究《文心雕龙》，遵循"言为文之用心"的宗旨，王先生重新梳理了《文心雕龙》的理论体系：第一部分，"文之枢纽"，是指导写作走向正规的总原则；第二部分，"论文叙笔"，是文体写作理论；第三部分，"割情析采"，通论文章的写作过程和写作方法，包括三方面内容，即写作构思和谋篇布局问题，写文章的体制风格问题，练字、修辞、造句和各种具体的手法技巧；第四部分，从事写作必须考虑到的主客观因素。这个写作理论体系，不复杂亦不高深，平实简洁，然既未人为地拔高《文心雕龙》的理论意义，亦未低估其理论价值，对于读者正确了解此书的内容，颇有帮助。

王先生研究、介绍《文心雕龙》还有一大特点：不避难、疑之处，对于此书注释和阐释中的难点、疑点问题都有梳理，并作出自己的判断，显现出他求真求是的治学态度，这在我写给万齐《文心雕龙探疑》的序里已经谈及。

刘勰撰写《文心雕龙》意在建言不朽，畏惧在"茫茫往代""眇眇来世"中，自己默默无闻。《序志》云："形同草木之脆，名逾金石之坚。是以君子处世，建德树言。"我每读至此，莫不掩卷长叹。这是刘勰心之所寄，未尝不是所有著书人心之所寄。王志彬先生能于《文心雕龙》的传播和研究有所建树，其心亦有寄托矣。

2021 年 1 月 26 日

浙右文丛，中华瑰宝
——写在《衢州文献集成》出版之时

近些年来，整理地方文化典籍，为地方文化建设的重要方面，成绩日渐可观。中华文化本来就如众江归海，汇为浩瀚渊薮，没有地方文化，就不会有博大精深的中华文化。所以整理地方文献典籍，对于弘扬优秀传统文化，建设当代文化，意义重大。

衢州居浙右之上游，南邻福建，北接安徽，西连江西，东近省内金华、杭州等地区，有"四省通衢、五路总头"之称，历史上即为浙、闽、赣、皖四省文化的交汇点。此地学术文化昌明，素有讲学、著述传统。仅书院就有南朝齐创建的蒙山精舍；北宋所筑之梅岩精舍，南宋淳祐六年改名柯山书院；南宋乾道、淳熙年间所建的包山书院；南宋咸淳年间创建的清献书院；明代嘉靖年间创建的景濂书院；明代嘉靖年间创建的衢麓讲舍；清代康熙年间创建的爱莲书院，乾隆年间易名为正谊书院；康熙年间创建的青霞书院；乾隆年间创建的鹿鸣书院。这些书院，不仅为地方培养了众多学术人才，而且也因为融合浙、闽、徽、赣文化，传播中华传统文化，而在中国历史上产生重要影响。柯山书院为宋元著名书院；包山书院在南宋时期与广信鹅湖书院、南康鹿洞书院、遂安瀛山书院并称江南"四大书院"。

衢州不仅讲学兴盛，著述亦宏富。据《衢州文献集成》"前言"介绍，撰述著作达一千五百余种，其中不乏水平和价值都很高的著作。如宋代父子同年进士及第的毛晃和毛居正就是显例。毛氏父子为衢州江山人，绍兴二十一年二人同登进士。毛晃著《增修互注礼部韵略》，"是书因丁度《礼部韵略》收字太狭，元祐五年，博士孙谔陈乞添收，绍兴十一年，进士黄启宗更为补辑，犹未完备，乃搜采典籍，依韵增附。又《韵略》之例，凡字有别体、别音者，皆以墨阑圈其四周，亦往往舛漏。晃并为厘定，于音义字画之误，皆一一辨证"（《四库全书总目》，下引同）。其子毛居正续拾所遗，复增 1402 字。"父子相继以成一书，用力颇为勤挚。"《四库全书总目》评价说："特其辨正训诂，考正点画，亦颇有资于小学，故后来字书、韵书，多所征引；而《洪武正韵》之注，据是书者尤多焉。"毛居正又撰《六经正误》，有杨万里、魏了翁序，评价甚高。魏了翁序称此书："尽取'六经''三传'诸本，参以子史字书，选粹文集，研究异同，凡字义音切毫厘必校，儒官称叹，莫有异词。"说明此书的质量在当时得到了普遍肯定。序又云："余观其书，念今之有功于经者，岂无《经典释文》《六经文字》《九经字样》之等？然此书后出，殆将过之无不及者，其于后生晚学祛蔽寤疑，为益不浅。"对此书价值评价之高，超过了《经典释文》。虽然不免有过誉之处，但亦可见此书正字、释文、音辨之于读经者的助益之功。此书问世后，流布较广，多有翻刻。明代《永乐大典》摘录此书，乾隆年间修《四库全书》，亦收入此书。《四库全书总目》评价说："今观是书，校勘异同，订正讹谬，殊有补于经学。"也可证明《六经正误》一书的价值及影响。它如宋人袁采撰《袁氏世范》，被《四库全书总目》评为"《颜氏家训》之亚"；明人杨继洲撰《针灸大成》，为针灸学的集大成著作，等等。以上都说明衢州人所著，其优秀者之影响不在地方一隅，而在全国。同时也证明整理这些文献并公之于世的重要与必要。

衢州人有识，推举黄灵庚先生率领以浙江师大学者为骨干的队伍，历时数载，搜集整理存世衢州文献，编成《衢州文献集成》。其特点有三。其一，收书之全。这套丛书，收录民国以前衢州学人的著述，即便是出生在衢州，但仕旅他乡、客死异地的衢州人著作，也在收录之列。不仅如此，即使是外籍之人，只要曾在衢州居住，著作亦在衢州完成的，也予以收录。此收录原则，保证了衢州文献的完整性。其二，版本较佳。近些年来，各地所编地方丛书日多，但质量却良莠不齐。其中一个通病，就是贪大求全，不重视版本的选择。《衢州文献集成》则注重版本的择取。在诸多的版本中，选择最好的版本。如不同版本的内容有较大差异，卷帙有较大不同，则收录两个或更多的版本。可见编者不仅考虑到一般读者的阅读，也考虑到特殊读者，即研究者的需要，尽可能为研究者提供便利。其三，考证精审。作为历史文献，考量丛书质量的一个重要标准，就是看其所提供的信息是否准确。对此，丛书编者是有充分考虑的，其"凡例"云："本丛书收录精准，所收之书力求做到全面、客观、严谨，即不漏收，不误收，不滥收。"所以，丛书所收都经过了慎重的考证。如《春秋比事》作者沈棐，《四库全书总目》以为是湖州人，本丛书考为衢州人而收入丛书。而元代笔记《庶斋老学丛谈》的作者盛如梓，四库馆臣认为是衢州人，衢州方志亦著录此书，但本丛书考盛如梓为扬州人，因此不录此书。编者所秉持的这种科学态度，是很值得赞许的。

　　"文明原有象,卜筑岂无缘?"《衢州文献集成》的出版,是衢州文化复兴之象,亦是广大读者的福缘,相信会为衢州乃至全国文化建设再添一把火。

为文献之邦正名

金华在今日中国，已经名扬中外。其所以有名，在一般人的印象中乃在于经济的发达：旧有金华火腿，今有义乌小商品是也。但是这样的认识，在刚刚面世的《续修金华丛书》这部皇皇巨著面前，已经显得极为皮毛和短见。

金华实则既是经济快速发展之地，亦是历史积淀极为丰厚之域。金华地处浙中部，春秋为越地，战国属楚。秦汉置县，属会稽郡。不唯江山秀美，而且历史悠久，积两千余年文化，人文荟萃。明代学者宋濂说："吾婺素号文献之邦，振黄钟之铿鍧，剪毛羽之纷蘩者，比比有之。"尤其是宋代之后，这里名家代出，其学术影响及于全国。说起南宋经学，我们不能不瞩目金华，因为这里出现了两位经学大师，金华因为他们而成为当时全国学术文化的重镇。一位是东莱先生吕祖谦（1137—1181），与朱熹、张栻"鼎立为世师"，同被尊为"东南三贤"。清代学者全祖望在校补《宋元学案》时说："宋乾、淳以后，学派分而为三：朱学也，吕学也，陆学也。三家同时，皆不甚合，朱学以格物致知，陆学以明心，吕学则兼取其长，而复以中原文献之统润色之。门庭径路虽别，要其归宿于圣人，则一也。"他还说："小东莱之学，平心易气，不欲逞口舌以与诸公角，大约在陶铸同类以渐化其偏，宰相之量也。"说明吕祖谦为学，务求折中，其经学兼采朱学和陆学之长，创立了理学中的"吕学"，因此而成为南宋时期著名的理学三大家之一。金华自然也就成为此一时期理学中心之一。

也正是他在经学上的圆通思想,促成了经学史上有名的"鹅湖之会"。淳熙二年(1175),朱熹和陆九渊师生在江西信州鹅湖寺举行了一次为时三天的辩论会。陆九渊门人朱亨道说:"鹅湖讲道,切诚当今盛事。伯恭盖虑陆与朱议论犹有异同,欲会归于一,而定其所适从,其意甚善,伯恭盖有志于此。语自得,则未也。"吕祖谦自己亦曾回忆此事说:"某留建宁凡两月余,复同朱元晦至鹅湖,与二陆及刘子澄诸公相聚切磋,甚觉有益。"从这两段话,我们既可以看到吕祖谦促成此次讲道活动的初衷,亦可知道他是这次聚会讲道活动的起意者和促成者。吕祖谦一生经学著述甚丰,有《古周易》一卷、《书说》三十五卷、《吕氏家塾读诗记》三十二卷、《春秋左氏传说》二十卷、《春秋左氏续说》十二卷。吕祖谦同时也是著名的史学家,朱熹评价他:"伯恭于史分外仔细",有《十七史详节》二百七十三卷、《东莱博议》四卷、《历代制度详说》十二卷传世。另还有《东莱集》四十卷传世。浙江师大黄灵庚教授编《吕祖谦全集》皇皇16册,可见吕氏一生著述之富。宋代的另一位著名经学家王柏也是金华人。他拜朱熹之再传弟子何基为师,为金华朱学的代表人物,与何基及元代的金履祥、许谦,并称"金华四先生"。王柏治经主张"由传以求经",重视儒家经传,但又不轻信盲从乃至拘守经传教条。他治经充满了怀疑精神,认为圣人之道以书而传,亦以书而晦,因此对传统的儒家经典多有质疑。所著《诗疑》《书疑》等书,集中体现了他怀疑现有的经学文献、试图恢复原始经义的努力。作为朱熹经学的传人,王柏推崇"四书",称之为"经天纬地之具,治世立教之书",致力于阐释朱熹的《四书集注》，是朱子"四书学"的传播推广者，被列为理学正宗。王柏著述繁富，计八百余卷，可惜大多亡佚。诗文集《甲寅稿》亦已佚，明正统间六世孙王迪裒集为《王文宪公文集》二十卷。

历史上的金华，不仅在一个时期内为经学之中心，产生了吕祖谦、王柏那样的经学家，同时亦盛产文章之士。唐有骆宾王，与王勃、杨炯、卢照邻合称"初唐四杰"。宋有龙川先生陈亮，所作书论气势纵横，词作豪放，《直斋书录解题》著录《龙川文集》四十卷，另有《外集》四卷。明初有潜溪宋濂，被明太祖朱元璋誉为"开国文臣之首"，刘基赞许他"当今文章第一"，学者称"太史公"，与高启、刘基并称为"明初诗文三大家"，著有《宋学士文集》。清有李渔李笠翁，所著的戏曲，流传下来的有《笠翁十种曲》及《万年欢》《偷甲记》等19种。此外有小说《无声戏》《连城璧全集》《十二楼》《合锦回文传》及杂著《闲情偶寄》，为清代著名戏曲家。

历史上的金华士人，不仅以著书立说为命，而且有很自觉地搜集整理乡贤文献的传统，其代表之作就是清代同治、光绪年间胡凤丹、胡宗楙父子所编《金华丛书》《续金华丛书》。胡凤丹是浙江永康县（今永康市）溪岸人，同治间出任湖北候补道加盐运使衔，领崇文书局之事，迁湖北道员。光绪三年，被诬陷辞官，致仕归田杭州。他致力于抢救金华文献，不遗余力，多方搜求采掇金华散佚遗书，按经、史、子、集分类刻印，得经部15种，史部11种，子部13种，集部28种，计唐至明金华文献67种，刻成《金华丛书》730卷、229函。胡凤丹死后，曾任直隶知州的四子胡宗楙，继承父志，潜心典籍，罄十余年心力、财力,辑得《金华丛书》之外的金华文献58种,1924年汇刻成《续金华丛书》,计120册。《金华丛书》问世以后,在社会上引起刻印地方文献丛书的连锁反应。黄灵庚先生文章引藏书家傅增湘的话说,自从有了《金华丛书》,"嗣是杭州则有丁氏《武林往哲遗著》《掌故丛编》,嘉兴则有孙氏《槜李遗书》,湖州则有陆氏《湖州丛书》,绍兴则有徐氏《先正遗书》,温州则有孙氏《永嘉遗书》,江宁则有傅氏《金陵丛刻》,常州则有盛氏《先哲遗书》,皆踵金华而起"。《金华丛书》和《续金华丛书》起到了开编纂地方文献丛书先河的作用。

然而,金华虽然为浙东一地,文献不能称浩瀚,却也册府琳琅,卷帙繁富;而且年代久远,多有散佚。胡氏父子虽竭尽全力,搜辑甚勤,然以一己之力,仍不免多有遗珠之憾。如黄灵庚先生所言,"《金华丛书》《续金华丛书》对辑集历代的金华文献并不齐全。这二部丛书,只辑录明代以前的文献,而且还有许多遗漏,至于清代以后的古籍,一种也没有收录。这对于地方丛书来说是很不完整的"。我国素有经济繁盛而修书的传统。数年前,金华市政府决定和浙江师范大学合作,以胡氏父子已有二种丛书为基础,启动"续修金华丛书"重大项目。如前所述,因浙东学术在中国文化史上占有重要的地位,项目甫一发布,就引起了学界和社会各界的广泛关注。大家都希望能够见到一部搜集齐全而且文献准确的金华文献丛书。经过数年的努力,这套丛书终于面世。现在看来,最初的编纂设想和人们的期望基本已经达到。我以为这部丛书有两个特点,或曰取得的成绩。其一是编纂了一部目前最为齐备的金华文献丛书。据黄灵庚先生统计，金华历代文献著作，包括已佚部分，约有 6700 余种，至今能查到其收藏出处的有 9700 多种。而胡氏《金华丛书》《续金华丛书》收录文献仅 125 种，大量的历史文献没有被收集在内。《续修金华丛书》的编者，从开始编纂这部丛书时，就立下坚定的目标：对清代之前的金华籍作者之书，或者虽非金华人而专写金华之作，务必收录齐全。为了寻找和搜集《金华丛书》《续金华丛书》未收的 850 多种图书文献，编辑组的成员几乎跑遍了所有收藏文献的部门。我在图书馆工作十余年，深深了解到，今日整理古籍，查到藏地已属不易，能够见到文献的真容并得以复制，就更为困难。即便不说，我也知道他们为获得文献付出的巨大劳动。正是在编者的艰辛努力下，我们才能看到这样搜罗比较完备的金华文献丛书。在这部新编丛书中，有些珍稀的文献就是编者辛勤访得的。如从日本访得的宋濂《萝山集》，为海内外孤本。从台湾访得的陈亮《龙川文钞》等集，可补大陆文献整理之缺。访得的宋濂《宋文宪公未刻稿》等集，亦传世不多，极其珍贵。因此《续修金华丛书》的出版，为今后社会各界研究金华文化、浙东学术，提供了便利，可谓功德无量。其二，《续修金华丛书》所收文献经过了编者精心整理。丛书的编纂原则，是在胡氏父子两部《丛书》基础上续修，即在保留两部《丛书》前提下，增加了两部《丛书》所缺佚的金华文献。所增文献附于两部《丛书》之后，辑为"金华丛书三编"。《丛书》对所收每种书的版本、真伪，都进行了谨慎的审订。并且对于所收每种书都撰写了提要，其内容为作者里籍、履历、生卒以及版本流传情况，介绍本书基本内容、文献价值以及优缺点。所以，丛书为读者提供的不仅是全备的金华文献，而且是可信的文献。我们相信，《续修金华丛书》的出版，会进一步加深海内外读者对金华的了解，使大家知道，金华不仅是经济之城，亦是文献之邦。

真得温柔敦厚之道
——刘崇德《南郭诗钞》序

无论从年龄还是教育来说，称崇德先生为民国之遗少都不为错。民国时期，河北霸州刘姓乃当地之大户。因此崇德先生自小就应受到一般农家子不能获得之童蒙教育。不过世事难料，沧海或为桑田，1949 年后，家道中落，崇德先生遂沦到人之底层。尽管如此，崇德先生还是在其祖父那里受到了童蒙教育，在传统文化方面，有了良好基础。于画受段无染传授，于曲受王季烈再传，于诗则学同光体，后承南社诗风。故于琴棋书画，皆能通晓，较当代培养之学人只知读死书，写八股论文，不知文学艺术为何物者，而有大不同焉。因此，他的诗，古风有古韵，律诗合格律，不似今人所作之所谓古诗，今亦非今，古亦非古，多作优孟衣冠状。

然平仄云云，对仗云云，皆为诗之技艺；而诗之人道，却在言志缘情。所谓优孟衣冠者，非仅指诗不合律，无古诗气味，更指其虽为今人，却作古人声口，毫无当世之思，当世之感，当世之叹；不见当世之民俗，当世之风情，当世之欢喜与悲苦。而崇德先生之诗则不然。读其诗可知其人，可论当世。《大坝叹》："丘壑陵夷面目非，巫山云雨全消散。望帝春心何所依，杜宇空啼巫峡岸。江非长江生态乱，万物失怙河川变。"又《自建海河大闸以来，海河之水不能入海，海水潮汐亦不能入海河》："闸阻中流潮汐移，九河下梢成水池。渔夫无有鱼虾贩，日日桥头卖螺蛳。"此二首均可见与天奋斗、与地奋斗，改造大自然给生态带来之影响，诗人人文、生态之忧，溢于言表。崇德先生诗中可见更多的是亲情、友情和师生之情。其中数首哀祭诗，或悼祖母，或悼母亲，或悼业师，都情浓意至，颇为感人。如《悼刚羽诗》写与韩文佑先生师生之情："十年侍师侧，有幸携壶浆。治学明门径，修身指殿堂。传薪有余热，秉烛尽残光。遗教时在手，一翻一断肠。"又《悼詹锳师》："门生学海恃盛名，大树摇落一朝倾。治学严谨缘根柢，防人深浅设府城。文心义证精研理，师祖集评显才情。廿载一番师生谊，余在临终苦丁宁。"又《悼紫翁诗》写魏际昌先生："凄风苦雨传噩耗，一往情深哀紫翁。诗授三家传道统，功垂两党仰英风。少述桐城崇流派，晚随马列喜归宗。先生此去隔天地，瓣香何处侍音容。"既得诸位老师为人治学之精神，又表达了他与先生们之深厚情谊。我与崇德先生出自同一师门，受炙几位恩师，读到此处，亦不觉痛入神髓，感慨涕零。崇德先生三叔刘凤翰，是台湾著名历史学家。叔侄台海相隔三十余年，"文革"后方得重逢。因同治文史，气味相投，故甚为相得。诗集中有《次韵三叔》《寄三叔》《卜算子·画水仙寄三叔》等多首，为崇德先生与三叔唱和酬寄之作，而《骑马将军诗》径写三叔一生遭际，纵横半世纪，事接文与武，绘负气少年、战败将军和文史巨擘的赌博人生形象，波澜起伏，意气洋洋，最得古风神韵。惜其诗结尾戛然，读之不得尽兴。此外，《南郭诗钞》之杂诗，写游历，记所感，亦多清新可喜。我尤喜《六十初度》二章。其一："附会闲情种兰花，滥竽声里趁红牙。冬烘章句青衿老，却傍佛缘问袈裟。"既是自嘲、自谦，却又婉转无奈。看其二章就清楚了：

"有心填海哀精卫，无力回潮叹子胥。何意忽来南郭住，三家村里听滥竽。"却原来这位老夫子竟有精卫填海之志，可惜做了三家村里的先生。他把一腔坎壈不平，尽付与看似闲情之日常描写中，真得温柔敦厚之道。

　　我与崇德先生交游三十余载，窃以为知其人焉。其为人也，生来长者之容，一头华发，满脸沧桑，看似温良恭俭让，谦谦君子；然柔弱其外，刚毅其中，愤世嫉俗，侠胆义肠。其诗亦如其人，虽温婉忠厚其貌，而实坚硬不妥协其中，如今刊刻面世，相信学界的朋友会从诗中看到一个与学者形象不完全相同的人——诗人刘崇德先生。

2011 年 6 月 2 日于北京紫竹苑

多民族特点与世界眼光

《多民族特点与世界眼光——略论新世纪的中国诗歌史观》这篇论文，是赵敏俐先生为其主持的国家社科基金重点项目《中国诗歌通史》所写的序言。这一项目，历时八年，堪称十年磨一剑。

撰写一部古今诗歌通史，而且是在中西文化快速交流与交融的当代，撰写者不能不就中国诗歌作整体的思考，提出一些重大的原则，形成自己的诗歌史观。因此，此一序言，凝聚了作者、项目其他承担者对中国诗歌史的思考；在一定意义上说，也反映了新世纪以来学术界的中国诗歌史观。

而这一诗歌史观的突出特点，即在于打破了传统诗歌史观限定于汉民族诗歌、古今隔绝、壁垒中外以及拘泥于寻找发展规律的框框，立足于世界文化格局来探索中国诗歌的基本特征和诗歌传统；打通古今，观古今之变，通览一代有一代文学的发展过程；立足于中国多民族文化聚合的文学生态，发现中国诗歌多元一体的民族特点。应该说这些既是《中国诗歌通史》的写作原则，也是赵敏俐先生此文集中阐发的问题和特点。

中国诗歌，产生于中华民族农业文明基础之上。观中西之别，此文立足中华民族农业文明以及在此基础之上形成的"天人合一""以人为本"的宇宙观和人生观，追索中国人对诗的发生的认识，归于"感物而动"，并且深入阐述了"诗言志"传统形成的民族土壤及其深刻的内涵。中国诗歌以抒写"怀抱"即抒情为主，其中也包含了中国人对于宇宙和人生具有哲理内涵的审美把握。不仅如此,"诗言志"的传统,也使中国诗歌承担了多种文化功能,包括实用功能,当然最为重要的还是诗的抒写人生以及其化育人的功能。而由于中国固有的诗如其人观念,诗人也具有极为特殊的地位,注重自修与内美,同时更关心社会进步,自觉地担当起崇高的社会责任。这一传统,贯穿古今。从这些论述与结论看,作者并不刻意标新立异,而是追求对中国诗歌认识的平正融通。然而这看似平实的论述中,却有了对问题讨论的深入。关于"诗言志"的传统,学者已经多有论述,包括笔者。而此文不仅讨论其内涵,更把它置入中国农业文明以及在此之上形成的中国人宇宙观和人生观中,就使这一传统的根脉突出出来。

观中西之别,也使此文对中国诗歌以汉语言文字为主的语言艺术有了鲜明的参照物,概括更为准确。中国汉语言音韵自然和谐以及古代诗乐密不可分的关系,造就了中国诗歌鲜明的节奏韵律之美;而中国人天人合一的观念以及取象于物的思维习惯,形成了中国诗歌重意象、重意境,以写物传达人之情感的特点。因此中国诗歌之至美,是音韵和谐、形象鲜明而又意蕴深厚、韵味无穷的美。这些也是从中国文化的总源头上揭示出中国诗歌的民族特征。

观古今之变,此文以中国历史上殷周革命、秦汉封建制度的建立以及辛亥革命等三次重大的历史文化变迁为背景,总结出中国诗歌奠基期、辉煌期和变革期的不同气象,昭示一代有一代文学的规律。本人极为赞同文章关于封建时期的诗人以文人士大夫为主体、辛亥以后以知识分子为诗人主体的判断。这一判断虽然与人民创造文学的既成之说相悖,但是却符合中国文学的实际。此文不仅清晰勾勒出不同时期诗歌的发展演变之迹,更为重要的是总结出中国诗歌一以贯之的民族精神与传统,"那就是中国诗歌直面现实,抒写心志,追求和谐之美的基本精神"。这三个方面当然不能说是全部,而且这些是否可以视为中国诗歌的基本精神也许尚可讨论,但是可以看到作者从整体上和内在气质上把握中国诗歌特征、通贯今古的理论努力,而且已经十分深入。似这样从宏观上深入探讨中国古今诗歌基本精神的理论文章,近些年并不多见,因此愈显其可贵。

《中国诗歌通史》是打通多民族诗歌史的著作,其具体面貌如何,因著作还未面世尚不得而知。但是赵敏俐先生的论文却改变了以往文学史只谈汉文学史的通习——也是重要缺陷,回到中国诗歌发展的原生态,揭示其多民族的文化格局和文学风貌,论述中华民族多元一体的文学特质,无疑开启了此后中国诗歌史乃至文学史研究的新天地。

得其诗心哉
——杨庆存《诗词品鉴》序

庆存兄是王水照先生的弟子，主攻宋代文学，除博士论文外，已有几部著作出版，可谓专家型的干部了。我 1997 年进入国家哲学社会科学基金中文学科规划与评审组，认识庆存兄。他在国家社会科学基金办公室负责联系中文学科，每次评审，都是悄悄进来，与专家们打完招呼，就静静地坐在后面，有问题时适时解答，谈吐之间，谦恭儒雅，颇见涵养，与大家关系甚为融洽。因为同气相求，我们渐渐成为朋友，当然不是那种酒肉之交。我们平时各忙各的，相见不多，只在年节才有音问，但在心里却常挂念着。上月，庆存兄打来电话，要出版《诗词品鉴》一书，要我写序。如此厚爱，我自然诚惶诚恐，生怕没有资格。不过因为前面所说的关系，且于此题目有兴趣，便自不量力，答应下来。

近些年来，由于工作的性质，我开始关心古代文学研究与经典的阅读，角度稍有转换，就发现了原来不太注意的问题，那就是我们现在的古代文学研究去文本越来越远，有远文学、去文本的现象。2007 年，我写了一本小书《不求甚解》，就是试图说明，在古代文学学科创建之初，老一辈学者在研究古代文学时是如何重视文本、紧紧扣住文学来研究的。自文学研究成为科学以来，古代文学研究走上了现代的科学研究之路，这自然是进步，是正路，但是也带来研究中重文献梳理和理论阐述而忽略文学鉴赏的倾向。其实，同文献整理是古代文学研究的重要基础工作一样，文学鉴赏同样也是古代文学研究的基础性工作。而且，在当前文献大部分得到揭示的情况下，古代文学的创造性发现，有时正是得益于文本的深读细品。庆存兄在此书"前言"中说："尤其应当特别指出的是，诗词鉴赏也是开展诗词研究的基本功，诗词风格、艺术流派、文学思潮的研究都必须从这里入手和起步。"对此观点我是颇为赞同的。从这些年的研究生培养以及古代文学研究成果看，由于不重视文本的阅读和鉴赏，以致使一些研究者缺少文学的感悟与理解能力，缺乏文学的想象力，文学的艺术鉴别力较低，直接影响到古代文学的研究水平。只能把古代文学研究写成文献的累积品，写成泛思想、泛文化的著作，古代文学研究因此变了味儿。

从此书的"前言"看，庆存兄著《诗词品鉴》，并非随意而为，他有两个明确目的，除了以上所说的把鉴赏作为研究的基本功以外，还为了帮助读者把握鉴赏方法、增强读者文学艺术修养。正是在这种指导思想下，他以宋为主，兼及唐与元明清，选取了112篇诗词加以鉴赏，多是流传千古、脍炙人口的名篇，李白、杜牧、李商隐、王禹偁、林逋、欧阳修、王安石、晏几道、苏轼、黄庭坚、秦观、贺铸、晁补之、周邦彦、李清照、张元幹、陆游、杨万里、张孝祥、辛弃疾、姜夔、吴文英等诗人的经典名篇，几乎都在其中。同时还发掘出一些过去少有人介绍的佳构。

此书鉴赏诗词，有两个突出的特点：细品与精鉴。

读诗，如喝茶，虽有龙井之精、虎跑泉之甘，然作牛饮，自不知其甘醇清冽。所以，要想知茶之香，必须慢慢品来。所谓细品，庆存兄说得好，"就是品味、品评和体会精妙"。如读欧阳修的《丰乐亭游春》，从"游人不管春将老，来往亭前踏落花"，说此二句写游人春兴之浓，游兴之盛，自无不可。但是再要细细研读，庆存兄就读出了诗人"惜春怜花的淡淡哀愁"，落花也就有了知音，如同喝茶，这就喝出来了味道。再看他分析欧阳修《采桑子》中的"无风水面琉璃滑，不觉船移"："'滑'字用得也非常精妙。水面无风，一定是很平的，但这里如果用'平'字来代替，虽然意思一样，意境却要逊色多了。首先，平而至于滑，这里极言其平，也就是说'平得很'，这个意思一个'平'字是表达不出来的。其次，'平'字没有色彩感，而'滑'字在这里却包含着光亮的成分，同'琉璃'二字结合起来，就准确地写出了水面的色泽和光彩。再次，'平'字侧重于视觉，而'滑'字则更多地含有感觉的因素。因为作者此时正坐在行船上，可以直接感受到湖面之平，所以产生了'滑'的感觉。"其实就这个"滑"字，我也只看出了两个层次，而庆存兄竟然品出了色泽和光彩。如此你才晓得欧阳修用字看似平常却又丝毫不爽，才懂得古人"语不惊人死不休"的炉锤之功。

　　再说此书的精鉴。细品，见赏诗者的锦绣之心、感悟之力。而精鉴却是鉴别作品艺术水平的高下，考验的则是作者功力的厚薄、识见的深浅。这部书里所选的作品，多是名作，古往今来许多人都下过功夫，多有解读文字。所谓仁者见仁，智者见智，如何判断决裁？曹植说，"盖有南威之容乃可以论淑媛，有龙泉之利乃可以论断割"。虽不必如此要求之高，但对作品的裁断确实是在考验学者的功底。如苏轼著名的词作《念奴娇·赤壁怀古》中的"羽扇纶巾",许多注本和欣赏文章都解为诸葛亮,当然也有人解为周瑜。庆存兄的文章取后解,认为"遥想公瑾当年,小乔初嫁了,雄姿英发。羽扇纶巾,谈笑间、樯橹灰飞烟灭",是"集中笔墨塑造青年将领周瑜的形象",写他的婚姻、仪态、装束和功业,"以示艳羡",不容节外生枝,插进一个诸葛亮来。此解就十分顺畅。又如,李清照的《声声慢》"满地黄花堆积,憔悴损,如今有谁堪摘",旧解多理解为菊花凋零,落英满地。但此词主要是触景伤情,由面前的菊花,回想到当年与丈夫并肩赏菊的甜蜜情景,而如今菊花同此繁盛,丈夫却已亡故,自己亦憔悴瘦损,哪有赏花的心情?念及于此,不觉哀从中来。故黄花堆积,如庆存兄所判断的,应是"实言菊花之盛",重现昔时之境,方有同此黄花、生死茫茫的剧痛。还有李白的《梦游天姥吟留别》,旧说多就游仙立论,而此书却紧紧扣住"留别"分析,显示出庆存兄不随波逐流的见识。

庆存兄身居与人的精神生活密切相关的重要意识形态部门,他不但管理着精神产品的规划与生产,而且亲力亲为,为提高人的精神境界著书立说,本就令人钦佩。更可敬者,是他始终保持学者之风,处官场却能本分治学,实为我辈榜样。

2009 年 11 月 20 日

实证与理论兼长
——许建平《明清文学论稿》序

中国社会在实现市场经济的过程中，面临着艰难的历史转型，文化的转型尤其复杂，单单一个教育转型就带来了不小的伤痛，而学术转型也出现了一些不尽如人意的地方。精神生产与学术研究本来需要创造者的自主与自由，然无形与有形的干预日多，功利性的学术评价体系，管理的行政化、契约式与工程模式，使得学术研究犹如生产零部件，一切进入预设的生产流程。于是精神生产偏离精神之重心而日渐趋于形式性与技术层面。人文学科的创造性研究变得异常艰难，而突破制约与功利之茧束缚、获得自由和定力的学者也日少而弥贵。

建平教授是我关注较多的学者之一。之所以关注较多，是因为他常提出一些前卫的发人深思的学术现象和理论问题。给我印象较深的是他发表在《中国社会科学》和《人民日报》上的几篇文章，较早的是提出建立文学史研究的"中国学派"的那篇。那是20世纪90年代，文学史研究之风初起，西方理论如潮涌来，中国文学史的写作在西化的模式里，是否应确立自己民族的特色与路数，这个思考很前卫，让人眼前一亮。另一篇是《货币观念的变异与农耕文学的转型》，首次将货币文化引入文学史研究，探讨货币观念的变化所引起的消费观念、婚姻观念、交友观念、价值观念、审美观念和文学观念的变化及其关系，视角观点皆让人耳目一新。后来又有一篇文章，从人类的生产方式和生存状态入手研究文学的性质和历史，将中国文学史分为农耕文学、农商文学和工商文学三种类型、三个阶段，挑战意识形态化的文学史观和较为流行的古代、现代、当代的分法，颇发人深思。关于中国文化发展的方向，建平也有自己的思考。中国进入市场经济后，与市场经济相应的资本思想也浸入人们的精神领域，传统思想受到实用理性的取舍和外来思想的冲击，出现新旧交杂的混乱。何去何从？完全抱残守缺不行，完全接纳西方文化也不妥，历史向这个民族提出一个文化改革的新课题。2012年，建平在《学术月刊》组织了一组多视角深入探讨文化转型的文章，《新华文摘》《人大复印报刊资料》等杂志先后转载，产生了较大影响。两年后，他又在《人民日报》发表《在融通中实现传统文化创新性发展》一文，分析中西文化的性质差异和各自短长，指出二者的契合点以及如何嫁接融合的设想，发前人所未发。近期，国内主流媒体弘扬中国精神，将其视为实现中华民族伟大复兴的精神力量。但中国精神的内涵尚不甚清楚，建平在他所创刊的国际杂志《文化中华》上发表《论中国精神》长文，全面而系统地阐发中国精神的内涵及其对全人类的普适价值。

　　建平教授给我的另一个印象是，他怀抱一种理论和方法的冲动，总想在理论上有所作为，是位有浓厚理论创新意识的学者。我在河北工作时，他有几篇文章格外惹眼，一篇是《建立文学心态史学刍议》，主张将中国文学史写成文人心态史，从文人心态视角研究中国文学。另一篇是《中国古代文学研究路径与方法的新思考》，主张形式就是内容，形式就是一切，强调从形式入手研究文学。这在当时文化批评正炽之时，不失为一种眼光独具的"不谐和之音"。我到北京后，又见到建平探讨另外两个理论问题的成果。一个是经济生活与文学的关系。他提倡从经济生活视角研究文学,我曾参加过他举办的关于经济生活与文学关系的学术会议,读过他发表在《文学评论》上的《货币化场景——酒宴——在明清小说中的叙事功能》一文,他曾出版过《文学研究的新经济视角》一书,编过一套"中国传统文学与经济生活研究丛书",在国内外产生了不小的影响,被誉之为"新世纪中国文学研究的新生长点",也有人称其为文学研究的经济学派,当然也有人对此提出异议。但建平企图在理论上探讨经济生活与文学生活的关系,市场与文学生成、传播和发展的关系,是一个崭新的视角和十分实际而有学理空间的课题。另一个是探讨中国叙事学理论的成果。叙事学移入中国,改变了现实主义批评的话语,但其自身的内闭性、琐细与以整体观照和体悟见长的中国文学存在着隔膜。建平从甲骨文入手,探讨中国汉字的以象取意的意象思维与意象叙事的民族性,并进而将哲学移入叙事学,将人类永不满足的欲求视为叙述行为产生的根源和动力,视为叙述学理论的生发源与支撑点,作为贯穿叙述学一切概念范畴的鲜活灵魂,意在创建意图叙事理论框架。近代以来,引领中国学术演进的力量多来自科学主义的理论、方法,建平的叙事理论探索可视为大陆这一学术进程的一个影子。

建平教授是个实在人,做学问也很实。他的历史意识、宏观视角、理论创新意识多是建立在对经典和大家的个案研究基础上的。一部经典(《金瓶梅》)、两位大家(李贽、王世贞)研究,不仅奠定了他学术大厦的根基,也显示出其文献学与考证学的功力。他成名于《金瓶梅》研究。20 世纪 90 年代的一篇被《新华文摘》几乎全文转载的《新时期〈金瓶梅〉研究述评》，受到国内外金学名家的普遍赞誉。《金瓶梅》作者王世贞说、万历九年后成书说、版本新论、失佚五回探佚论、《金瓶梅》结构模式说、地理位置东平说，特别是将该书放入由农耕文化向工商文化转型的过程中加以分析的《金瓶梅》文化价值研究，发前人所未发，成一家之言。其《金学考论》《许建平解说金瓶梅》等书广受读者青睐，成为影响日隆的"金学"名家。李贽研究在很长一个阶段，停留于20世纪70年代的批林批孔、儒法斗争时期的政治实用理性阶段，建平教授的《李贽思想演变史》，则从李贽著述编年入手，分步考察伊斯兰教、儒学、心学、老庄、佛学以及"百姓日用迩言"对李贽思想的孕育、生成、演变的影响，既重思辨，又重实证，新见迭出，将李贽思想研究推上了一个新水平。王世贞是明代一位以博学通识见长的文史大家，著作量大，流传地域广，凭一人之力难以萃集，故而研究受到限制。建平教授以国家社科基金重大项目"《王世贞全集》整理与研究"为契机，在世界范围内收集了王世贞著作数百种、善本书数千卷，并正组织课题组同仁撰写《王世贞著述真伪考》《王世贞著述编年》《王世贞交游考》《王世贞年谱长编》《王世贞著作版本考》《王世贞巫道佛思想研究》等系列著述，意在奠定"王学"的学理基础，重新评价王世贞在明清文化史上的地位。这些研究显示出他的文献学与实证研究的功力和敏锐的理论思辨力。章培恒先生曾在《〈金〉学考论》序中评价他是位"独立思考，细心求证"的学者，颇恰当。事实上，正如有的学者所言，建平教授承袭了章培恒先生的以小学为根基、以哲学为利器的治学方法，并努力发扬光大。

　　私下里，有人说建平是位拼命三郎，嗜书如命，笔耕不辍。50岁前是个夜猫子，两三点睡觉，50岁后变成晨鸡，四五点便趴在电脑前。用他的话说，看得多会想得多，想写的也多，年龄愈大，便愈感力不从心。天道酬勤，他在同辈中算得上佼佼者。但他总觉得自己不善于蹲桩，一块地刨五六年后，便转入另一新领地，有点吃着碗里看着锅里的贪婪症。这是实情。但他踩过的几个点：《金瓶梅》、李贽、王世贞、经济生活与文学、叙事学、文学史和中国文化转型的宏观研究，皆有被人们认可的可圈可点的实实在在的成果，也是事实。而且几大块由两根脉络贯通，一个是去蔽还原，一个是寻道求真，此书稿原取名"去蔽寻道"，可以看出建平学术人生的追求。

　　建平教授将《明清文学论稿》的电子版呈我，盼为之序。我知他不轻易求人，已出版的约二十种书，唯有一本请章培恒先生写过序。眼下这本书的序言所以邀我来写，或许因此书是他二十余年学术研究主要成果的结集，尤为珍惜的缘故。我自以为对建平的研究相对熟悉，便慨然应允。待粗览这部八十余万言的沉甸甸的论稿，不禁感慨建平是位有思想的实力派学者，他所涉猎的七大研究领域，微观与宏观兼通，实证与理论兼长，小说诗文并举，视野宏阔，见解独特，是一位有前瞻眼光的学识宏博、成就斐然的学者，故欣然为之序。

目录之学，学之根本
——徐永明《清代浙江集部总目》序

我自 2012 年开始关注文学史。那时因为写作《论经典》，研究经典的传播，需要详细考察文学史，故翻遍了国家图书馆收藏的中国文学史，并从各种渠道购买了一些国家图书馆缺藏的旧文学史一一阅读，从黄人、林传甲直到当下所出新的文学史，发现写得最好的部分是汉魏到唐宋的一段，一个时期文风的全面把握，一个作家文学史的准确定位，应该说都拿捏得比较到位。而先秦和明清两段，相对而言就逊色一些。其原因为何？文献恐为重要原因。先秦文学因为文献佚失多，还原真相很难，因此至今文献的真实性都存在争议，甚至连称之为伟大作家的屈原及其作品都有争论，文学史虽然所介绍的多为有定论者，但由于文献的缺失和部分存世文献的不确定性，其结论自然不容易被人完全接受。而明清文学史的情况与先秦恰恰相反，不在其文献之少，而在其文献之多。据李灵年、杨忠主编《清人别集总目》，清代诗文作家有一万九千五百人，诗文集四万部。而据清史工程统计，清人著述总数约二十二万种，其中诗文集七万多种，现存四万余种。其实这也是不完全的统计，清代存世文献究竟有多少，并没有一个确切的数字，而且很多文献并没有经过清理，更谈不上整理。国家图书馆收藏了大量清人文集稿本，多没有经过整理。俯瞰自 20 世纪初以来文学史的发展，诚如罗庸先生所总结的那样："是由一家一家的叙述，进而为文学潮流的叙述，再进而为文体流变的叙述。

目前的工作，已经从事于文体发生的追问了。"（罗庸《中国文学史导论》，北京出版社 2016 年版，第 6 页）而要写好文学史，首先要做的功课就是全面占有文献，再做一家一家的梳理，"因为要治文学史，必得先对各家的文集，都有精深的研究，融会贯通后，才能够凌空做一番鸟瞰的工作"（同上，第 4 页）。国内很多专家已经注意到这个问题，并开始做文献的调查和整理工作。据我所知，蒋寅先生 20 世纪 70—80 年代就在调查清代诗学的文献，张寅彭先生做清代诗话的搜集和整理，张宏生先生做清词的搜集和整理，国家清史工程文献整理项目做清代诗文集汇编，都有阶段性成果问世。这些工作都是撰写文学史坚实的基础，也是清代文学研究重要的基础研究。徐永明先生所做的清代浙人集部著述的著录，正是这方面的工作。《清代浙江集部总目》对现存浙江清代的集部著述进行了一次认真的调查、收集、梳理，著录 1644 年至 1911 年期间浙籍人士和非浙籍人士关于浙江的现存著述，共计 4600 余人 11000 余种 13000 余部著作。著录了《中国古籍总目》失收的集部著述有 1000 余种之多。分楚辞、别集、总集、诗文评、词类、曲类等六大类。部下设类、类下设属，起到了"纲纪群籍，簿属甲乙"以及"辨章学术，考镜源流"的作用，对于清代文史研究贡献甚大。书要付梓，徐永明先生要我写序。我作序主要是给自己的学生或者同门师友，但是考虑再三，还是答应了永明先生。一是有感于他要我写序的一句话，亦即一个理由："因为你在图书馆工作"，其意甚明，图书馆人会更加理解做文献，尤其是做目录之学的价值和艰辛；第二个原因就是我前面所说的一大段话，这项工作对于文学史研究特别重要，而今人做此研究的已经不多了。

　　做清代浙人集部著述总目，其价值不仅仅在于对清代文学文献的调查与清理，为中国古代文学史研究提供可靠的文献基础，还在于从知识结构的角度为作家研究提供新的考察视阈。刘勰《文心雕龙·体性》篇论文士的文章风格，认为"并情性所铄，陶染所凝"，情性是才气，陶染是学习。"辞理庸俊，莫能翻其才；风趣刚柔，宁或改其气；事义浅深，未闻乖其学；体式雅郑，鲜有反其习。"受此启发，罗宗强先生专门做了刘勰所读书的统计，建构起刘勰的知识结构。中国古代文人的写作成就与文风，既决定于天生资质和境遇遭际，也与其读书阅历相关。所以从文人之读书、藏书亦可追寻其著述成就和特色之因。浙江自古文士汇集，有刻书藏书传统。两宋时期实为全国刻书中心，在明代，杭州与北京、南京、苏州并为四大书籍聚集地。清乾隆编《四库全书》，在全国征集遗书二万余部，浙江进书就达四千五百二十三种，被选入七百三十二种，占五分之一。由此亦可见其藏书之盛之优。明清文士多出江南，实与书之浸淫有关。清代的浙东史学派黄宗羲、万斯大、万斯同、全祖望、章学诚、邵晋涵等都是著名的藏书家。黄宗羲"于书无所不窥"，"尽发家藏书读之。不足，则钞之同里世学楼钮氏、澹生堂祁氏，南中则千顷斋黄氏，吴中则绛云楼钱氏，穷年搜讨"（黄云眉《鲒埼亭文集选注》，齐鲁书社1988年版）。其所以取得巨大成就，盖源于此。所以，永明先生做清代浙人集部书目，也为研究清代浙江文人的知识结构提供了可能。

　　研究中国古代文学向有重文献的传统，尤其是近些年来计算机和网络技术的快速发展，为快速而更大范围的搜集文献提供了便利，所以做文献的人越来越多了，近些年立项的国家重大招标课题基本以文献为主。但真正做起来还是很难。尤其是做目录之学、版本的调查，既要查检官私书目，以了解其存佚，更需要目验以判别其异同，而到各收藏机构去查书、看书，真的很不容易。我近年来以强弩之末鼓起余勇带一个团队做历代唐诗选本的整理，以为在图书馆谋生、任中国图书馆学会理事长十余年，所谓近水楼台，用起文献会比一般学者方便，而且我还请了国家图书馆著名的版本专家加盟，但使用文献亦非一帆风顺，有的本子不得不放弃，徒叹奈何。永明先生的《清代浙江集部总目》，在版本上，不仅著录自 1644 年至民国间的古籍刻本、稿本、抄本、石印本、铅印本，还著录现代影印的大型古籍丛书本。著录的要素包括书名、卷数、作者籍贯、作者姓名、版本及收藏单位。虽然充分利用了现代与计算机有关的检索工具、数据库知识和编程语言等技术，但是前后经历了十四年的时间才编纂完成，在调查中所花费的功夫和气力可想而知，这是很值得提倡的治学态度，我是深深为其所打动了的。

凭窗而望，天气已经一片晴和。想江南正是三月，烟柳画桥，风帘翠幕，云树绕堤沙，就是永明先生所在的杭州今日吧。因疫情宅在屋中，尽日忧思，不能做事，聊以此序填补虚空。期盼人们的生活走出封城，迎来真正的春天。

高蹈遗世者的初始性格
——《魏晋南北朝隐逸文学研究》序

中国古代夙有隐逸之风和隐逸文化，儒家主入世，道家尚出世，但无论儒、道二家皆有隐逸思想。道家自不必云，儒家经典《周易》讲"遁世无闷"，孔子亦云："天下有道则见，无道则隐"，"道不行吾将乘桴浮于海"。巢父、许由、伯夷、叔齐、蘧伯玉，都是出入儒家经典的人物，被孔孟赞为"不降其志，不辱其身"的君子和"治则进，乱则退"的智者。儒、道二家之分异不在隐逸与否，而在何时、如何隐逸。儒家之隐多是无奈的道不行之时，虽隐亦心怀天下；而道家之隐则来自其尚自然的思想，隐退方合"天之道"，是一种根本上的高蹈离世。

魏晋南北朝隐逸之风甚盛，前有"竹林七贤"，后有"庐山莲社"，产生了潜心松、乔理论与实践的葛洪、隐逸诗人之宗陶渊明。而时之名士或先隐后仕，或前官终遁，或半官半隐，或虽仕思隐，终其时不可胜数，其代表者如江东名士谢安和王羲之。更有趣者，是有人不隐，却鼓励他人隐，"郗超每闻欲高尚隐退者，辄为办百万资，并为造立居宇"。有人写招隐诗，有人就写反招隐诗。很显然，隐逸是此一时期重要的文化现象。受隐逸思潮的影响，隐逸文学也成为此一时期诗文创作之大宗，贯穿魏晋南北朝始终。陶渊明之外，阮籍、嵇康、陆机、陆云、张载、张协、张亢、左思、潘岳、潘尼、谢灵运、谢朓、江淹、何逊、庾信等人也都有大量的隐逸诗文。如袁行霈、罗宗强主编《中国文学史》所说："（在魏晋南北朝特殊的社会背景下，）文学创作很自然地形成一些共同的主题，这就是生死主题、游仙主题、隐逸主题。"所以，20世纪80年代以来，关于隐逸文化和隐逸文学的论著颇多。然如作者所说："当前对魏晋南北朝隐逸文学的研究，主要集中在诗歌上，其他体裁要么较少涉及，要么仅仅从题材上进行归类，或分析其产生的原因。这样的工作当然是必要的，但这些研究，没有揭示各种隐逸文体之间的联系，也就不能从整体上把握这一时期隐逸文学的特点及其发展流变。同时，就某个作家而言，一方面他有大量隐逸文学作品，同时，还会有不少饱含进取精神的作品，两种相互矛盾的心态是如何集于作家一身的，这种研究也是以往所缺乏的。同时，这一时期隐逸文学创作与作家初始性格的关系如何？与其物质条件有何联系？时代主流思潮对隐逸思想，以及对隐逸文学创作有何影响？以上问题，以往的研究还较为薄弱。既然如此，那么对魏晋南北朝隐逸文学进行更进一步的研究，不仅是可能的，而且还是必要的。""作为这一时期文学的三大主题之一，对魏晋南北朝文学的研究，聚焦于隐逸主题，对揭示这一时期文学的特征、文学发展的规律及文人的心态，我觉得都是十分必要的。"这也正是李洪亮先生做博士论文选题的初衷和其学术意义。

但无论怎么说，在学术界，于被人耕耘过的土地上再做文章，总有其难度。如何另辟蹊径？如何突破旧说并在旧说基础之上有所推进？这需要有勇气，需要更深入细微的工作。

洪亮先生2009年考入安徽师范大学，师从潘啸龙先生攻读博士学位，博士论文题目就是《魏晋南北朝隐逸文学研究》。我有幸作为最早的读者，拜读论文，主持了论文答辩。窃以为，此文选题虽然不新，但并不影响其研究价值和意义。做研究，开辟新的领域，或有新材料，作出文章，自然有价值；然做他人已经做过的题目，另辟蹊径，深耕细作，更上层楼，就学术研究而言，其贡献不在前者之下，甚或更大。洪亮的论文即是。洪亮论文答辩很圆满，顺利取得博士学位，后修改博士论文，申报国家社科基金后期资助，论著得到评审专家的肯定，成功获批。洪亮先生又对论文做了较大修改，过程自然是艰辛的，但著作质量却有了更大提高，收获可喜。

以往探讨隐逸文化的原因，多集中于社会因素。魏晋南北朝战乱频仍，政治动荡，历史上称为乱世。宗白华《论〈世说新语〉和晋人的美》一文就讲道："汉末魏晋六朝是中国政治上最混乱、社会上最苦痛的时代。"所以论者多关注社会动乱给士人思想、心态造成的冲击。洪亮先生的著作则引入了遗传学初始性格的理论考察隐逸文学的作者，分析阮籍、嵇康、陶渊明等人的初始性格，从而揭示出隐逸文学产生的另一重要原因：源于士人自身或家族遗传的初始性格对其是否成为隐逸作家具有十分重要的作用。此论发前人所未发，而且很重要。同处乱世，为什么有的士人选择了逃离庙堂、归隐江海？有的士人不退反进，意气昂扬，博取功名，甚至为此搭进去性命？可见仅凭外在的社会环境影响无法完全合理解释这个问题。洪亮先生以初始性格分析魏晋南北朝士人的隐逸及其诗文，圆满解决了此一问题，弥补了既往研究的不足。自然，一个是客观因素，一个是主观因素，无论强调哪一个都会影响到文学史真相的客观揭示。洪亮先生对隐逸文学发生因素的研究是圆融的，鉴于环境单方面揭示的片面性，他把社会环境、社会思潮与士人遭遇、初始个性融为一体，探究隐逸文学创作之因，避免了自己研究初始性格的片面性。读到这样的章节，我心中暗道，洪亮已经不是博士初出茅庐，他显然已经具备了一个成熟学者的老练。

我对此论著中另一个关注的话题，是隐逸主题在各体诗文中的表现。洪亮先生的梳理，除了诗，广及辞赋、颂、赞、传、论、书等各种文体。论著比较深入地总结了多体诗文思归、隐遁的情思，论述其隐逸精神的一致性。但我更留意的是，此书对不同文体中意象相互渗透、相互影响文学现象的揭示，对西晋诗文中逸民意象以及陶渊明作品中诗与酒意象的分析。由这些章节可见作者以深入作品机理的细微分析超越前贤的良苦用心和努力。这样的努力有的达到了，有的基本达到。尤其是西晋同样表现隐逸主题的诗体，四言与五言主题和风格之不同的辨析，给我留下深刻印象。当然也有遗憾之处，如陶渊明诗与菊意象，多么有意思的话题，即使前人有过论述，仍大有发掘的空间，可惜文字匆匆了之。

家族文学的研究，是近些年古代文学的热点。洪亮先生的著作，用了相当多的篇幅研究谢氏家族以及陶氏家族隐逸思想及诗文，为谢灵运、谢朓、陶渊明等士人的隐逸思想及诗文研究拓展了新的通道。这一通道虽非洪亮最早打开，但他的工作仍有其特点，那就是洪亮先生的著作不仅似一般家族文学研究那样，把家族传统作为揭示家族文学的原因，如谢氏家族门风对谢灵运、谢朓等诗文的影响；并且挖掘了家族隐逸文学的个性，如作品中充满亲情、温情的慰藉。

以上均非对洪亮论著的全面评价,对一本书的全面判断非小序所能及。此处所谈,多为我感兴趣之处,择而述之,管窥而已。当然,即使是粗粗的几点,亦可一窥此书面貌、成就之一斑。至于具体的评价,主要在读者。是为序。

2020 年 12 月 6 日

元代诗学的价值
——查洪德《元代诗学通论》序

　　查洪德的新作《元代诗学通论》，经专家评审，被列为国家哲学社会科学成果文库出版，嘱我写序。我知道国家哲学社会科学成果文库是作为国家优秀社会成果推出的，能够进入这一系列，实属不易，作者多为大家名家，其著作亦多属上乘之作，所以我很高兴能为这样的一本书作序。

　　中国文学批评史有其丰富的内容，中国诗学史亦是如此。但是若问元代诗学有什么内容，恐怕连多年搞文学批评史的人也说不出多少。霍松林先生主编的《中国诗论史》是中国诗论史重要著作，洋洋150万字，元代部分约4万字，其中还包括词论和曲论，属于元代诗学的篇幅，只有2万多字。可以说，在一般学者心目中，元代诗学似乎不占什么地位。然而实际情况又如何呢？元代诗学真的没有多少话可说？查洪德为学界奉献的数十万字的《元代诗学通论》，作了实事求是的回答。在此书绪论里，作者面对以上的问题主动做了回应："研究元代诗学，首先得回答这样的质疑：元代诗学有价值吗？值得研究吗？甚至可能追问：元代有诗学吗？"作者告诉我们，元代诗学的价值是被学界忽视了。书中分析了元代诗学被忽视的原因，有两个方面：第一，元代文坛具有特殊性，这特殊性就是"文倡于下"。由于这一特殊性，使得元代文坛呈现出很多与其他时代不同的特点。这些论述让我们耳目一新。的确，如果不了解这些特点，我们就很难对元代学术包括诗学做出客观的评价。作者发现并论述了这一特点，不仅对元代文学研究非常重要，对其他时代有关问题的研究，也具有借鉴和启发意义。元代诗学被忽视的第二个原因，作者认为，是20世纪文学研究中大量存在的对元代的偏见，由偏见而有意贬低元人成就。他举了以往研究者曲解古人文献以贬低元代文化的例子，如尽人皆知的"九儒十丐"问题，就是曲解。他把原始材料展示出来，我们不能不认可，也不能不吃惊，因而也就不能不承认他的这一判断："元代是一个环境宽松的时代，是文人思想和言论都很自由的时代。一个宽松自由的时代，其诗学不可能没有价值。我们的任务，不是怀疑它，而是去发掘和认识它。"《元代诗学通论》就是做了深入发掘和客观认识元代诗学的工作。这一工作是卓有成效、让人佩服的。

那么，元代诗学究竟有什么价值呢？作者认为，元代诗学对于中国诗学有三个方面的独特贡献。其一，反映元代文人不依附于政治的人生价值观的诗学主张，反映元人独立不倚的人格精神的诗学主张。其二，理学哲学用于诗学所得之理论成果。人们可能会认为，理学只能将诗学导入泥潭。元代诗论的事实却并非如此，反倒是理学哲学的思维方式和理论成果，引导诗学走向深入。其三，西域诗人群在元代形成，西北弟子进入中原，"舍弓马而事诗书"，这是元代诗坛特有的现象，元代诗论家对此作了多方面探讨，这在中国诗学史上是独有的。揭示出这三个方面的独特贡献，需要独具的学术眼光。这也从宏观上向读者展示了《元代诗学通论》的学术价值。

《元代诗学通论》是第一次对元代诗学作全面梳理的著作。作者特别注重逻辑体系的系统性和完整性。所论问题，有的是中国诗学的一些基本问题，著作着力讨论这些问题在元代的发展，如师古师心论、自然论等。书中所论，有的则是元代诗学独特的问题，如自得论等。还有些问题，似乎是中国诗学多个时代都有的问题，但在元代这一特殊的历史节点上，其论与其他时代自有不同，不仅内容不同，其意义也不同。如宗唐宗宋问题，元朝紧接宋代，时去不远，因此元人谈宗唐与宗宋，就与后人不同。这所有的内容，在《元代诗学通论》中都纳入到一个整体的逻辑框架。作者还坚持将元代诗学放在中国诗学的历史发展中来考察，决不自说自话地孤立谈论元代诗学。凡是中国诗学贯穿始终的问题，如诗法论、风格论，都会通彻源流地加以考察，以明确它在元代的变化与发展，更能凸显元代诗论家的理论贡献。元代诗学独有的问题，也会放在中国诗学发展的历史中去考察，显现其在中国诗学史上的独特性。作者还重视不同诗学概念和命题之间的横向联系，以期立体地呈现元代诗学的理论状况。如为多角度认识性情论，在《元代诗学性情论》一章后，又以专章讨论《性情论相关诸问题》。作者坚持在元代文化和元代学术的大环境中考察元代诗学，既不孤立地就诗学谈诗学，也不孤立地就理论谈理论，而是把诗学理论放在元代大的背景上去认识，联系元代文人的生活状况、精神风貌、价值观和人格精神，来认识元代诗学，把握其精神实质。作者不仅在绪论中对此作专门考察，还以专章考察元代诗坛风气，在《元代诗学鉴赏论》一章，则设有《元人的赏玩心态》专节。洪德是做文献出身，其所论著一贯坚持朴实的学风，《元代诗学通论》也是如此，坚持一切都来自于第一手材料。所有观点，都自第一手材料抽绎出来，有一分材料说一分话，决不悬空议论，也不做任何臆测。其主体部分引用文献一千三百多条，加上附录共一千六百多条，涉及四百多部书。书后所列参考文献，基本上是征引书目，可见其征引之繁。此书坚持用材料说话，但又不堆砌材料，同时坚持能不引者不引，一切服从讨论问题的需要。

《元代诗学通论》是作者倾数年心力着力撰著的一部学术精品。作者潜心研读大量元人文集，又广泛涉猎中国诗学的重要著作，潜研精思，在少有人问津的元代诗学领域，发现元代诗论家对中国诗学的重要贡献。作者坚持以实事求是的态度客观展示元代诗学成就，所有结论都建立在翔实可信的文献基础之上，并以独到的学术眼光，进行深入论证，因此所得结论具有很强的说服力。相信人们对元代诗学的看法，甚至对整个元代学术的看法，会因此而改观。毫无疑问，这是中国诗学研究的一项重要成果，也是元代文学研究的一项重要成果。

作者说："元代诗学的成就，随着时间的推移，随着研究的深入，将越来越被认识。"我相信作者的这一判断。

《玉台新咏校正》的整理
——张蕾《〈玉台新咏校正〉整理与研究》序

《玉台新咏》是六朝时期著名的诗歌总集。明清学者如冯舒、冯班、吴兆宜、程琰、纪昀等在此总集整理方面卓有成就。近年来又有章培恒等先生之汇校本出版，傅刚先生的校笺（即其国家社科基金后期资助项目《〈玉台新咏〉与南朝文学》的下编）也于去年问世。

学术研究永无止境，文献整理亦然，即使经过前人反复耕耘，也绝非意味着相关选题再无继续推进的空间。即就纪昀对于《玉台新咏》的批校而言，其《玉台新咏校正》（简称《校正》）堪称清代六朝文籍整理的典范之作。此书与其所纂《四库全书总目》及其他著述相互映照，体现了纪昀的文学思想、批评理念及校勘原则、文献学造诣。学界虽不乏著录其版本、肯定其价值的成果，但《校正》迄今尚未以完本形态整理出版，校考部分以"考异"为题、署其父纪容舒之名随《四库》刊行，又录入《畿辅丛书》《丛书集成初编》而流传更广，眉端赏析却仍处在稿抄本状态。国家图书馆部分善本古籍的数字化，为读者提供了很大的便利，但《校正》的稿抄本眉批则因技术原因被对话框遮盖，无法完整阅读，殊属憾事。况且纪昀的批校版本复杂，异文迭见，因而整理工作很有必要。

张蕾 2001—2004 年攻读博士学位期间，论文选题定在对《玉台新咏》的研究，即已关注过纪昀的批校，论以专章。学位论文出版后，萌生了整理《校正》、还原其本来面目的想法。由于不是文献专业出身，因此是在古籍整理具体工作中，夯实版本目录校勘之学，可谓边学边做，工作进展比较缓慢。教学之余，她曾赴京津沪乃至台北等多地访书。每有点滴收获，即与师友分享，看得出对于文献整理工作的敬畏与热忱。几经寒暑，整理初具规模。2014年获批国家社科基金后期资助项目，又经过三四年打磨，结项并进入出版程序。

课题冠以"整理与研究"之名，与十几年前写就的相关章节相比，进步或创获主要在版本研究及校勘方面。

纪昀之于《玉台新咏》的研究用力颇勤，多次批校，广为传抄，形成了不同的版本系统。张蕾的"版本考述"讨论了12种版本，对版本源流作了清晰梳理，归结出两大版本系统，一是以朱墨双色笔批校于吴兆宜注本眉端的早期批本系统（简称朱墨批本系统）；二是将考校内容以双行小字插入《玉台新咏》原文，而评点之语置于眉端的缮清本系统。其中不乏首次发现或未见详论的版本，如翁同龢转录本、徐行可校订本、国家图书馆及天津图书馆所藏之朱墨批本抄本等。"版本考述"对学界先行结论既有补充丰富，也有辨析修正。兹略举几例：

其一，撷英书屋抄本，学界以往的讨论中都没有注意所钤"臣曹锡龄"白文方印，而通过对曹锡龄其人的考察，判断此本是与纪昀稿本问世时间最为接近的抄本；又从翁同龢转录本的不少讹误之处与撷英本相同的现象中，悟出撷英本为《校正》诸抄本的祖本的结论，可谓心得。虽然学界推许此本"几可乱真"，但扎实比对稿本，却可发现其缺憾之多，提醒研究者慎重使用。

其二，徐行可校订本尚未被学界述及，通过具体分析其多达 400 余条的朱笔校订，判断其校对之精、校改类型之广，见出其质量之优；又客观地指出其偶有漏改、漏补、臆改的百密一疏之处，恰如其分地论定了这一精校本的得失。

其三，台湾所藏清人过录本，学界以为其"仅录批语，纪昀校语则缺"，而仔细目验发现其取舍并非在批语与校语之间，而是所录皆为纪氏朱批，而墨批则缺。此本仅完成了前九卷的朱批转录，卷十的眉批则未录一语，由此判断其或为未完本，是《校正》诸版本中的特殊形态。

以上所举，确发人所未发。此外，对纪昀批校、修订的时间跨度，以及梁章钜过录本的过录特点等问题，本书也有些新的发现和思考。

校勘工作如"凡例"所示，以《校正》十卷稿本为底本，校以属早期批本系统的朱墨批抄本及残稿本、《玉台新咏考异》之《四库》刊本（包括文渊阁、文津阁两种版本）、梁章钜之"定本"等不同类型的版本，融合通校与参校，"校记"详录异文，意在客观呈现纪昀多次批校的情形，见出纪氏精益求精的批校过程，批点文字的摇曳变化，以及乾嘉学者整理总集的经典性之所在。书稿基本达到了这一目的。

值得一提的是，异文非止于详录，尚有甄别。凡遇需要辨析、解释之处，又加按语以说明，从而避免了点校的简单化。如卷一枚乘《杂诗》之"胡马依北风"句，纪氏朱批引《越绝书》"胡马依风而立"之语解其出处及"同类相感"之意，按语说《越绝书》恐为纪昀误记，梁章钜过录本作《吴越春秋》为是，辨析了正误。又如卷十宋孝武《丁督护歌二首》题注"后一首《乐府诗集》作'王金珠'"，稿抄本皆脱"珠"

字,按语解说此因稿本贴条修订眉批时不慎将"珠"字遮掩,抄本未加识别所致。若非仔细目验,此类细微之处很容易被忽略。

古籍整理工作艰辛而有风险,即便是训练有素的前辈专家,也难免断句、校对出错,何况是非文献学专业出身的后学。本课题几易其稿,作者直言曾为那些时有发现的校对疏忽惊出冷汗。付梓之后,更要诚惶诚恐,就正方家。这的确是从事学术研究应有的姿态。

张蕾敏于行而讷于言,是踏踏实实做学问的学者。古代文学研究取得成就的学者中,自然不乏天分很高的人,但据我看来,资质平常似我辈者居多。天分高的人,仅凭天资似乎也很难做出大成就;资质平平者如能守住方向,持之以恒,不断努力,定会取得成绩。我年轻时做事多躁进,有些年岁后常说"慢慢来",做学问就是慢慢来的事业,相信只要路子正,坐得住,勤读书,善思考,张蕾一定会有所成就的。

汉宋楚辞注本对经典价值的揭示
——孙光《汉宋文化与楚辞研究的转型》序

孙光的著作《汉宋文化与楚辞研究的转型》要付梓，嘱我写序，我欣然答应，从心理上说，似乎早就期盼写这篇序了。

我的研究和教学方向在魏晋南北朝隋唐诗文，偶及汉代和宋代文学，招的学生也在此段，只有孙光在先秦两汉，以楚辞为主要研究对象。她硕士阶段在先秦，文献功底扎实，基础厚实，人也聪明内敛，敏于思索，有好学者的素质。她的这部书稿，本为博士论文，毕业后，打磨了很多年才出手，可见她对学术的谨严态度。

自《楚辞》由刘向编定问世后，注释本甚多，但有代表性的只三部：汉代王逸《楚辞章句》，宋代洪兴祖《楚辞补注》和朱熹《楚辞集注》。此书跨越魏晋南北朝隋唐，考察汉宋两代楚辞研究，就是以这三部楚辞注释书为中心，兼及其他注释与评论。作者把其首要任务放在具体分析这三部书的注释文本上，梳理其体例和注释特点，以作为研究的基础。在此方面，此书逐条考察注释，分析其特点及得失，其深入细致，给我留下深刻印象。如王逸《楚辞章句》所引旧注的清理，就涉及篇章作者、传本异文和文字训解。此方面文献的清理，既揭示了王逸章句所具有的非常重要的文献价值，同时也为我们考察汉代楚辞之旧注提供了很有价值的信息。

但此书重点则在于通过注释文本的考察，探讨三人通过楚辞注释而阐发的思想，即对经典的价值与意义的揭示。王逸的章句，塑造了忠君的屈原；洪兴祖的补注则超越了忠君爱国精神，塑造了既具有坚贞节操又有独立人格的屈原；而朱熹强调的是屈原"忠君爱国之诚心"。从这些总结中，都可以看出历代注释者对于屈原的经典化过程，其研究有重要学术价值。而这些结论的取得，都是建立在对汉宋历史和思想文化的深入论述之上，所以立论基础扎实深厚，令人可信。

当然，此书之研究并未到此为止，而是进一步探讨汉宋楚辞注释之转变：注释目的，由外向经世到内省治心的转变；文本注释，偏重训诂到阐发义理的转变；文化思维，由"玄学"优势到"科学"参与的转变；研究视角，由经学原则到文学观照的转变。从具体的楚辞注释，进而扩大到汉宋两个时代思想、学术之变，其研究就超越了楚辞而有了更加广阔的学术视野和文化意义。

先秦时期，既是中国文学的发始期，又是中国经典的集中产生期，"五经"，诸子之学，再就是楚辞，都是影响千古的经典。前二者既在文学的研究范围之内，又在其外，其学科性质超越了文学；而楚辞则是纯文学，故百年来一直是文学研究的主要对象，对楚辞的研究长盛不衰。不过近些年来稍有衰落，与先秦文学研究之热形成鲜明对照。其原因即在于，新出土文献中经史文献多于楚辞文献，而 80 年代的文化热近年来又明显降温，所以有许多学者转向了楚辞学史的研究。不过，对楚辞学史的研究意义，学者之间颇有歧见。有人即认为，不研究楚辞文本，研究其传播，已经沦入第二义。我原也这样看，不过近来却改变了看法。近来楚辞研究出现了一个新动向，即把 20 世纪 20—30 年代谓屈原是"箭垛式"人物的观点又重新搬了出来，怀疑屈原的存在，怀疑楚辞作者的真实性，从而对经典提出挑战。楚辞学史的研究，我以为现在的重要任务就是从学术上研究清楚屈原作为经典作家的真实存在，研究清楚楚辞经典文本的生成以及历代对楚辞的经典化过程。孙光的研究已经有了研究经典化的意识，并取得了丰硕成果。我期望她还要加强这一意识，研究清楚楚辞作为中国文学经典的生成与传播过程。

气与文论
——赵树功《气与中国文学理论体系建构》序

在我的学生中，赵树功勤奋而渐有成就。他的国家社科基金后期资助项目《气与中国文学理论体系建构》要付梓，嘱我写序，我自然乐意为之。

气是中国哲学的元范畴，中国文学理论批评与气有着密切的关联，并在中国古代文学理论中形成了一脉以气为主的文学理论范畴。古代文学批评中的"文气"论一直是后世文学研究关注的重点，关于气论的研究已经取得了不小的成就。但检点既有的研究成果，依然存在一些问题。首先，在对气论的研究过程中过多地依赖哲学对气的阐释，甚至有些研究以哲学研究替代了文学理论阐释，忽略了二者之间存在着很多变异或者差异。其次，文学理论、艺术理论、哲学理论综合的研究较多，这种立足于文艺的综合研究反而使得文学理论之中气论的独到特性不易凸显或者被简化。再次，"文气"说作为一个基本的约定俗成的研究视野，将研究的对象约束在了传统的文学理论著述、文学批评资料中，研究者往往从文学理论史或者文学批评史的角度进行理论价值的挖掘，这样的研究缩小了文学理论中气论内涵，使得气的生命征象与本原意义得不到充分而又全面的观照。其四，一些思想观点、一些常见范畴阐释过度（如气韵），而其他众多的相关范畴却没有受到应有的重视；对其他同质性范畴关注也有待深入。其五，气论作为元范畴的地位作用没有得到实际的关注，也就是说，观点、思想、范畴、概念的研究虽然较多,但忽略了彼此内在的系统关系,即气作为文学理论的元范畴,它承担的不仅仅是范畴建构、批评术语供给、基本批评思想的揭示等任务,这样尚显示不出它在中国文学理论史上的根本作用;事实上,气论在中国文学理论史上最重要的意义在于,它建构起了一个以气为核心的文学理论体系。而这一点一直没有系统研究。

正是基于对以上问题的反思,树功近年来下力气于气与中国文学理论体系建构的探讨,其初稿在申报国家社科基金后期资助项目时,即得到了评审专家的肯定。树功的研究是对文学理论之中气论研究的深化,尤其对以气为核心的理论体系建构的探索,是基本概念范畴研究的升华,对古代文学理论的研究具有一定的启示意义。

此书以范畴正本清源的梳理为基本手段,将古代文人以气论文的历史视为一个历时性的学术整合与构建过程,通过这些范畴内外关系的研究,提炼对这些范畴具有统辖意义的元范畴,并尝试以元范畴之下范畴之间的关系结构,追溯复原古代文学理论的体系。研究路径与方法具有借鉴意义。

本书提出了很多新颖的理论观点。其一,中国古代文学理论之中,存在着一个以气为核心的理论体系,这个体系涉及本体论上的文学起源,具体创作论中的文机涵育、文机发动,具体创作中的气化赋形,文学审美论中的文学审美品格的塑造与获得,审美鉴赏论中作品动人的机制,另外还有文学批评实践与文学史论。其二,气完成从哲学到美学的提升之后,形成了审美之气独到的审美特征,主要包括气主"完型"、气化赋形、元气归依等;而文学创作之中诸般审美特征,基本上就是这些审美之气的审美特征在作品之中的作用与显形。其三，养气而气盛与气感而通，都指向一个文学创作机制："机流神通气畅"。神为气之精、气之华、气之主，神的获得意味着气机的打开，实现了气感而通，此时气才能运行、赋形。其四，文学创作过程是一个气化赋形的过程，气运行依循的对象是才，才气相御而行，方能完成创作。其五，气韵是以气为核心的范畴体系中的最高范畴，它依托众多艺术手段综合而后现身，它与意境都是气化赋形所创造出的最高审美境界，二者在绵远不尽与依托意象上是一致的。其六，"气感而通"是文学能够实现感人的理论依据，也是文学能够感人的民族阐释。其七，著名的"文如其人"说，其根本的理论依据在于气在创作之中维持着前后统一性。其八，气运与文学史论有着密切的关系，代变与代胜论、文学体裁演革论中，都有气运论的影响。其九，在以上气与文学理论体系关系的建构过程中，一直坚守着以下几个根本的气的准则：从本质而言，个体之气与天地之元气是一体的；从养气的目的和路径而言，是个体之气通过修养回归自然元气；从气赋形的路径而言，是天地元气通过禀赋透达主体，又由主体向作品的贯注，实现个体化。

作为一项颇具探索意义的研究，本书显示了很强的学术价值，它构建起一个以气为核心的文学理论体系，这个体系涉及文学本原研究、文学创作的文机涵育、文学创作的文机发动机制、文学创作的创作机制——气化赋形、文学作品审美品格的获得、文学鉴赏论、文学批评论与文学史论。因此这个系统贯通而完整，是我们民族文学理论自己的系统。从这个意义来说，本书又具有弘扬民族文化精神的重要意义。

《国语》的性质
——李佳《国语研究》序

李佳是北京大学中文系傅刚教授的博士生。我审阅了她的毕业论文，感到论文写得极为扎实，是我几年所见之博士论文中的上品。后来参加她的论文答辩，李佳待人彬彬有礼，回答问题清晰有据，给我留下深刻印象。所以，当我得知她应聘国家图书馆的工作，自然十分高兴。李佳本科和硕士都毕业于四川大学，博士又出自名师门下，这样的人才，能来国家图书馆工作，自然是做馆长的一件幸事。国内高校流传着一句话：大学之大，不在大楼，而在大师。大师之谓如今已经用滥，但是说"大家"应该总是恰当的。大学如此，国家图书馆亦然。广厦千间，文献海量，但是没有一流的学者，怎能做出一流的业务？不过李佳最后还是去了新加坡南洋理工大学，我既理解她的选择，为她一家团圆而高兴，但是也为国家图书馆惋惜。

《国语研究》一书，是李佳在其博士论文基础上修改而成的专著。此书全面、系统研究《国语》，不仅厘清了诸多关于《国语》的固有问题，而且开拓出新的研究领域，获得新的研究成果。

首先是《国语》的性质问题。《国语》作为先秦的重要典籍，影响很大。但是《国语》究竟是什么性质的书，一直充满争论。比较传统的看法是国别史，又有史料汇编说，等等。此书辩驳了几种似是而非的观点，认为，只有把此书记"语"的形式特点以及弘扬《春秋》大义的深层意图结合起来，才能真正把握此书的性质，并依此提出："外传"是此书性质的准确描述。答辩委员会在讨论这一问题时，对李佳此说给予了充分肯定，认为李佳此说，是基于今日的学术视野和态度，对《国语》性质问题的审慎思考与定位，所说有根有据，言之成理。

作为文学博士论文，李佳的研究重点自然要落到文学上来，因此，此书的一个重要贡献，就是对"语"体进行了深入的研究。归纳、分类了《国语》中"语"的形式、内容，对该书所记载的"对话"，从对问、论辩和沟通的角度，进行了细致的文本分析。并且以先秦语书的发展为背景，探讨了《国语》篇章结构的特点。在以上分析的基础上，李佳此书得出结论：《国语》是先秦"语"类书的代表作。这就从文学的角度，揭示了《国语》的文学史价值。

当然，《国语研究》一书，用力最大、体现功力最深的当是其对《国语》版本、目录学的研究。《国语》有公序本和明道本两个版本系统，但是，公序本在宋元明时期的刊刻、修补和流传情况，一直未能有人说清楚。李佳此书通过版本的调查，首次厘清了这一版本系统的历史脉络，对其他版本的价值也做了准确的评价。而在目录学方面，李佳通过梳理史志和各种目录中关于《国语》的记载，证实了此书流传有序的情况，还对其记载疏漏之处进行了补充和辨证。这些研究所取得的成果，都为《国语》研究做出了新的贡献。

前些时候，我和从新加坡回国休假的李佳夫妇见了一面，知道他们在那里工作很顺利，已经在大学立稳了脚跟。而此书的出版，相信也一定会奠定李佳在学术界的基础。以李佳的资质和努力，我期待她会有更多更优秀的成果面世。

辨名正体，梳理源流
——崔瑞萍《秦汉序体文学研究》序

六年前，一个晚春的午后，崔瑞萍敲开我的办公室，来送她的简历。这一年，中国国家图书馆即将迎来百年馆庆，也将首次建立博士后科研工作站，招收第一批博士后科研人员。因是国家图书馆首次招博士后，一时报名者甚多，我收到的简历为数不少。引起我注意的是，崔瑞萍的博士论文既是我近些年所关注的文体研究，也与工作站开展的中华古籍题跋整理项目有一定的学术关联。所以，在众多的要求入站者中，崔瑞萍自然成为首选。时隔六年后，崔瑞萍再次将这部经过打磨的书稿送到我的办公室，嘱我为其作序。

恕我孤陋寡闻，就我所知，到目前，尚无一部研究秦汉序体文学的著作。所以，《秦汉序体文学研究》应该是填补了中国古代文体学研究领域空白的书。

崔瑞萍运用文本与文学理论分析结合的方法，在辨名正体、梳理源流、赏别代表作的基础上，首次为我们梳理出序体在秦汉时期的嬗变脉络。在此基础之上，她又通过类比旁通的研究方法，探求序体本身与伴存体之间的相互影响，乃至文体移植的制约因素和规律，创获良多。

借助于阐释学等方法，此书将秦汉序体作品以文类为总，条分缕析，从而对古体、古书、古人、古学之发生渊源脉络进行还原研究。从文体学史的高度探究文本存在意义，并提供发生学的原由，是作者之用心所在。

在此方面，看得出来，作者做了两方面的努力：

首先，作者试图以文本精读和篇章间的"意义逻辑"关系，来考察序体文学理论发展路线和文学批评学发展的多元可能和道统选择。

其次，作者试图对序体作品相关文献进行全面搜罗钩沉，综合运用简帛、碑刻、书籍等各类文献，进行篇章结构学和篇章政治学的细读。如通过发现残本残文用语微妙处隐含的特殊意蕴，解开《吕氏春秋·序意》为序体文学确立标志之意义；从其篇章安排、体制规范等方面解读《吕氏春秋》的编纂程序和发凡起例，等等。

这些研究，深入而又具体，不仅有助于人们了解序体的文体生成及其演变规律，而且对于人们掌握文体生成与演变的一般规律，也有启发意义。综合以上认识，所以我有理由认为，这是一部近年来文体研究的力作。

当然，这部书稿的不足之处也是存在的。比如，学术史研究部分，需要在历时的叙述中发现核心问题，把握其发展的逻辑、原因。以此要求来衡量，这部分做得还不够。当然，这并不是此书个别的问题，应是博士论文的通病。学术史的研究，是选题的背景，也是问题的提出所在，因此，介绍不是根本，目的在于揭示出本题目的研究价值和意义。问题把握得越核心，研究的目的和路径才能思考得越准确合理。这里边，既有搜集梳理文献的功力，亦有学术识见修养的功夫。对于这部书稿，崔瑞萍个人的评价是瑕瑜并存，是她学习和人生中的一个特定阶段——博士时期真实面貌的见证。对此，我是赞同的。从崔瑞萍对此书的个人评价，我还看出她作为学者可贵的谦卑品质。

　　说过对崔瑞萍书稿的评价，还要说几句我对她本人的认识。作为年轻的学者，崔瑞萍对治学极为认真仔细，责任感很强。我与张廷银、汪桂海等研究院的学者，共同申报下来国家社科基金重点项目"中华古籍题跋整理研究"。但是在项目开展之初，并不顺利，经费和人员都遇到了困难。崔瑞萍进站后，全身心投入到题跋整理工作之中去，与廖虹虹、梁葆莉等人，早出晚归，抄写整理题跋，付出了艰苦的劳动，也克服了很多困难，对此我充满感激。

　　崔瑞萍还是一个充满正义感的学者，对是非曲直，纯真醒龀，判若冰火。这是一个好的人文学者的素质所在。但是，我从未表达过对她这一品质的判断与鼓励，因为以我的经验知道，那也许是害她。我希望我的学生学问、生活都好。

文学史的两个传统
——任慧《先唐时期文学史书写研究》序

　　文学史是舶来品,缘自20世纪初大学现代学科的建立。1902年,《钦定京师大学堂章程》始定的七个学科中,文学为其一,包括了经学、理学、史学、子学与辞章学等,实则就是人文学科。1904年的《奏定大学堂章程》分学科为八,经学与理学划出,文学基本独立。文学科中的"中国文学门"设"历代文章流别",注云:"日本有《中国文学史》,可仿其意,自行编纂讲授。"由是,北有林传甲,南有黄人,编者纷纷,书以千计,成一时景观。当代的古代文学研究形成了铁打的三大范式:文献整理,专题研究和文学史。而三者之中,文学史因是教材,影响至大;经典的确立,一种文学史观的传播,非文学史莫属,所以尤为学界所重视。自有文学史以来,或统编,或重编,或反思,以至于今。1949年后,统编中最流行的就有中国科学院编、北京大学编、袁行霈主编、袁世硕主编等。关于文学史的争论,时至今日,尚有文学史观、文学史分期、文学史撰写模式等等。甚至百年的文学史,何为文学这个问题仍摆在了突出而又扎眼的位置,编写了一个世纪,敢情我们连文学这个基本的问题都没搞定。所以,我也在不同的会议上凑热闹,讲古代文学研究、文学史要回到原点,重新思考中国古代文学的性质和内涵,重新思考以作家作品为主要描述形式的文学史撰写模式,重新思考以朝代为阶段的文学史分期,重新思考入选文学史作家作品的标准。

　　文学史虽是舶来品,但中国文学史却非完全的洋东西。中国古代文学研究实则是建立在两个传统、一个背景之上的。两个传统，即中国古代社会数千年来形成的义理、考据、辞章的老传统，以及"五四"以来形成的现代学术传统；一个背景即1949年以后形成的新的学术理念与方法。而文学史的撰写亦应如此，除了欧洲、苏联的文学史传统，还应该有中国的史学和文章学传统。如任慧所言："中国自古就有书写历史的传统，历代均设有史官，由此形成了记录、保存、积累、编集史料以及为前代书写历史的习惯，其范围囊括社会方方面面，文学亦包括其中。"然而令人遗憾的是，这样的传统，没有得到文学史界的重视与吸收。文学史的"书写者们忽视了古人对于文学的见解，忽视了古代文学史家的书写实践和思考"，即使是古代文学研究，多有对某个个例的研究，如刘勰的文学史观，而缺少对先唐这样一个悠久历史时期文学史观及书写实践的研究，尤其是站在中国文学史当代立场的研究，任慧此书的学术价值与现实意义由此而凸显出来。

此书的第一个研究重点是两汉魏晋南北朝时期文学史书写中的分期问题。任慧汇集这一时期所有与文学史相关的历史文献，一一加以分析，寻找文学史分期的节点和基本范式，并对《文心雕龙》的分期实践进行重点探讨，涉及刘勰对文学史分期的一般论述以及文体论中的分期实践，从而总结出此一时期处理文学史分期的范式。其一，叙述文学史的发展，虽然遵循基本的时间顺序，但不局限于朝代，充分尊重文学发展的内在因素。其二，善于运用年号，将文学的发展同政权的变迁联系起来。著作特别揭示出刘歆、班固在文学史分期上所做的贡献，前者在选择时间节点时，不再单纯依据朝代，而是综合利用谥号、庙号和年号的方法，以使文学史分期更为具体。后者则成功实现了从史家到文学史史家、从史书和学术史到文学史书写的转化。其三，充分考虑到代表作家在文学发展中的影响，举作家以代表某一时代或时期的文学。这样的研究，对于今天中国文学史的分期，百年来局限于以朝代为划分标准的僵死模式，的确具有重要的启示意义。

第二个研究重点是文学史的编撰方式。此一部分研究了《史记》《汉书》至魏晋南北朝时期的正史以及作为文学史家的文人文章，总结出"以人为纲"的撰写模式；复又研究文体论，总结出"以文为纲"的撰写模式。任慧在此处还探究了文学史家的身份，区别出史家和文学家两类，总结了史家撰史给文学史提供的经验；同时对文学家从文体写作实践出发所作的文学史认识，如皇甫谧《三都赋序》对辞赋发展演变的描述、钟嵘《诗品》对五言诗七个发展阶段的划分、萧统《文选序》概括各体发展，也都进行了细致深入的考察，尤其是重点研究了《文心雕龙》有关文学史的编撰范式，总结出今人编撰文学史可资借鉴的经验。

任慧此书还有一个突出的特点：她是站在当代中国文学史研究的前沿来开展研究的，她的研究紧紧扣住当代的中国文学史编写实际，其研究具有鲜明的针对性，现实感很强。每一章研究先唐文学史书写，总是先提出并论述当代关于文学史编撰的问题与争论，然后再进入古代的文学史编撰研究，最后再回过头来，以古代的经验回应当代。正因为如此，这篇十余年前的博士论文，其所讨论的内容在当时是热点，今天仍值得文学史关注。

任慧是我的硕士生，或讨论问题，或读其文章，多觉通透。我在河北大学主持召开《文心雕龙》年会，任慧做会务，待人接物，颇得与会学者好评，真是人如其名，是个聪慧学生。后来她考到北京师范大学张海明先生名下攻读博士学位，得到张先生精心指导，学业颇精进，并得以进入中国艺术研究院做专职研究人员。对于女学生，我一直主张先家庭后学业，任慧家庭幸福，治学又不断进步，以其聪慧把此二者处理得很圆满。如今任慧修改好博士论文出版，向我求序，我高兴地写了上面的话。

钩稽考索，梳理查慎行诗歌批评
——王新芳《查慎行诗歌批评研究》序

查慎行是清初重要的诗人和诗论家，学界对其诗歌的研究已经有不少成果，而对其诗歌批评理论的系统研究，则相对零散和薄弱。有鉴于此，王新芳的《查慎行诗歌批评研究》一书将查慎行的诗歌批评理论作为研究对象，意在将其诗歌批评研究引向深入，以期弥补查慎行研究之不足。

学界对于查慎行诗论长期忽视的原因，主要还是由于文献之难征。首先，查慎行没有专门的论诗诗话传世，其《敬业堂文集》也因为种种原因流布不彰。另外，乾隆年间张载华纂辑的《初白庵诗评十二种》是载录查慎行诗歌批评倾向的重要文献，然而此书也一直未获广泛流传。今人李庆甲纂录《瀛奎律髓汇评》时曾据《初白庵诗评十二种》收录了查慎行的诗歌评点，然《汇评》乃是诸家评点之汇纂，这样就将查评淹没于诸家评语之中，因此查慎行诗歌评点的总体倾向一直未能引起学界的足够重视。由此可见，查慎行诗学文献的匮乏，是查慎行诗学研究的一块短板。相对其诗论而言，查慎行的诗歌创作在有清一代声名卓著，其《敬业堂诗集》流传甚广，翻刻者甚众。延至当代，上海古籍出版社1986年又出版了周劭标点本，更促进了《敬业堂诗集》的传播。因而目前学界对查慎行诗歌创作风貌的了解，要远远超过对其文集与诗论的认识。正因为存在着这样一种文献现状，查慎行一直被视为清初宋诗派创作上的领袖人物，却从未被当做宋诗派的理论代表，因此长期以来查慎行给人的印象是在理论方面似乎无甚建树。其实清代诗人的创作往往都是以其诗歌理论作为基石的,作为清初浙派领袖人物的查慎行也是如此。

为了还原查慎行诗歌批评理论的原貌,《查慎行诗歌批评研究》一书首先在文献的钩稽考索方面下了很大力气。该书对散落于其他文献中的查慎行佚文进行了大力辑补,力图将查慎行《敬业堂诗集》中的论诗诗与其《敬业堂文集》《初白庵诗评十二种》等文献相互印证、相互补充,并参之以查为仁《莲坡诗话》中所征引的查慎行有关论诗观点,从而最大限度地还原查慎行诗歌批评理论的原貌。应该说著者在文献钩稽方面做出的努力是值得肯定的。

此书在吸收借鉴学术界已有成果的基础上,还提出了一些新的观点,其中不乏值得关注的创见。例如将查慎行的"唐宋互参"理论置于清初"唐宋之争"的大背景下考察,进而指出,查慎行诗歌创作主要学习杜甫和苏轼,是其"唐宋互参"主张的具体体现,这一认识彻底扭转并颠覆了以往学界对查慎行诗歌学苏、学陆的偏颇判断。当然,为了充分证明这一观点,此书除了从查慎行理论倾向与诗歌创作上进行论析之外,还独辟蹊径地从《初白庵诗评十二种》入选诸家的名单入手,对诸家的评点数量进行了详尽的统计分析,这为厘清查慎行所构建的完整诗学谱系及其内涵起到了较为关键的作用。另外,查慎行的《涿州过渡》曰:"自笑年来诗境熟,每从熟处欲求生。"其"熟处求生"之论颇为理论界所关注。目前学界多将"熟处求生"理解成创新精神,也有学者尝试从查慎行诗歌表现题材的变化对其"熟处求生"理论加以证明。本书作者则认为，要真正理解查慎行所云之"诗境熟"与"熟处求生"，只有深入到查慎行的诗学批评体系的语境中才能进行确切把握。书中通过梳理"生""熟"这些概念在明清之际特定语境下的具体含义，指出查慎行"熟处求生"乃是得益于明清画论中关于书画"生""熟"的理论，并将之移植、借用到诗论之中。所谓"熟处求生"有绚烂之极乃造平淡之意，故而"熟处求生"与其对"白描"的艺术追求恰可相互通融。这一结论无疑是非常新颖深刻的，有助于学界重新认识"熟处求生"的真正含义。此外，查慎行诗云："插架徒然万卷余，只图遮眼不翻书。诗成亦用白描法，免得人讥獭祭鱼。"提倡白描、反对用典和藻饰是查慎行论诗的另一极具个性的理论倾向，学界对其内涵的解读已颇多胜义。而《查慎行诗歌批评研究》一书则又指出，在明末清初诗学这一特定的历史环境中，查慎行对白描的提倡具有强烈的现实指向，从中折射出其对虞山诗派"二冯"所倡导的昆体之风有着特别的警惕与反感，同时也蕴含着其对黄庭坚及江西诗派的复杂态度。因此查慎行提倡"白描"既是对诗坛流弊的反拨与矫正，也是对宋诗优劣深刻反思的结果。以上这些发现，都是在学界已有定论或前人语焉不详之处进一步深入挖掘所得之新见，体现了著者的独立思考与创新能力。

在博士论文答辩时，王新芳的论文获得了有关专家的鼓励与好评，同时也指出了一些不足之处，诸如查慎行的诗歌理论与其诗歌创作相互参证方面还有待加强，结合浙派诗歌创作和诗歌理论的总体特点的研究还不够充分，对于《初白庵诗评》中的一些具体问题简单罗列偏多，理论提升偏少等。现在王新芳的论文经过进一步修订，有了很大修改，书即将由人民出版社出版，问序于我，我作为导师很为她高兴，并希望她在今后的研究工作中取得新的成绩。

是为序。

2015 年 11 月

魏晋南北朝奏议文研究新著
——仇海平《秦汉魏晋南北朝奏议文史》序

我从20世纪80年代起就关心中国古代文体的研究,主要是考虑到中国古代文体直接涉及中国古代文学的特质和文学观念,开展这方面的研究,不仅仅是为了研究某一文体特征、功用及其写作规格要求,亦可以帮助我们了解中国古代文学的本质属性。所以我陆陆续续带博士生做此方面的论文,先后有几位博士生对魏晋南北朝文体论、汉魏六朝诔碑文、唐代颂赞文等开展研究,写成博士论文,取得初步成果。其中就包括仇海平的此篇论文。

中国古代奏议文源远流长,不仅是"经国之枢机",亦为文章之大宗,名目繁多。中国古代士人,能否写好奏议文,既是对其从政能力的检验,也是对其治学和文章功底的实际考察,因此研究奏议文具有重要的学术价值。海平此书从政治文化的宏观视角,结合具体作品,研究秦汉魏晋南北朝奏议文的既定形态与生成过程,考察奏议文的文体概念、文体特征与文风变迁,是目前我所见到的第一部专门研究秦汉魏晋南北朝奏议文的著作,此书之出版自然会弥补学术界此方面研究的不足。

奏议文是中国古代政治制度和职官制度的产物,从奏议制度角度研究中国古代奏议文的生成、发展与变迁,是本书重要的理论创新点,为奏议文体的研究提供了新思路、新视角与新方法,具有比较重要的理论价值与实践意义。例如,书中认为，秦代是中国古代奏议文正式生成时期，对于"奏"与"议"从行为方式向文本方式的转化而言，有着一个至关重要的枢纽，这就是秦代君臣名位的确立。秦代建皇帝之号，立百官之职，君臣之位得以确立，奏议文从战国时期君臣同书的状态中分离出来，得以正式生成。奏议文直接与中国古代政治制度有关，因此这种考察确实而又有效。

此书的另外一个特点，是紧扣文学史，把奏议文体纳入到整个文学发展历程中研究其演变。书中认为，奏议文虽属应用文体，其发展演变与政治相关，但是奏议文的发展进程与文学史的发展进程亦密切关联。因此，在本书中，作者立足于文学发展的宏观视野，结合每一朝代、每一时期具体的奏议文本，探讨了奏议文体自先秦至魏晋南北朝的文风演变之迹。在秦代，中国古代奏议文虽然正式生成，然而未及发展。汉代奏议文理既切至，辞亦通畅，可谓气盛言宜，然而论其文风，可用孔子的一句话概括："辞达而已矣。"到了魏晋南北朝时期，奏议文进入转型期，此一时期的奏议文文理迭兴，铺采摛文，呈现出骈偶化和诗赋化的倾向，并由此而影响带动了此一时期其他文章，形成骈体文的全面兴盛。到了北朝，奏议才转为尚朴务实。北周时期，奏议文获得历史的整合。作者由此得出结论：秦汉魏晋南北朝奏议文发展史与中国古代官僚政治制度史同步，在其历史进程中又受到文学思潮之冲击与沾溉，在政治功能与审美功能双方面不断调适，努力追求辞兼文质的理想境界。所得结论亦符合历史实际。

此书的研究，还在一些具体作家的奏议文体上用力，所得成果亦可以弥补一些作家研究的不足，或修正某些既有的结论。如关于曹植文学创作，历来治文学史者多以曹丕登基为界，分为前后两个时段：前期以《白马篇》之类作品为代表，英气勃发；后期则以《赠白马王彪》等诗文为代表，深沉抑郁。此书认为，曹植的文学活动可分为建安、黄初、太和三个阶段：前两个阶段以诗文为主，建安时期洋溢着蓬勃朝气，黄初时期则满含沉郁，太和时期可以独立为第三阶段。此一时期曹植的写作主要以表文为主，如《求自试表》《谏伐辽东表》《求存问亲戚疏》等，兼容前两个时段之特质，热情与哀愁并注，英气与忧郁交织。曹植文学创作阶段两分法论者无疑重视其诗赋，对于章表类应用文体不免有所忽视。实际上，章表不仅是曹植最后阶段的主要创作，亦是其文学创作的重要组成部分。这对于我们全面评价曹植，确有启示。

海平平时给我的感觉是治学比较笃实。然而其为文、教学以及平时与人相处，多露才秀之气，于音乐、朗诵、主持等都有涉猎，这也有助于他的文章。因而此书虽然研究的是古代最为无趣的文章，但是在作者的笔下，却也能做到稍多姿态，流畅可读，这也是比较难得的。

2013 年 12 月 18 日于国家图书馆

瞧瞧这群文化动物
——李冰《瞧，这群文化动物》序

李冰的书《瞧，这群文化动物》增订再版，要我写序，我觉得有话要说，所以答应下来。

我是这本书较早的读者之一。2004年，我初到北京，一天下班，在报刊亭前偶尔站下来随便翻《信报》，看到一篇采访阎连科的文章，一下子被文章吸引住，记者尖锐得近乎刁钻的提问与阎连科真率的回答，可称两绝。记者："《日光流年》上届与本届都入围茅盾文学奖，您觉得这次有戏吗？"阎连科："没戏。我的作品不够温和。首先因为茅盾文学奖中没有一个先例是颁给了有着'遗珠之憾'的上届入围作品的；第二，这部作品有些评委可能不喜欢，就像一个长期吃惯了巧克力的人是不会乐意去尝尝黄连的滋味的，而以往作品多是巧克力类的。"如此答问，妙语连珠。我买下报纸，并从此开始关注《信报》。后来与我的学生谈到此事，学生笑眯眯地告诉我，她就是那篇访谈的作者李冰。不久，我每天都会得到一份《信报》，李冰知道老师还关注当代文学，关注她的工作，便为老师订了一份《信报》。从此，每到周末，我就可以欣赏到李冰或刁钻之问，或幼稚之问，有时也不免有时尚而又平庸之问；欣赏到作家、学者和文化人或生花妙答，或狡黠之答，或同常人的实在之答，如同周末喝到的一杯清茶。后来李冰离开《信报》，《信报》取消了作家访谈栏目，而我也就不再看《信报》了。

在当代,作家颇红的时间应该在 20 世纪的 50 年代和 60 年代前五年以及 80 年代,以至当时许多孩子都做着作家梦。但是到了 21 世纪,风向突变,当红的不再是作家,而是艺人,娱乐圈引得孩子们蜂拥而入,做超男超女、快男快女,奔向《星光大道》,奔向《非常 6+1》,奔向红楼选秀。甚至引得作家也耐不住寂寞,可怜巴巴地投向舞台,或幻化为艺人,或如傍大款般地傍起艺人。在此天下扰扰、无非红粉的情况下,李冰却关注着作家的创作和他们的生存状态,锲而不舍地追踪他们的足迹,探其老巢,掏其心窝子,不是作家那样脑袋有"毛病"的人,做不成这样的事情。怨不得那个作家访谈的栏目,坚持不到一年就吹灯散伙了账。

不过我想,社会总得有这样"在文字的草野与丛林中跳跃"的人,在形而下的动物层面呈现给我们"快乐",在形而上的思想层面给我们清醒。看看他们的思考。陈染:"我觉得,能够实施安乐死是人类文明的进步,它使人能够不用痛苦地苟活,有尊严地死去,这是一种生命质量的完善和保障。"阎连科:"我想明年到河南的艾滋村去呆俩月,记录下那些患者的情感与生活状况……我无法忘掉那些正在种地的农民,看到血头来了,把锄头一撂,躺在一捆麦垛上把胳膊一伸就让抽血,抽完了头晕得走不动路,血头倒拎起他们的脚抖两下,让血往回流一会儿再放下。"徐小斌:"我认为中国电影缺一块什么,不管是张艺谋还是姜文,我曾在名为《博格曼,手持魔灯的大师》的文章中说,他们可以成为一流的出色导演,但永远成不了大师,就是因为他们从来没有关注到人类心灵当中最隐秘的东西。"在社会的一片娱乐狂欢中,作家访谈中的声音既显得格格不入，又显得十分微弱，但是我们的社会因为有了他们而不至于沉沦。

  我还在想，作家往往是写得多，说得少，他们是用作品在说话。学者也是如此。而作家访谈，却恰恰要他们说。李冰是一个善于访谈的记者，她自己也写小说、写书，与作家和学者有着朋友一样的关系，在作家和学者的眼中，她是"一位细腻而不琐碎的朋友"，"更像小妹妹"，"面对她，我会有倾诉的欲望"，这使被访谈者能够坦诚面对她，直抒胸臆。此书也就成为我们了解作家、学者心理和生活的最直接的媒介。所以我相信，再过若干年，有人研究这一代作家学者，这本小书会成为很有价值的文献。

  李冰最早上大学时学的是图书馆学，后来从我学中国古代文学。在我的研究生中，她对文学的理解和感悟更敏锐一些。所以，我一直认为，她最适合的工作应该是作家。当然，成为作家又谈何容易！作家需要写作技巧，更需要良心。技巧可以学，良心却需要勇气。

2009 年 12 月 15 日

写了半世的书
——《李白生命意识研究》后记

从不惑到耳顺之年,一部书竟然写了半世,不能不感慨几句。

李白《将进酒》,在中国,妇孺皆可诵之。诗,情似奔马,势不可遏,宣泄不羁。无论何人读之,都会为其强烈感染。豪放者借其显示豪情,抑郁者凭其发抒郁闷,得志者以其寻欢,落寞者依其振作,影响至为深远。我也是少时即可背诵此诗,感受与众人同。然而到了不惑之年,一日读到"君不见黄河之水天上来,奔流到海不复回。君不见高堂明镜悲白发,朝如青丝暮成雪",竟然悲从中来,怆然泣下。未曾独上高楼,在灯火阑珊处寻找,却蓦然发现了"生命"。不,不,不是发现!是伟大诗人带着他强烈而又真实的生命感撞开了我愚钝的心扉。再读李白,扑面而来的正是他充盈的生命意识,哦,果然"生命"无处不在。因此知道,生命意识是李白诗文的重要内容,支撑起其风骨形神的是他勃郁的生命力。由此,我遂开展有关李白生命意识的研究,数年间,相继发表《李白诗歌的生命意识》《试论李白的孤独意识》《李白的英雄意识》《李白诗的自然意识》等论文。

但是到了90年代末,我遽然终止了此项研究。自己的主要精力转向行政管理,没有充分的时间读书思考,是个理由;学识和人生阅历不够,不惑之年实未除惑,知天命之龄昧于天命,力不从心,读不懂李白,才是真正原因。由此知道孔子为何不言性与天命，生命，无论古今，无论中外，都是一个微妙而难于勘透的问题。

古人说，死生亦大矣，生命是一切学问的本根。西方不必云，其宗教、哲学多建立在此之上。中国古代，无论儒释道，都重视生死问题，对生命之由来，探讨甚多。生命亦是文学的母题，研究文学中的生命表现，应是文学研究的基本之义。中国古代文学中，生命主题也是悠久而又重要的传统。但是，很明显，生命意识已经消失于当代熙熙攘攘的众生之中了，忙于世俗生活的人们已经麻木，谁还去关心生命为何、从何处来到何处去的问题？哲学很少研究人的终极之问，文学亦舍弃了这一重要传统，关于生命的研究内容尚未引起学术界足够的重视，只在少数著述中才见涉及。当代生命意识的研究缺乏积累，需要在中外的典籍中寻找，在自己的人生中慢慢体悟。

待到重新拾起这一话题，已经是 2018 年了。

这一年，我退休。搬出办公室，同时也是我的书房，人与书同此飘零。幸有东岭兄可怜见，斡旋于首都师大学院和学校之间，主要领导特批了一间工作室，书同人有了定所。于是想到李白诗"一身竟无托，远与孤蓬征"，领会到了何为漂泊无依。由此想到人的一生，就是寄居，一切无不是过程。终于理解了李白为何用大量的时间意象，表现生命之短促。个体生命的本质就在于瞬间的存在而终归于虚无。几十年间，身边亲友一个个丧亡所带来的虚无之痛，也证明了李白对生命本质感悟得无比深刻。

既然个体生命的本质终归于虚无，无论贤愚终要撒手人寰，生命还有价值吗？生活的意义何在？李白未因生命的虚无而放弃追求，相反他一生不曾停止功业渴望，一生不曾停止对快乐的追求。他诗文中所表现出的建功立业的紧迫感，都与生命苦短紧密相随。这说明，李白懂得既然人的生命是瞬间的存在而且终归虚无，就要通过功业证明生命曾经的存在，创造声名存在于后世、使生命不朽的价值。他的诗文所表现出的及时行乐思想，看似消极，却是基于他生命的紧迫感，实际上也是他追求生命意义的积极行为。我以为，终于找到了李白关于生命本质和价值的内在逻辑，使李白生命意识的各个方面得到了贯通。

就诗文传统而言，李白是先唐文学传统的集大成者。他的思想和文学观念多来自先秦诸子和汉魏六朝文学，其诗文中的生命意识亦是如此。就李白说李白，无法说透李白。几十年来，我的李白研究虽然中断，但对生命意识的探索实在放不下，并未终止。我尝试从哲学与文学两个层面梳理生命哲学与文学主题，寻找李白生命意识与先唐哲学与文学的关系时，终于明白，生命意识是整个中国古代社会深厚的文学传统，李白不过是这一文学传统的代表而已。本来是研究李白生命意识的准备工作，可以独立成篇的，现在置于书中，以示其为李白生命意识不可分割的部分。

古代文学研究，长久以来就以还原历史为目的。梳理存世文献，描述文学生成与演变的历史事实，是一个世纪以来古代文学研究的主流形态。所以，古代文学研究最终阑入了历史研究范畴，研究方法也以历史研究方法为主。本书研究的对象是生命意识。严格说，意识也是一种存在于特定历史时期的历史事实。然而它在文学中的呈现，主要表现为感性的审美的形态，带有极强的主观性和不确定性，不同于文人的生平事迹、文本的生成与传播等固定的历史事件。本书虽未走出历史研究的模式，却从研究路径上尝试从文本细读中直接触及并阐释其生命的内涵，是非得失有待于方家评判。

研究生命意识，既要从个人的生命悟入，更依赖于读书，尤其是西哲的书。生命，始终是欧美思想家关注的重点，而此恰恰是我读书的短板。校友也是好友何玉兴博士是我所识学者中读书最为广博之士，感谢他不时给我开列书单，给我指点。现在他身患沉疴，仍读书思考不辍，衷心祈盼他早日康复。

感谢三联书店副总编常绍民先生，继《俯仰流年》之后，又接下这部书稿。他是史学少俊，书界元老，说他有眼光，有我敝帚之珍、老王卖瓜之嫌，实在表达的是我对他的钦佩。难得遇上方晴老师这样的编辑，既认真，又细心，对书稿字斟句酌，提出修改意见，使我心存感激。

书稿陆续发表于《哲学研究》《唐代文学研究》《文学评论》《文艺研究》《文学遗产》《北京大学学报》《清华大学学报》《国际汉学（法文版）》等，在此再次表示谢意。

人之肉身，十八岁长成；大脑的长成，据说在十五岁；而人之精神的长成，却是一辈子的事。对生命的认识，也需要人的一生。所以对生命的感悟与揭示，也是我一生的事业，不发表以论文，就是其他形式。

2021 年 2 月 20 日

中国《文心雕龙》学会三十年

2013年9月14至15日，中国《文心雕龙》学会第十二次年会暨学会成立三十周年国际研讨会在历史悠久的著名学府山东大学召开。会议论文部分结集为此论文集，戚良德先生嘱我写序，我把在会议开幕式上的致辞和会议总结整理了一下，聊充为序。

三十年前，中国《文心雕龙》学会在山东青岛成立，山东大学是学会筹备基地，牟世金先生是五人筹备小组成员之一。为了筹备会议，牟先生五次进京，为学会的成功申报做出了重要贡献，因此本次年会和三十周年纪念活动选在山东大学举行，具有特殊的意义。

三十年来，学会在历届理事会的领导下，在全体会员的精诚合作与支持下，在密切学术交流、加强学术合作、促进《文心雕龙》研究的发展与进步方面，发挥了重要作用。《文心雕龙》研究成为国内传统文化研究的显学之一。

回顾三十年学会走过的路程，为我们留下了众多的永远值得我们怀念的名家：周扬、张光年、王元化、杨明照、王达津、詹锳、周振甫、王利器、牟世金、蔡锺翔、祖保泉等先生，以及我们永远尊敬和感激的徐中玉、张文勋、王运熙、罗宗强、周勋初、张少康、刘文忠、缪俊杰、蒋凡、林其锬、马白等先生，这些前辈为《文心雕龙》学会的发展，为《文心雕龙》研究做出了重大贡献，对此我们表示由衷的敬意。

回顾学会三十年走过的路程，我们还要铭记一串闪光的地名：山东青岛，1983 年在那里召开了《文心雕龙》学会第一届年会；安徽屯溪，1986 年在那里召开了第二届年会；广东汕头，1990 年第三届年会；山东枣庄，1992 年第四届年会；山东日照，1996 年第五届年会；湖南怀化，1998 年第六届年会；河北保定，2002 年第七届年会；贵州贵阳，2005 年第八届年会；江苏南京，2007 年第九届年会；安徽芜湖，2009 年第十届年会；湖北武汉，2011 年第十一届年会，以及今天山东济南，第十二届年会。我们还要感谢所有支持《文心雕龙》学会的高校、地方政府和社会各界。

《文心雕龙》学会从一开始成立就是一个学术大家云集、高起点的学会，老一辈学者无论治学与为人都为学会树立了榜样。三十年来，《文心雕龙》学会不但在学术研究方面取得了丰硕成果，同时也形成了很好的学术传统：

一、始终奉学术研究、学术进步为宗旨，积三十年而不变，不为时风所动，因此而成为学术界有很高学术声望的学术团体。

二、坚持在学术研究上求同存异，兼容并包。学会在老一辈学者的带领下，注重文献的整理、文本的注解与诠释，同时鼓励会员开放观念，创新方法。因此，三十年来学术思想自由、活跃，学术之争此起彼伏，促进了学术进步，形成了《文心雕龙》研究既有守成的典范之作，亦有观念方法融通中西的理论新著的良好品质。

三、学风纯正，学理规范。《文心雕龙》研究由于研究对象本身的性质和会员组成多来自高校及研究院所等原因，加之老一辈学者树立的榜样，学术研究一直保持了比较纯正的学风。

本次参加会议的学者既有参与创建《文心雕龙》学会并一直活跃于《文心雕龙》研究学术界的宿老、功臣，又有近些年来从事《文心雕龙》研究和教学的新锐。会议提交的百余篇论文继承了学会的传统，反映了《文心雕龙》研究的最新成果，主要涉及六个方面的内容：

一、《文心雕龙》学会三十年回顾

今年适逢学会建会三十周年，因此，本次会议是纪念学会建会三十周年国际学术研讨会暨第十二届年会。回顾与总结学会三十年历程，自然成为此次会议的重要内容，会议共收到此类文章9篇。刘文忠先生的文章《回忆〈文心雕龙〉学会成立三十年——艰难历程》和张可礼先生《忆念中国〈文心雕龙〉学会的成立》，分别满怀深情地回忆了《文心雕龙》学会创建的时代背景、创建过程及其艰难发展的历程。刘文忠先生的文章介绍了历次学会的举办情况和重要事件；张可礼先生的文章还总结了学会"以学术为本位"的学风和"自由探讨、互相尊重、求同存异"的会风和开放的研究视野。

《文心雕龙》学会是在我国一批著名的《文心雕龙》、古代文学理论和古代文学研究专家王达津、周振甫、徐中玉、詹锳、王运熙等先生的倡议下发起创建的。创建之始，周扬、张光年、王元化、杨明照、牟世金等先生发挥了重要作用。不仅如此，此批创会者既是学会指导者，同时也是《文心雕龙》研究的中坚，他们的研究，代表了20世纪70—80年代《文心雕龙》研究的最高水平，我称之为"龙学"研究的第一高峰。本次学会，张可礼先生的文章《忆念中国〈文心雕龙〉学会的成立》、缪俊杰先生的文章《我国"龙学"研究的功臣——缅怀中国〈文心雕龙〉学会首任会长张光年先生》、张少康先生的文章《纪念"〈文心雕龙〉的功臣"——谈谈牟世金的〈文心雕龙〉研究》、杨明先生的文章《王运熙先生对于"龙学"的贡献》,以及何懿《王元化先生与〈文心雕龙〉学会》、李平《论王元化的〈文心雕龙创作论〉》、叶当前《王运熙先生的"龙学"研究》等文章,回忆了张光年、王元化、牟世金、王运熙几位先生为学会所做的贡献,并总结了他们的"龙学"研究成就。

这些文章最值得我们注意的内容有三:其一,提供年会创建和发展过程中最为原始的第一手资料,以作学会史之用;其二,总结了学会经过老一辈学者奠基和后来学者继承与发扬的会风和文风;其三,总结了老一辈学人治学的经验。

二、《文心雕龙》与儒学关系研究

《文心雕龙》体大思深,从文章学的角度对传统文化进行了比较全面的总结。同时我们也要看到,它的诞生,自然是在儒释道等传统文化浸染下形成的。因此,《文心雕龙》与中国梁代以前文化有着甚深渊源。正因为如此,此前的《文心雕龙》研究,或于《文心雕龙》与经学、儒学着力,或发微《文心雕龙》与道家、释家关系,做了大量工作,取得的成果甚为可观。本次年会,这一话题仍是论文的重要内容之一,共收到15篇类似论文。

关于《文心雕龙》与经学及儒学的论文,有涂光社《刘勰文学思想再议——"文之枢纽"论中对儒学的超越》、袁济喜《〈文心雕龙〉与孟子学说论析》、李建中《经学视域下中国文论关键词之词根性考察——以〈文心雕龙〉为中心》、孙蓉蓉《"讲文虎观"与"辉光相照"——〈文心雕龙·时序〉对东汉经学与文学的评述》、吴晓峰《从〈文心雕龙〉的创作看刘勰对儒家思想的接受——读〈序志〉篇的几点启示》以及欧阳艳华、李婧、黎臻、羊列荣等人的文章。

李建中文章考察《文心雕龙》关键词"文"和"道""体"的词根性,得出结论:详其本源,莫非经典。袁济喜文章,研究了孟子与《文心雕龙》之关系,认为孟子的忧患精神、批评精神以及知言养气、以意逆志、知人论世的思想学说融入到刘勰的文学与人格精神境界及主观修养论、鉴赏方法论中。戚良德的文章《文章千古事——儒学视野中的〈文心雕龙〉》认为,刘勰本色是儒家思想和精神,我们对《文心雕龙》的认识不应只停留在文艺学的视野,应从儒学的视野中重新考量它的价值。就此而言,《文心雕龙》不仅是文章学的教科书,也是一部文化修养的教科书。羊列荣文章《〈文心雕龙〉与五经》研究了《文心雕龙》征引"五经"的三种形式:引用词语,有助于形成典雅风格;以经为史料证明观点;汲取思想资源,建构儒家文论。这些研究都为《文心雕龙》与儒学的关系,提供了新的视野。而涂光社先生的文章则认为,《文心雕龙》推崇孔子和"五经"的典范意义是我们探究其文学思想的重要线索和依据,但不能仅限于此,枢纽部分多有选自其他经典的思想材料。与李建中对"道"的考察结论不同,涂光社认为,"原道"之道,虽然表述的是"自然之道"与"炳耀仁孝"兼容互补,但"自然"一意则源出道家。

其实,刘勰的思想源头并非儒家一条渠道,这已经是学界的共识。此次会议提供的文章中，另有孙敏强《刘勰艺术想象论二题——兼谈庄子对叙事想象理论的贡献》，就探讨了刘勰的艺术想象论囿于庄子寓言式思维与叙述想象所带来的局限；刘凯玲和李飞、徐梅等也分别研究了士风与才性论及《文心雕龙》的关系。限于篇幅，孙敏强的文章这本论文集没有收入。

三、《文心雕龙》篇章释义与理论命题、范畴研究

这一部分历来是《文心雕龙》研究的主题之一。本次年会收到此方面论文40余篇，内容比较丰富，大致可分为如下几个专题：

其一，文之枢纽。有刘凌《"宗经"矫讹的〈文心雕龙〉——兼议"托古改制"思维模式》、陈秀美《从文体"正变"论刘勰"文之枢纽"的典范性意义》、高宏洲《"文"之合法性的双向论证——〈文心雕龙·原道〉的言说旨趣》等文章。其中陈秀美文章立足于刘勰文体通变观，重新以"文体正变"的诠释角度，反思"原道"等五篇"文原论"篇章，认为前三篇具有"常体典范"的文原依据，而后二篇具有"变体典范"意义，刘勰是想在"文之枢纽"的典范基础上，为其"动态历程"文学观找出条活化文学的道路。此文虽是在前人研究基础上所提出的观点，然概括似乎更为准确。

其二，文体论。日本学者甲斐胜二《关于〈文心雕龙〉文体论的问题——〈文心雕龙〉的基本特征余论》认为，刘勰将当时流行的各种文体置于"人文"价值之下，在当时的思想领域确立了写作工作自立世界的存在，即文章的合法性存在，并对"三准说"中的"设情以位体"的内在逻辑进行了分析。此外尚有游志诚《政事乎？文学乎？——〈文心雕龙·议对篇〉

细读》、王聘娴《论〈文心雕龙〉公文论的价值》、吴中胜《丧葬文化与〈文心雕龙〉诔碑篇、哀吊篇的解读》等。

其三，理论专题研究。张利群《论刘勰〈文心雕龙〉"体制"论构成系统》对"体制"这一概念进行了深入解读，认为体制主要包括"文章"文体格式规范和规制。左东岭以宇文所安翻译《文心雕龙》为例阐释了一个观点：文坛意识和写作经验对于诠释文本具有重要的作用。因此对《文心雕龙》，要真正获得作者的原意而进行有效的诠释，更重要的是拥有重视创作经验和文体规定的自觉意识，这对研究《文心雕龙》有方法论的意义。陆晓光《〈文心雕龙〉心物关系二题》探讨了《序志》"逐物实难"的物是功利价值观，是从文本细读中获得刘勰的价值取向。此类文章甚多，不一一赘述。

四、《文心雕龙》传播及龙学史研究

约有9篇论文。陶礼天、范英梅《21世纪〈文心雕龙〉研究史略（中国大陆部分）》为张少康等《〈文心雕龙〉研究史》修订本增补了内容，总结了2000—2012年这十二年间大陆的研究概况。洪树华《〈文心雕龙〉在明清诗话中的题称及接受》，孔祥丽、李金秋《明清两代〈文心雕龙〉评点综述》，梳理明清两代《文心雕龙》在诗话及评点中的传播情况。另有冯斯我《21世纪日本〈文心雕龙〉研究综述》，介绍了日本21世纪的《文心雕龙》研究情况。此外还有两篇文章介绍了《文心雕龙》在高校及中文课堂的讲授情况，万奇的文章介绍了内蒙古《文心雕龙》研究情况。

五、《文心雕龙》与《刘子》

《刘子》研究对全面认识刘勰及《文心雕龙》都有重要学

术价值,本次会议共有 4 篇相关内容文章。林其锬《〈刘子〉作者谁属争鸣与刘勰思想及〈文心雕龙〉研究》认为,"《刘子》刘勰著"分歧主要在于南宋出现的《刘子》袁孝政注本及刘克庄引文,经考证认为袁孝政注本为宋人伪托,刘克庄引文亦无确证,文章对 20 世纪 80 年代以来不同意"《刘子》刘勰著"的观点进行了梳理和辩驳。陈志平《三十年〈刘子〉研究综述》,对近三十年《刘子》的作者考证、文本整理的工作进行了梳理,认为《刘子》研究缺乏对其思想体系及其思想史地位的关注。黄承达《再论〈文心雕龙〉的类感论如何通神与起情——兼与〈刘子〉一书比较》一文认为,《刘子》的感知模式是对汉代象数易学的继承和开创,和《文心雕龙》较为一致。

六、《文心雕龙》作家论

此类文章只有两篇。李剑锋《关于刘勰〈文心雕龙〉不提陶渊明的再思考》就此考察刘勰与陶渊明文学观的异同,认为刘勰追求隐秀、复意、不尽之意,而相对忽视语言与道、生活的根本关系,从一个现象发掘到刘勰的文化观,颇有新见。另有杨青芝文章《刘勰评论三曹的美学标准》也是从刘勰评具体作家作品入手,考察刘勰的美学标准的一篇文章。这样从具体作家评论入手,考察刘勰学术思想的文章可惜甚少。

最后谈谈我的几点考虑。

综合年会提交的论文来看,我个人有以下几点看法:其一,词义、文义的解读,仍是重点、难点,仍需着力。其二,要关注齐梁前的经史子集四部文本与《文心雕龙》的关系。其三，把《文心雕龙》置于古代文学史和文学批评史较大的视野中，放到世界文论的大视野中考察。

《文心雕龙》研究发展到今天，我们既对未来充满了希望，同时也应清醒地看到学术发展进程中的走势，有些问题不能不引起我们的重视，我想提几个问题供同道思考：

首先，进入21世纪后，"龙学"研究是开始走向衰微还是处于学术调整期？其次，作为中青年学者，我们有可能超越老一辈龙学家吗？我相信一代自有一代之学术，那么我们这一代人的学术优势和特点在哪里？再次，三十年前一批"龙学"大家崛起于学术界，矗立起一个高峰，三十年后，我们还能崛起另一座"龙学"高峰吗？

我们相信有诸多的同道，在纪念《文心雕龙》学会成立三十周年之际，会怀着继往开来的心情参加这个会议；我相信，各位同道会认真总结三十年来"龙学"的发展，乃至百年"龙学"的进程，思考"龙学"未来三十年乃至百年学术研究的新征程，为"龙学"未来贡献真知灼见，指明方向。当然，我更相信全体会员会以更艰苦而又扎实的研究，奉献大作、力作，为"龙学"新一座珠穆朗玛峰的崛起积一土一石。